国家文化产业资金支持媒体融合重大项目

高等职业教育会计专业富媒体智能型
工学结合系列教材

Cost Accounting
and Management

成本核算与管理

田家富 主编

东北财经大学出版社 大连
Dongbei University of Finance & Economics Press

图书在版编目（CIP）数据

成本核算与管理 / 田家富主编. —大连：东北财经大学出版社，2021.3（2023.1重印）

（高等职业教育会计专业富媒体智能型·工学结合系列教材）

ISBN 978-7-5654-4049-6

Ⅰ. 成… Ⅱ. 田… Ⅲ. ①成本计算 ②成本管理 Ⅳ. ①F231.2 ②F275.3

中国版本图书馆CIP数据核字（2021）第035919号

东北财经大学出版社出版

（大连市黑石礁尖山街217号 邮政编码 116025）

网 址：http：//www.dufep.cn

读者信箱：dufep@dufe.edu.cn

大连市东晟印刷有限公司印刷 东北财经大学出版社发行

幅面尺寸：185mm×260mm 字数：305千字 印张：14.25

2021年3月第1版 2023年1月第2次印刷

责任编辑：王天华 周 慧 责任校对：慧 心

封面设计：冀贵收 版式设计：原 皓

定价：32.00元

教学支持 售后服务 联系电话：（0411）84710309

如有印装质量问题，请联系营销部：（0411）84710711

高等职业教育会计专业
富媒体智能型·工学结合系列教材
编委会

总　序

科学技术日新月异，经济发展突飞猛进。

随着科学发展和技术进步，信息化、智能化已经是大势所趋。经济的全球化和世界经济一体化在一定程度上已经把会计语言上升为国际通行的商务语言，会计的国际趋同已是势不可挡。随之而来的是，会计的职能也在不断进步变化，从某种程度上讲，科学技术的急速发展刺激着会计职能的深刻变革，新形势赋予了会计新的使命，提出了新的要求。传统意义上的“确认、计量、记录、报告”的核算型职能已经发展到了“评价、监督、分析、预测、决策”的管理型职能。会计工作要求会计人员不仅要有基本的计算和记录能力，而且要有更为重要的职业判断能力、综合分析能力和经济管理能力。

技术进步是推动社会发展的重要动力。技术进步推动生产力水平提高，生产力水平提高必然推动经济发展。经济越发展，会计越重要。互联网、云计算、大数据在经济生活中的广泛应用，不断催生新的业态和商业模式，新技术、新手段、新业态、新模式如雨后春笋般涌现。与此相对应，会计的对象不断延伸扩展，会计的方法手段不断创新，与此同时，会计工作也正在经历着由传统手工会计、电算化会计向信息化、智能化会计的蜕变。

会计专业是高等职业教育规模最大、社会关注度最高的一个专业。截至2015年年底，全国1 350余所高职院校中有965所开设了财务会计类专业，全国高职财务会计类专业的在校生人数已经达到77.33万人，居全国高职院校之首。与此同时，会计专业教育教学改革如火如荼，“能力本位、校企合作、工学结合、持续发展”的高职教育理念已经在会计职业教育界深入人心，产业元素与教育元素深度融合、职业院校与行业企业密切合作、工作过程与学习过程有机统一、理论知识与实践技能合二为一已是大势所趋。因此，一个非常重要的命题是，如何准确地确定不同层次会计专业的培养目标，各个教育层次“为谁培养人”“培养什么人”是会计教育界亟待解决的现实问题。

高职会计教育教学活动必须遵循会计专业的教育教学规律。规律就是事物内在的必然联系，也就是说，所谓规律就是指事物是由什么构成的，各个构成部分之间的联系是什么。这也就意味着，会计专业的教育教学规律就是要搞清楚会计专业建设的构成要素是什么，各个构成部分的关系又是什么。一般意义上说，研究型大学教育教学改革的基本平台是学科建设，研究型大学更多关注的是学科建设，注意力集中在重点学科。中小学校教育教学改革的基本平台是课程建设，中小学校更多关注的是课程建设，注意力集中在课改和课标。高等职业院校教育教学改革的平台是专业建设，高职院校应该更多关注的是专业建设。

从逻辑上讲，会计专业建设的构成元素主要是教育理念、培养目标、课程体系、师资队伍、实践条件和运行机制。各要素之间的关系是：教育理念是先导，培养目标是起点，课程体系是核心，师资队伍是关键，实践条件是基础，运行机制是保障。

教育理念是专业建设的先导，是教育教学改革和专业建设的基本指导思想。高职教育界普遍认同的高职教育理念是“能力本位、工学结合、校企合作、持续发展”，高职院校确定专业培养目标、设计教学方案、组织教育教学活动都要以提高学生的职业能力和职业素养为基本出发点。会计类专业是一个既强调动手能力也强调思维能力的特殊专业。会计类专业的职业能力包括专业能力、方法能力和社会能力。专业能力主要指从事财会工作所应具有的专业知识和专业技能，方法能力则主要指从事财会工作所应具有的学习迁移能力、逻辑思维能力，社会能力主要指从事财会工作所应具有的职业感知能力、沟通能力、团队合作能力。工学结合是高等职业教育组织教学活动的基本原则。工学结合具体到会计类专业就是会计工作与学习有机结合，在学习中工作，在工作中学习，教学做一体化。有的学校把3年6个学期分为三个阶段。第一阶段是1～4学期，主要是在学校完成基础课程和理实一体课程的教学活动，一些实践活动在学习中完成，主要进行的是认知性的单项实训，学习任务是认知职业环境、认知职业岗位、认知职业工具，教育教学活动主要的特点是学中做。第二阶段是第5学期，学生在校内实训基地完成混岗和分岗实训，主要是以制造业和商品流通业两条主线完成两个系统近乎全真的仿真性综合实训，教育教学活动的特点是边学边做，学做一体。第三个阶段是第6学期，学生完成校内学习任务后，要到校外实训基地带着任务顶岗实习，教育教学活动的特点是带着问题做中学。三个阶段的实践教学沿着“职业认知—校内仿真—顶岗实习”轨迹呈现层次递进的规律。校企合作是高职教育实现培养目标的基本路径，它不仅仅是指学校与企业共同合资办学，或者企业投入设备、学校提供场地进行联合办学，更重要的是学校与企业要按照会计行业的职业规范要求，共同研究人才培养目标、共同开发教学内容、共同建设专兼结合的“双师”教学团队、共同建设校内外实践教学基地等。持续发展是高职教育会计类人才的基本培养目标，主要包括两个方面的含义：一方面是指高职会计类专业学生的整体素质具有综合性，即学生既要有熟练的动手能力，又要有深厚的理论涵养和广博的知识积累，具有敏捷的思维能力和应变能力；另一方面是指高职会计类专业学生的职业生涯应具有梯度发展的潜力，他今天是会计员，不远的将来会是助理会计师、会计师、高级会计师……他今天是科员，明天会是副科长、科长、副处长、处长……高职院校应该培养学生职业成长的潜质，这就是持续发展的理念。“能力本位、工学结合、校企合作、持续发展”的高职教育理念，是从高职教育实践中逐渐摸索、总结而形成的，是对高职教育教学活动规律的高度凝练，能力本位是高职教育的基本出发点，持续发展是高职教育的基本目标，工学结合、校企合作是实现高职教育培养目标的基本路径。

培养目标是专业改革与建设的逻辑起点，是专业改革与建设的基本问题。培养目标涉及两个方面的问题：一是为谁培养人，二是培养什么人。“为谁培养人”是专业面向问题，主要确定某一专业为哪些领域培养人，重点突出专业的适应性问题。“培养什么人”是教育内部的培养层次问题，即我们通常所讲的培养规格问题，规定某一专业为特定领域特定岗位培养特定规格的人才，主要解决专业的针对性问题。学生主要到什么领域就业，学校为哪些领域培养会计人才，就是解决“为谁培养人”的问题。高职学生到什么岗位就业，主要从事什么性质的工作，就是解决“培养什么人”的问题，即培养层次问题。这些问题解决好了，培养目标的问题就解决了。会计专业培养目标的确定为会计专业教学改革与专业建设标注了起点，课程体系、师资队伍、实践条件等就可以围绕这个起点有序开展建设。

课程体系是专业建设的核心，它决定专业人才培养的知识结构和能力结构。一个专业与其他专业的根本区别主要表现在课程体系的构建上。同样是会计专业，高职会计专业与本科会计专业或中职会计专业的主要区别在于课程体系的不同。按照“能力本位，工学结合，校企合作，持续发展”的高职教育理念，我们在构建高职院校会计类专业的课程体系时，需要考虑以下因素：第一，课程体系的构建要能够体现“能力本位”的基本要求，课程体系要充分反映出以培养和提升学生的职业能力和职业素养为基本出发点，也就是说，课程体系的核心部分是培养和提升学生的职业能力和职业素养；第二，课程体系的构建要为学生职业生涯的可持续发展奠定良好的基础，体现“持续发展”高职教育理念的内涵，既要精心设计基础课教学系统，也要充分考虑学生整体素质的综合性要求；第三，课程体系的构建要体现出“工学结合，校企合作”的特点，特别在设计实践教学环节时，要能够体现出实践教学的层次性和有序性，以充分展现实践教学体系的科学性和系统性。

师资队伍建设是专业建设的关键。师资队伍建设永远是学校教学改革与建设的主旋律。在专业建设元素中师资队伍是最活跃的，师资队伍在专业改革与建设中始终居于关键位置，师资队伍是教育的根本所在。这是因为，无论是教育理念的形成、培养目标的确定、课程体系的构建，还是实践教学条件的建设、管理机制的运行都离不开教师的积极组织和参与。现代高职教育提倡教育教学活动“学生主体”或“教师-学生双主体”，事实上，无论是“学生主体”还是“教师-学生双主体”，教师的“主导地位”是不可撼动的。即使教育教学活动实行了“学生主体”教学组织形式，也是由教师设定教学情境，最大限度地发挥学生的主观能动性，调动学生积极主动地参与教学活动。古今中外，无论什么样的教学组织形式，都不能取代教师是教育教学活动的设计者、导演者和参与者的地位，或者说教师在教育教学活动中集编剧、导演、演员于一身，推动着教育教学活动的有序开展。

实践条件是专业建设的基础。如果说，培养目标解决为谁培养人、培养什么人的问题，课程体系解决教什么和学什么的问题，师资队伍解决谁来教的问题，那么实践条件主要解决的是在什么地方、用什么手段教（主要是实验实训）的问题。会计专业校内实训基地建设，应该考虑会计专业的性质和会计职业特点。考虑到企业经济信息的保密性等因素，我们认为会计专业的实践教学应该以仿真实训为主，只要校内仿真实训系统对来自企业的真实的会计资料进行保密化处理，就可以让学生接触到相对而言几乎是真实的会计核算资料。校内仿真实训的好处是成本低、效果好，组织教学方便，教学效率高。对一些涉及面更广的大型实训项目，可以考虑模拟实训的形式，比如ERP沙盘经营对抗训练由于涉及采购、生产、销售、财务、营销等诸多环节，组织教学活动不容易，就可以考虑以模拟的形式进行。会计专业的校外实训基地建设，既要考虑企业保护商业机密的实际情况，同时还要考虑会计专业实习的零散性特点，也就是说，即使企业愿意接受学生轮岗实习或顶岗实习，同一个财会部门也容纳不下过多的实习学生（一般为2～3人），这就要求我们在建设校外实训基地时必须考虑数量因素。校外实训基地建设的另一个问题是基地的稳定性问题，稳定的校外实训基地既可以使学生在岗位上得到锻炼，同时还可以为学生的就业准备提供必要的条件。如果学生表现突出，胜任岗位工作，就可以顺利实现就业目标，这也是教育行政部门提倡学生顶岗实习的初衷。校外实训基地建设的基本原则是：互惠、互利、共赢、共管。学校和企业都要在建立校外实训基地过程中得到实惠，并共同参与管理。企业可以充分利用学校的校内实训条件和优秀师资培训员工，也可以从顶岗实习的学生中选拔员工，还可以利用学校的品牌宣传企业、传播企业文化等。学校则在与企业建立校外实训基地的合作过程中，有更多的机会选派教师到生产管理一线熟悉业务流程，指导企业生产经营管理活动，与企业界同行交朋友，共同研讨专业培养目标，共同构建课程体系，共同建设“专兼结合、双师结构”教学团队，共同承担横向科研课题等。

运行机制是保障。保障机制包括组织保障、制度保障和资金保障。为了保证教学改革和建设的有序进行，职业院校可以成立专业改革与建设指导委员会，委员会应由行业专家、企业代表和学校的专任教师共同组成，委员会的主要职责是组织力量分析区域内会计专业的人才需求和人才供给情况，分析学生主要的（普遍性）就业面向和主要的就业岗位，按照会计行业的人才标准确定学校的办学定位和培养层次，制订会计专业的人才培养方案、核心课程的课程标准和教学实施方案，制定会计专业师资队伍建设规划，审核并领导建设会计专业校内外实践教学基地等。考虑到高职院校实践教学环节在整个教学过程的突出地位，有条件的学校可以考虑在院（系）级领导班子中配备实训副主任专门负责协调实践教学环节的相关工作，在校内实训基地可以配备适量的实训指导教师，专门负责校内实训基地的设备维护、软件更新和实训资料的准备工作。制度保障主要指为保证专业改革与建设顺利进行，学校应该建立与专业教学改革建设相关的规章制度和作业文件并保证其有效地运行。除常规的教学管理制度之外，学校应该制定《实践教学工作条例》《校内仿真实训教学工作规范》《学生顶岗实习实施管理办法》等，以规范实践教学环节的教学组织。在此基础上，还应设计与有关制度配套的作业文件，作业文件是保证制度落实的基本手段。比如《学生顶岗实习实施管理办法》要落在实处，就需要“学生顶岗实习协议书”“顶岗实习任务书”“顶岗实习指导任务书”“顶岗实习安排明细表”“顶岗实习周记”“顶岗实习指导工作底稿”“顶岗实习鉴定表”“学生顶岗实习等级证书”等一系列的作业文件作保证。作业文件是落实相关制度的重要手段，没有作业文件保障的制度就是一纸空文。资金保障是会计专业改革与建设的物质保证。高职院校一方面要广开财源、千方百计筹措建设资金，要想方设法积极承担中央和地方教育行政部门开展的如示范性高职院校建设项目、教学改革试点专业建设项目、精品课程建设项目、优秀教学团队建设项目、“双师型”教学名师建设项目等“质量工程”建设项目，争取中央财政和地方财政的建设资金，另一方面还要通过积极承担纵向和横向合作研究项目，争取主管部门、学校举办方、合作企业、社会各界的经济支持。

目前，互联网技术在会计领域普遍应用，会计领域还面临着不同学科的跨界、交叉、渗透、整合，会计职业的内涵也在发生着深刻变化，会计从业者既要精通会计基本理论，也要熟练掌握会计基本技能，还需要随时了解会计的前沿动态。会计工作者，既要有良好的会计专业素养，还要具有经济学、金融学、财政学、税收学、管理学等相关领域的知识储备，需要充分掌握现代信息技术，熟悉互联网、物联网、云计算、大数据背景下的现代会计技术手段，还需要有良好的职业操守和职业精神，具有一定的会计文化修养。我们可以预见，未来的会计人员基本的能力结构和素质结构将呈现为三个层次：会计核心能力为内核，经济学、金融学、财政学、税收学、管理学等相关跨界交叉渗透整合能力为中间层，职业素养和职业精神等文化修养为表层，三层结构相互呼应、紧密联系，有机形成一套完整的会计能力结构体系。

东北财经大学出版社为了顺应新一轮会计改革和高职会计专业教育教学改革，组织全国高职院校的会计教育精英编写了一套高等职业教育会计专业富媒体智能型·工学结合系列教材，试图对高职会计专业教材建设有新突破，真诚希望引起行业同仁们的关注。

赵丽生

前　言

成本核算与管理是高等职业教育会计专业、财务管理专业学生的一门专业核心课程，主要培养学生从事企业成本核算、成本管理和成本分析所需要的理论知识和专业技能，是财务会计课程的延续，在专业课程体系中具有举足轻重的地位和作用。学生只有经过规范的成本核算与管理课程的学习，才能胜任中、小企业成本会计岗位（群）的成本核算、成本管理和成本分析等工作，同时也是学习会计信息化、财务管理和审计等后续课程的基础。

本书以财政部2013年颁布的《企业产品成本核算制度（试行）》（财会〔2013〕17号）为依据编写的。在编写过程中，突出了以下特点：

（1）体现校企合作。与行业企业会计实践专家共同开发教材。在会计实践专家的指导下，根据专业人才需求的调研结果，按照中小企业实际会计工作中的成本核算与管理流程重新序化课程内容，构建了认识成本会计、要素费用的归集与分配、综合费用的归集与分配、产品成本在完工产品与在产品之间的分配、产品成本计算的基本方法、产品成本计算的辅助方法、成本管理、成本报表的编制与分析等8个项目23个任务，并根据每个工作任务对知识和技能的需求来设计本课程的教学内容。

（2）丰富教学资源。为满足信息化教学改革的需要，本书加入二维码，通过扫描二维码，即可学习相应知识和技能的微课和进行同步训练，便于学生学习。

（3）实现课证融合。以会计专业技术初级资格考试相关内容为参考，将考证内容融入本书内容之中。

本书由襄阳职业技术学院田家富教授担任主编，并负责拟订大纲、总纂及定稿。襄阳职业技术学院吕均刚、襄阳汽车职业技术学院王文毅、襄阳市襄城区职业高级中学袁芳担任副主编。参与编写及具体分工情况如下：襄阳汽车职业技术学院王文毅、高坤，襄阳职业技术学院刘姝编写项目一；襄阳职业技术学院田家富、赵曦编写项目二；襄阳职业技术学院吕均刚、郑辉，湖北华炬会计师事务有限公司总经理李成宝编写项目三；襄阳职业技术学院张霄、黄先西，襄阳市中小企业发展服务中心书记张国际编写项目四；襄阳市襄城区职业高级中学袁芳，襄阳职业技术学院闻乐剑，湖北中航精机科技有限公司副总经理、财务总监胡昱敏编写项目五；襄阳汽车职业技术学院王文毅、高坤，襄阳市泰明实业公司财务经理张仕荣编写项目六；襄阳职业技术学院高育清、张瑞雪编写项目七；襄阳职业技术学院吕均刚、杨柳编写项目八。最后由田家富、吕均刚、王文毅、袁芳修改和统稿。

本书不仅可以满足高等职业教育会计专业、财务管理专业学生掌握成本会计核算与管理技能的需要，也可以为企业在职会计人员的学习提供参考。

由于作者水平有限，书中难免会有不足和疏漏之处，敬请读者批评指正。

编 者

2021年2月

目 录

项目一

认识成本会计

学习目标

【知识目标】

1. 理解成本的经济内容、成本会计的概念
2. 认识成本会计的核算职能和监督职能，准确把握成本会计的工作任务
3. 了解产品成本核算对象的确定原则
4. 理解支出、费用与成本之间的关系，掌握费用的分类及内容
5. 熟悉产品成本核算的一般程序

【技能目标】

1. 能确定企业产品成本的核算项目与范围
2. 能根据企业生产特点和管理要求设置成本账户，设计成本核算程序
3. 能协调企业生产过程中各部门有关成本核算的凭证填制、传递及交接工作

【态度目标】

1. 具备基本的会计职业素养和职业判断能力
2. 培养学生经济责任意识和勤奋敬业、谨慎细致的职业态度
3. 培养为企业经营管理和决策服务的意识

工作情境与工作任务

产品成本是企业为生产产品而发生的各种耗费。企业所发生的各种支出并不都归属于产品成本。那么，什么是支出、费用和成本？如何划分各种费用的界限？对费用如何进行分类？

产品成本核算对象，是指为计算产品成本而确定的生产费用归集的范围。正确确定产品成本核算对象，是成本核算的关键。产品成本核算对象应当根据企业生产的类型，结合成本管理的要求来确定。由于企业的生产特点不同，管理上的要求亦不尽相同，那么，应如何确定产品成本核算对象呢？

从费用发生开始，到计算出完工产品总成本和单位成本，产品成本核算的一般程序是怎样的？

任务一　成本与成本会计

一、成本的定义及经济内涵

（一）成本、产品成本的定义

所谓成本，按照政治经济学的定义，是指企业在生产经营活动中耗费的物化劳动和活劳动中必要劳动部分的货币表现。

产品成本，从表现形式上讲，是指企业在生产产品过程中所发生的材料费用、职工薪酬等，以及不能直接计入而按一定标准分配计入的各种间接费用。产品成本包括采购成本、加工成本和其他成本。企业在生产经营中所发生的耗费，能够归属于使产品达到目前场所和状态的，应当计入产品成本；否则，应计入期间费用。例如，在生产过程中为达到下一个生产阶段所必须发生的运输、仓储耗费，或者按照与客户的合同或协议等，为使产品达到既定的交付场所和状态而发生的耗费，应当计入产品成本。

【请注意】(1)《企业产品成本核算制度（试行）》所称的产品，是指企业日常生产经营活动中持有以备出售的产成品、商品、提供的劳务或服务。(2) 在不同情况下，产品成本概念具有不同的意义，其涵盖的成本范围也不同。例如，财务报告中使用的产品成本是指存货成本，包括库存材料的成本、在产品成本、半成品成本和产成品成本等；企业在产品定价中使用的产品成本，是指从产品研发到销售及售后在内的所有与产品相关的成本。

（二）成本的经济内涵

成本的经济内涵决定了成本在企业经济管理中的重要作用，具体体现在以下几个方面：

1. 企业补偿生产耗费的主要尺度

企业维持简单再生产，进行持续经营的必要条件是必须补偿其在生产中发生的耗费，成本就是生产耗费补偿的价值尺度。

2.企业衡量经营管理水平的重要指标

产品成本的高低，是企业生产和经营管理水平的综合反映。企业劳动生产率的高低、原材料的利用程度、固定资产的使用效率、资金运用的节约程度、生产工艺过程的合理性与生产组织的协调水平、产品质量的优劣、产品产量的大小、企业定额或预算管理工作的好坏、经营管理水平的高低等都会通过成本直接或间接地体现，因此成本是衡量企业经营管理水平的重要标志。

3.企业制定产品价格的重要依据

在制定产品价格时，应遵循价值规律的要求，但人们现阶段还不能直接计算产品的价值，只能计算产品的成本，通过成本间接而相对地反映其价值。企业在制定产品价格时，既要考虑产品的市场需求状态、市场竞争态势和消费水平等因素，又要考虑产品成本；既要考虑企业的个别生产成本，又要考虑社会平均成本。

4.企业进行生产经营决策的重要参考数据

企业为了未来的利益，进行生产、技术和投资决策时，与备选方案相联系的各种形式的未来成本，是进行经营决策、选择最优方案的重要依据。如生产何种新产品的决策、亏损产品是否停产的决策、自制还是外购的决策等都要用到各种成本数据。同时，产品成本也是企业确定经营损益的重要依据，只有抵补了生产经营过程中发生的耗费后，企业才有可能盈利，较低的成本可以使企业在市场竞争中处于有利地位。

二、产品成本与生产费用的关系

（一）产品成本与生产费用的联系

生产费用是指企业在一定时期内生产产品和提供劳务过程中发生的各种耗费。生产费用是构成产品成本的基础；产品成本是为生产某种产品而发生的各种耗费的总和，是对象化的生产费用。

（二）产品成本与生产费用的区别

产品成本侧重于按产品进行归集，生产费用侧重于按会计期间进行归集。

三、生产费用的分类

企业产品成本核算，是指将企业发生的各项生产成本分配计入产品成本，从而计算出产品的总成本和单位成本的过程。为了正确进行成本核算，首先需要对生产费用按一定标准进行分类。

（一）生产费用按经济用途进行分类

生产费用的经济用途是指生产成本在生产产品或提供劳务过程中的实际用途。生产费用按经济用途分类，通常称为成本项目，也就是构成产品生产成本的各个项目。制造业的生产费用按经济用途可划分为以下成本项目：

1.直接材料

直接材料包括企业生产过程中实际消耗的原材料、辅助材料、设备配件、外购半成品、包装物等。

2.燃料和动力

燃料和动力是指直接用于产品生产的燃料和动力费用。企业如果在生产过程中耗费的燃料和动力较少，也可以不单独设置此项目，而在“直接材料”项目中进行核算。

3.直接人工

直接人工是指直接从事产品生产的工人的职工薪酬费用，具体包括工资、福利费、社会保险、住房公积金等职工薪酬。

4.制造费用

制造费用是指企业为生产产品或提供劳务而发生的各项间接费用，包括企业生产部门（如生产车间）发生的水电费、固定资产折旧、无形资产摊销、管理人员的职工薪酬、劳动保护费、国家规定的有关环保费用、季节性和修理期间的停工损失、废品损失等。

企业也可以根据生产特点和管理要求，单独设置“停工损失”“废品损失”等项目。

按经济用途分类设置成本项目，能够反映费用与产品的关系以及产品成本的构成情况，便于分析和考核产品成本计划的执行情况，为挖掘降低成本的潜力创造了有利条件。

（二）生产费用按经济内容进行分类

生产费用的经济内容是指产品在生产过程中消耗了什么，即消耗了多少物化劳动，消耗了多少活劳动。按经济内容进行分类的生产费用，通常被称为费用要素。凡是为生产产品或提供劳务而开支的货币资金以及消耗的各项实物资产，均属于费用要素。制造业的生产费用按经济内容一般可以分为以下项目：

1.外购材料

外购材料是指企业为生产产品或提供劳务而消耗的从外部购入的原料及主要材料、辅助材料、外购半成品、外购周转材料等。

2.外购燃料

外购燃料是指企业为生产产品或提供劳务而消耗的从外部购入的固体、液体和气体燃料。

3.外购动力

外购动力是指企业为生产产品或提供劳务而消耗的从外部购入的电力、蒸汽等各种动力。

4.职工薪酬

职工薪酬是指企业为生产产品或提供劳务而发生的职工薪酬，包括工资、福利费、社会保险、住房公积金等职工薪酬。

5.折旧费

折旧费是指企业生产部门（车间、分厂）按规定计提的固定资产折旧费。

6.其他支出

其他支出是指企业为生产产品或提供劳务而发生的不属于以上费用要素的其他费用支出，如车间办公费、差旅费、水费、保险费等。

生产费用按经济内容分类，有助于了解生产过程中物化劳动和活劳动的耗费情况。

（三）生产费用按与产品生产的关系进行分类

生产费用按与产品生产的关系，可以分为直接费用和间接费用。

1.直接费用

直接费用是指消耗以后能够形成产品实体或有助于产品形成的费用，如直接材料费、直接人工费、机器设备折旧费等。

2.间接费用

间接费用是指消耗以后与产品的形成没有直接关系的费用，如车间管理人员的职工薪酬、车间办公费、保险费等。

（四）生产费用按计入产品成本的方法进行分类

生产费用按计入产品成本的方法不同，可以分为直接计入费用和间接计入费用。

1.直接计入费用

直接计入费用是指发生后能够分清是哪种产品耗用的，可以直接计入该产品生产成本的费用。

2.间接计入费用

间接计入费用是指几种产品共同耗用的，而且不能直接分清哪种产品耗用了多少费用，需按一定的标准进行分配计入不同产品成本的费用。

【同步训练1-1】（单项选择题）生产费用按其与产品生产的关系可以分为（　　）。

A.直接材料、制造费用、直接人工、直接燃料和动力

B.外购材料、外购燃料、外购动力、折旧费、职工薪酬、其他支出

C.直接费用、间接费用

D.直接计入费用、间接计入费用

参考答案

四、成本会计的工作任务

成本会计与财务会计处于同一会计核算体系之下，财务会计致力于一家企业在特定时期的全部经营，而成本会计强调企业全部费用中的一部分向特定产品或服务的分配，成本会计为财务会计提供有关企业存货成本和计算期间损益的信息。

根据企业成本管理的要求，成本会计岗位的工作任务主要有以下几个方面：

（1）做好成本的事前预测和决策，编制成本计划和费用预算，为提高企业管理水平和经营管理效果服务。

（2）做好成本的事中控制，对企业发生的各项费用进行审核、控制，制止各种浪费和损失，节约费用、降低成本，以保证成本费用计划的完成。

（3）正确、及时地核算生产费用和产品成本，提供企业经营管理所需的成本费用数据。

（4）做好成本的事后分析和考核，定期进行成本分析，考核企业的经营成果，为企业经营决策提供依据。

综上所述，成本会计的任务包括预测、决策、计划、控制、核算、考核和分析多个方面，其中，进行成本核算，提供真实、有用的核算资料，是成本会计的基本任务和中

心环节。

任务二 成本核算对象

一、成本核算的要求

（一）做好成本核算的基础工作

1. 健全与成本核算有关的各项原始记录

进行成本核算和成本分析，必须以数据真实、内容齐全的原始凭证为依据。各项原始记录是记载成本业务的发生或实现连续、系统、全面的成本核算的首要条件，是准确核算成本的基础；同时也是明确经济责任，加强内部控制，监督经济活动的依据。

2. 制定会计凭证科学合理的传递流程

会计核算要反映从经济业务发生到财务报告报出的完整过程，从原始的业务数据到会计数据直至财务信息的过程。成本核算也具有这样的程序性。作为对企业经济业务进行反映的书面载体的会计凭证，无论是外来的还是自制的，都应制定科学的传递流程，要有科学的数据计算程序，以满足产品成本核算与控制的要求。

3. 制定必要的消耗定额，强化成本核算的事前控制

会计监督与会计核算相连，是会计核算的一种主动性表现。在成本核算中，定额是指对生产经营活动中的资产投入进行事前的标准或目标设定，实现资产由储备环节进入生产环节的目标性，尽量避免事后不可改变既定事实的后果。作为标准的定额一旦制定，就需要关注资产实际投放量（额）与定额投放量（额）之间的差异及产生的标准定额变动差异的分配等。定额制定后并不是一成不变的，必须根据所处环境的变化而对其进行不断的修订，只有这样才能为成本核算提供必要的参考依据。定额标准与实际耗费在成本核算全过程中的如影随形是企业不脱离成本目标的防范措施。

4. 制定企业内部结算价格及结算制度

企业主体和市场中的其他经济主体经过市场交易形成的资产，以市场交易价格作为账面价值反映在企业会计账簿上，资产被投入到企业内部各部门后，通常企业内部会以模拟市场的方式对内部交易事项进行核算，这样就形成了企业内部价格机制。当然，内部价格更在于构建企业内部职能部门间协作而不失竞争的格局，内部价格与市场价格的最大区别不仅在于前者的制定导向更在于清晰界定企业内部各职能部门间责任权利关系，比如抑制各生产部门间的成本转嫁问题。

5. 建立健全存货资产的计量、验收、领用、退料与盘存等管理制度

制造企业在生产经营过程中，会发生大量的财产物资收发业务，都离不开计量和验收。只有正确计量，才能保证物资消耗的正确计价。只有强化验收制度，才能落实经济责任，保证各项财产物资收发领用业务真实可靠。严格的计量验收制度应当包括计量器具的配置、检测和校正制度，财产物资的出入库手续制度，有关责任人员的岗位责任制度，财产物资的清查制度等。会计核算方式的多样化及成本效益的权衡会导致原始的业

务数据与会计数据的非同步性。因此，需要对存货资产自其账面价值形成、发出及结存计价、退回的确认与计量直至实有价值的清查盘点等进行全过程的管理制度安排，确保原始数据与会计数据的真实性和一致性。

（二）正确划分各种费用界限

《企业产品成本核算制度（试行）》（财会〔2013〕17号）第五条规定：“企业应当根据所发生的有关费用能否归属于使产品达到目前场所和状态的原则，正确区分产品成本和期间费用。”

微课：正确划分各种费用界限

在进行产品成本核算时，必须正确划分以下几个界限：

1.划清收益性支出与资本性支出的界限

收益性支出是指仅为取得当期收益而发生的支出或消耗，一般指受益期不超过一年或一个营业周期的支出，如企业的薪酬支出、机器设备日常维护保养支出等。收益性支出符合成本确认条件的，全部列作当期的成本、费用，与当期的营业收入相配比。资本性支出是指与本期和以后各期取得收益都相关的支出，一般指受益期超过一年或一个营业周期的支出，如企业为取得固定资产、无形资产等而发生的支出。资本性支出通常先确认为资产，然后在其使用期内，通过折旧、摊销等形式逐步分摊转作费用，而不能直接计入当期费用。

2.划清营业性支出与营业外支出的界限

营业性支出（经营性支出）是指企业的正常生产经营活动发生的支出。营业外支出是指在正常的生产经营以外由于偶然的、特殊的原因发生的一些支出和损失，如自然灾害造成的损失、固定资产处置损失等。

在成本费用计算过程中，只能将经营性支出计入产品成本和有关费用，对营业外支出要单独进行核算，而不能计入成本和费用。所以在计算成本时，要将各项营业外支出划在成本费用以外。

3.划清产品生产成本与期间费用的界限

在进行成本核算时，为了对产品的制造成本单独进行反映，必须将计入产品成本的生产成本与不计入产品成本的期间费用区分开来。生产单位（车间）发生的各项生产和管理费用，一般列入生产成本，生产成本最后都要计入产品成本。生产单位（车间）以外的行政管理部门发生的管理费用，销售部门为销售产品发生的销售费用，为筹集生产经营资金发生的财务费用（不符合资本化条件的）等，一般都列入期间费用。期间费用直接计入当期损益，而不计入产品成本。

4.划清各月份费用的界限

在进行成本核算时，还要按权责发生制原则，分清应计入本月的生产成本和不应计入本月的生产成本。凡是本期成本应负担的费用，不论款项是否支付，均应计入本期成本；凡是不属于本期成本负担的费用，即使款项已经支付，也不应计入本期成本。只有将已经发生的成本费用全部计算入账，才能使成本的内容真实、完整。

5.划清各种产品费用的界限

企业为生产产品而发生的材料费用、职工薪酬费用属于直接生产费用，一般直接计入各种、各批或各步骤产品成本。为生产产品而发生的制造费用，如车间管理费用，一般应选择合理的分配法分配计入各产品成本。

6.划清本月完工产品成本与在产品成本的界限

当把各项生产成本分别计入各种产品以后，如果某种产品已全部完工，则该种产品明细账所归集的全部生产成本就是该种完工产品的总成本，除以产量，就是该种产品的单位成本；如果某种产品没有完工，那么，该种产品成本明细账中所归集的全部生产成本，就是该种产品的月末在产品成本；如果某种产品一部分完工，另一部分没有完工，就需要用一定的方法，将该种产品明细账中归集的全部生产成本，在完工产品和未完工产品（月末在产品）中进行分配，从而计算出完工产品成本。

综上所述，费用界限划分图如图1-1所示。

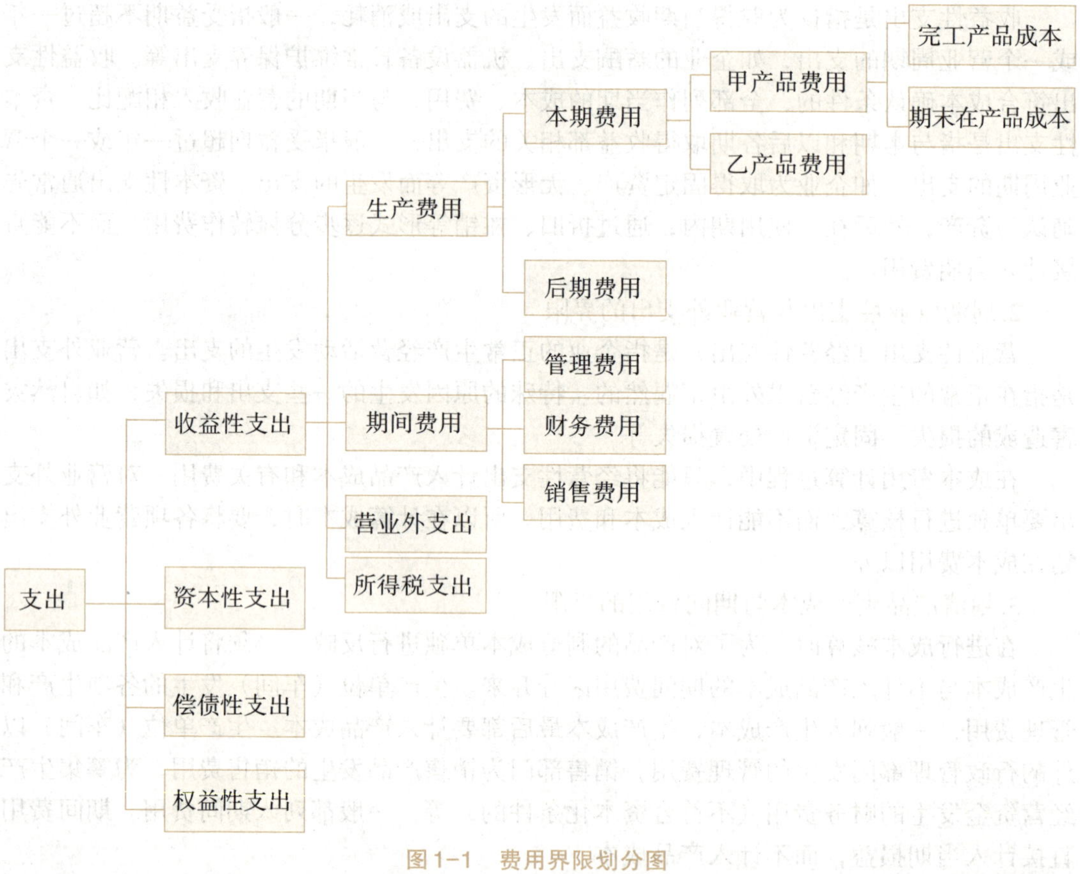

图1-1 费用界限划分图

【同步训练1-2】（多项选择题）下列各项属于费用要素，但不能归属于产品成本的有（ ）。

A.采购原材料支付的货款

B.用银行存款支付的短期借款利息

C.用现金支付的采购材料的运费及搬运费

D.用银行存款支付的前欠甲单位的货款

（三）按生产特点和管理要求，确定成本核算对象，选择成本核算方法

产品成本的计算，关键是确定成本核算对象，选择适当的产品成本核算方法。产品成本核算方法必须根据产品的生产特点、管理要求及工艺过程等予以确定。

二、成本核算对象

产品成本核算对象，是指为计算产品成本而确定的生产费用归集的范围，是被计算成本的客体，是生产费用的归属对象和生产耗费的承担者，是计算产品成本的前提。成本核算对象的确定是成本核算的起点和依据，为了正确计算产品成本，首要的就是确定成本核算对象，以便按照每一个成本核算对象，分别设置产品成本明细账（或成本计算单），归集各个对象所应承担的生产成本，计算出各对象的总成本和单位成本。因此，正确确定产品成本核算对象，是成本核算的关键问题。

产品是我们最熟悉、最为常见的成本核算对象，但由于企业的生产特点有所不同，管理上的要求也不尽相同，不是所有情况下都能直接以每种产品为成本核算对象，在某些情况下，要先以另外一些成本核算对象过渡，最后再以每种产品为成本核算对象，分别计算其总成本和单位成本。

产品成本是在生产过程中形成的，因此生产的特点在很大程度上影响着成本核算对象的确定。以制造业为例，生产类型如按生产组织来划分，可以分为大量生产、分批生产、单件生产三大类。大量生产指不断重复生产同种产品的生产，如纺织、冶金等。分批生产是按照购买单位的订单规定的批别和数量进行的生产，同品种的生产要间隔一定时间才会重复生产，如服装生产。单件生产是根据有关部门或单位的要求，生产个别的、品种不同的产品，同品种的产品很少重复生产，如重型机械制造或造船等。生产类型按工艺技术过程可分为简单生产和复杂生产两大类。简单生产只有一个生产阶段，或虽有几个阶段，但各个阶段不能分隔，如发电、采掘等。复杂生产是整个工艺技术要经过若干生产阶段，并且阶段之间是可以分隔的。复杂生产按加工方式又可以分为连续式复杂生产和装配式复杂生产两种。前者是原材料在加工成产品之前要经过若干连续生产步骤，如纺织、造纸等；后者是将各原材料平行地加工，制成各种零、部件，然后装配成产成品，如机床生产、汽车制造等。

产品成本核算对象的确定还要结合成本管理的要求。成本计算是为成本管理服务的，因此采用什么方法、提供何种资料，必须按照现代企业多维度、多层次的管理需要，确定多元化的产品成本核算对象。例如当生产工艺简单时，成本核算对象就是每种产品。当生产工艺相对复杂，但管理上不需要计算和分析半成品成本时，成本核算对象也是每种产品。当生产工艺复杂，且管理上需要计算和分析半成品成本时，成本核算对象就是各加工步骤的半成品和每种产品。

产品成本核算对象应当根据企业生产的类型，结合成本管理的要求来确定。《企业产品成本核算制度（试行）》规定，制造企业一般按照产品品种、产品批次或生产步骤等确定产品成本核算对象（见表1–1）。

表 1-1　　　　　　　　　　　　成本核算对象

企业生产特点及成本管理要求		成本核算对象
生产特点	成本管理要求	
大量大批单步骤或多步骤生产	管理上不要求分步计算产品成本	产品品种
单件小批单步骤或多步骤生产	管理上不要求分步计算产品成本	产品批别
大量大批多步骤生产	管理上要求分步计算产品成本	产品品种及所经过的生产步骤

【同步训练 1-3】（多项选择题）下列有关成本核算对象的表述中正确的有（　　）。

A. 成本核算对象要充分考虑企业生产经营的特点

B. 成本核算对象要充分考虑企业管理的要求

C. 企业可以确定多元化的产品成本核算对象

D. 当生产工艺简单时，成本核算对象就是每种产品

参考答案

以产品品种作为成本核算对象来归集生产费用、计算产品成本的方法叫品种法。以产品的批次或订单作为成本核算对象来归集生产费用、计算产品成本的方法叫分批法，也称订单法。按产品的生产步骤归集生产费用、计算产品成本的方法叫分步法。

除上述基本方法外，在产品品种、规格繁多的企业，为了简化成本计算工作，可以应用简便的成本核算方法——分类法；对定额管理基础工作较好的企业，为了配合定额管理工作，还可以应用对符合定额费用和脱离定额差异分别核算的成本核算方法——定额法；在一些发达国家，为了加强成本控制，实现成本的标准化管理，企业可以采用标准成本法；此外，企业还可以应用通过作业动因来确认和计量作业量的作业成本法等。成本核算方法如图 1-2 所示。

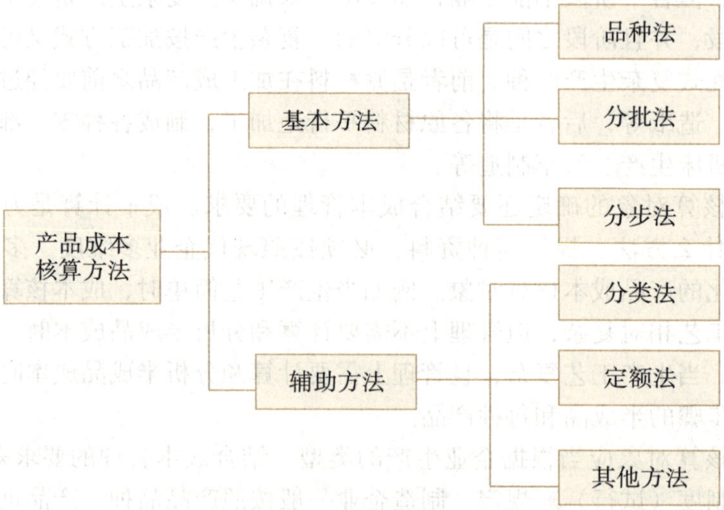

图 1-2　成本核算方法

任务三　成本核算组织、程序和账户设置

一、成本核算的组织

（一）成本会计机构

成本会计机构是从事成本会计工作的职能部门，是企业会计机构的有机组成部分。企业要根据生产类型的特点、经营规模的大小、成本管理的要求合理设置成本会计机构。

成本会计机构可以单独设置，也可以并入企业会计机构之中。对单独设置成本会计机构的需要进行内部分工，明确各自的工作职责。内部分工可以按成本会计的职能分工，分设成本核算组、成本分析组等；也可以按成本会计的对象分工，分设产品成本核算组、期间费用核算组等。在规模较小、会计人员不多的企业，也可以在会计部门指定专人负责成本会计工作。企业的有关职能部门和生产车间，应根据工作需要设置成本会计组或者配备专职（兼职）的成本会计人员。

企业内部各成本会计机构之间的组织分工，有集中工作方式和分散工作方式两种。集中工作方式是将本企业所有的成本会计核算、成本计划编制、成本会计分析等工作集中在企业的成本会计机构中进行，车间等其他部门通常只配备成本核算人员，负责登记原始记录、填制原始凭证，并对原始资料进行初步审核、整理和汇总，及时报送企业成本会计机构。这种方式的优点是有利于企业管理层及时、全面地掌握成本会计的各种信息，便于使用计算机集中进行成本数据处理，减少成本会计机构设置的层次和成本会计人员。其不足之处是直接从事生产经营的部门不能及时掌握成本信息，影响它们对成本费用进行控制的积极性。这种工作方式通常适用于成本会计工作较为简单的企业。

分散工作方式又称为非集中工作方式，是将成本会计的各项具体工作分散由车间等其他部门的成本会计机构来进行。企业的成本会计机构只负责对成本会计工作的指导、监督和对成本会计数据的最后汇总，以及处理不便于分散核算的成本会计工作。这种方式的优点与不足正好与集中工作方式相反。分散工作方式通常适用于成本会计工作比较复杂的大中型企业。

在实际工作中也可以将两种方式相结合，对部分车间部门采用分散工作方式，对其他车间部门采用集中工作方式。

（二）成本会计人员

成本会计人员是专门从事成本会计工作的专业技术人员。企业无论采用何种成本会计工作方式，都要注意合理配置成本会计人员。配置的成本会计人员应当具有相应的会计专业任职资格，具备与所从事会计工作相适应的专业知识和业务能力。在成本会计机构中，成本会计人员除应具备会计人员的一般职业素养外，还应熟悉会计法规、准则、成本会计制度，掌握成本会计工作的专业知识和实务操作技能，而且应具备一定的生产技术和经营管理知识。为了充分发挥成本会计人员的作用，应根据成本会计人员的职

责，赋予他们相应的权限，并根据相应工作业绩给予相应的奖惩。

（三）成本会计制度

成本会计制度是对进行成本会计工作所作的规定，是组织和处理成本会计工作的基础规范，是对成本预测、决策、规划、控制、计算、分析和考核等所作的有关规定，是会计制度的重要组成部分，指导着成本会计工作的全过程。它包括国家颁布实施的各种成本会计准则、制度等，如财政部于2013年8月16日发布的《企业产品成本核算制度（试行）》；也包括企业根据会计准则、制度，结合自身内部管理的需要和生产经营的特点制定的企业内部成本会计制度。企业内部的成本会计制度有：关于成本会计工作的组织分工及职责权限的制度，关于成本定额、成本预算和计划的编制方法，关于存货的收、发、领、退和盘存制度，关于成本核算的原始记录和凭证传递流程，关于成本核算的规定（包括成本核算对象和成本核算方法的确定、成本核算账户和成本项目的设置、生产费用归集与分配的方法、在产品计价方法）以及成本控制制度、成本分析、考核制度等。

二、成本核算的程序

成本核算程序是指从费用发生开始，到计算出完工产品总成本和单位成本的整个成本计算的步骤。成本核算程序一般分为5个步骤：

（1）根据生产特点和成本管理要求确定产品成本的核算对象。

（2）确定成本项目。制造企业通常设置直接材料、燃料和动力、直接人工、制造费用等成本项目。

（3）设置有关成本和费用明细账。如生产成本明细账、制造费用明细账、自制半成品明细账等。

（4）正确归集、分配各种费用，登记相关成本和费用明细账。对发生的各项费用进行归集汇总，并编制各种费用分配表，按其用途分配计入有关的成本和费用明细账中。

（5）计算产品总成本和单位成本。在没有在产品的情况下，产品成本明细账所归集的生产费用即为完工产品总成本；存在在产品的情况下，就需将产品成本明细账所归集的生产费用按一定的分配方法在完工产品和月末在产品之间进行分配，从而计算出完工产品总成本和月末在产品成本，再结合完工产品数量计算出完工产品的单位成本。

三、成本核算的账户设置

（一）“基本生产成本”账户

制造企业的基本生产是指本企业用于对外销售产品的生产。企业在生产产品过程中发生的生产费用，通过设置的“基本生产成本”账户进行归集。该账户的借方登记为进行基本生产而发生的各种费用；贷方登记转出完工入库产品的成本；余额在借方，表示基本生产的在产品成本，即基本生产在产品占用的资金。为了反映不同的成本核算对象所发生的生产费用，通常按基本生产车间的产品品种或批别、生产步骤等成本核算对象设置产成品明细账，按成本项目分设专栏进行明细核算，称为产品成本明细账或产品成本计算单。产品成本明细账采用多栏式账页，其基本格式见表1–2。

表1-2　　基本生产成本明细账

产品名称：　　　　　　　　　　　　　　　　　　　　　　　　　单位：元

年		凭证		摘要	借方	贷方	余额	直接材料	直接人工	制造费用
月	日	字	号							

（二）“辅助生产成本”账户

制造企业的辅助生产是指为本企业基本生产车间及其他部门提供产品或劳务的生产。企业在进行辅助生产过程中发生的生产费用，通过“辅助生产成本”账户进行归集。该账户的借方登记为进行辅助生产而发生的各种费用；贷方登记完工入库辅助产品成本或分配转出的劳务成本；余额在借方，表示辅助生产的在产品成本，即辅助生产在产品占用的资金。企业同时设有若干辅助生产车间时，通常按辅助生产车间生产的产品、劳务设置辅助生产成本明细分类账，按辅助生产成本项目或费用项目分设专栏进行明细核算。辅助生产成本明细账的格式与基本生产成本明细账的格式基本相同，也可以设计为如下的格式，见表1-3。

表1-3　　辅助生产成本明细账

辅助生产车间：　　　　　　　　产品或劳务：　　　　　　　　单位：元

年		凭证		摘要	成本项目			合计
月	日	字	号		直接材料	直接人工	制造费用	

表1-2和表1-3的格式只是生产成本账户的基本格式，在实际工作中，企业可以根据管理的需要，设计其他不同的格式。

（三）“制造费用”账户

制造费用是企业生产车间在生产产品或提供劳务过程中发生的各项间接费用。由于制造费用的内容较多，不宜在生产成本账户中分别设置成本项目，需要通过设置“制造费用”账户进行归集，再按一定的标准分配计入各受益的产品成本核算对象。为了反映不同生产车间所发生的制造费用，应当按不同的生产车间分户设置制造费用明细账。对制造费用发生额较少的辅助生产车间，或生产单一产品的基本生产车间，可以不设制造费用明细账。该账户的借方登记实际发生的制造费用，贷方登记分配转出的制造费用，除季节性生产企业外，该账户期末无余额。“制造费用”账户按车间、部门设置明细账，按费用项目分设专栏进行明细核算。

制造费用明细账一般采用多栏式账页，其格式见表1-4。

表1-4 制造费用明细账

生产车间： 单位：元

年		凭证		摘要	借方	贷方	余额	费用项目			
月	日	字	号					工资	折旧费	水电费	（略）

思政园地

【案例】企业会发生各种支出，如购置和建造固定资产、购买无形资产、进行对外投资，购买原材料、生产领用原材料，支付生产工人、管理人员工资，计提机器设备、厂房折旧等。这些支出哪些应该计入生产成本，哪些不应该计入生产成本？这是学习成本核算与管理课程首先要弄明白的问题。

【点评】我国历来重视产品成本的核算工作，财政部于2013年8月颁布了《企业产品成本核算制度（试行）》（财会〔2013〕17号）。该文件要求新的《企业成本核算制度》自2014年1月1日起在全国范围内的大中型企业（除金融保险业外）中施行，同时鼓励其他企业（比如小企业）参照这一新成本核算制度执行。与此同时，文件还取消了已经执行多年的《国营工业企业成本核算办法》。进行成本核算，首先要根据国家法规和会计核算制度，对企业的各项费用进行审核和控制，看应不应该开支；已经开支的，应不应该计入生产经营费用；计入生产经营费用的，应不应该计入产品成本。为此，要正确划分各种费用界限，对费用的发生情况进行日常的核算和分析，并及时进行反馈。每一家企业都应遵守国家关于成本、费用开支范围的规定，防止乱计和少计生产经营费用的错误做法。

项目小结

本项目主要知识点归纳总结见表1–5。

表1–5　主要知识点归纳总结

主要知识点	内　容	
成本、产品成本的含义	成本的定义	所谓成本，按照政治经济学的定义，是指企业在生产经营活动中耗费的物化劳动和活劳动中必要劳动部分的货币表现
	产品成本	产品成本，是指企业在生产产品过程中所发生的材料费用、职工薪酬等，以及不能直接计入而按一定标准分配计入的各种间接费用
	成本的作用	(1) 企业补偿生产耗费的主要尺度 (2) 企业衡量经营管理水平的重要指标 (3) 企业进行生产经营决策的重要数据 (4) 企业制定产品价格的重要因素
产品成本与费用的关系	费用是构成产品成本的基础，产品成本是对象化的费用	
生产费用的分类	按经济用途进行分类	直接材料、直接人工、燃料和动力、制造费用、废品损失、停工损失
	按经济内容进行分类	外购材料、外购燃料、外购动力、职工薪酬、折旧费、其他支出
	按与产品生产的关系进行分类	直接费用、间接费用
	按计入产品成本的方法进行分类	直接计入费用、间接计入费用

续表

<table>
<tr><th>主要知识点</th><th colspan="2">内 容</th></tr>
<tr><td rowspan="2">成本核算对象</td><td>成本核算的要求</td><td>（1）做好成本核算的基础工作
（2）正确划分各种费用界限
（3）按生产特点和管理要求，确定成本核算对象，选择成本核算方法</td></tr>
<tr><td>成本核算的对象</td><td>产品成本核算对象，是指为计算产品成本而确定的生产费用归集的范围，制造企业一般按照产品品种、产品批次或生产步骤等确定产品成本核算对象</td></tr>
<tr><td rowspan="3">成本核算组织、程序和账户设置</td><td>成本核算的组织</td><td>集中工作方式、分散工作方式</td></tr>
<tr><td>成本核算的程序</td><td>（1）根据生产特点和成本管理要求确定产品成本的核算对象
（2）确定成本项目
（3）设置有关成本和费用明细账
（4）正确归集、分配各种费用，登记相关成本和费用明细账
（5）计算产品总成本和单位成本</td></tr>
<tr><td>成本核算的账户设置</td><td>基本生产成本、辅助生产成本、制造费用</td></tr>
</table>

项目二

要素费用的归集与分配

学习目标

【知识目标】

1. 了解材料的分类、职工薪酬的内容和工资总额的组成
2. 掌握计时工资薪金和计件工资薪金的计算、固定资产的折旧方法及计算
3. 重点掌握材料费用、直接人工和外购动力费用的分配方法和账务处理

【技能目标】

1. 能够合理选择材料、人工、动力等费用的分配方法
2. 能够处理实际工作中材料费用、直接人工和外购动力费用及其他费用的核算

【态度目标】

1. 引导学生观察思考，培养其分析归纳能力、思维能力与计算能力
2. 培养同学们严谨的作风，具备基本的会计素养

工作情境与工作任务

对生产过程中发生的各项要素费用（包括外购材料、外购燃料、外购动力、职工薪酬、折旧费以及其他支出），企业应按受益的原则进行归集，分别计入各成本核算对象的成本。企业对上述生产费用中的直接费用，如果发生后能够分清是哪个成本核算对象耗用的，可以直接计入该成本核算对象；如果是多个成本核算对象共同耗用的，而且不能直接分清各成本核算对象耗用了多少，则需按一定的标准分配计入各成本核算对象；对上述费用中的间接费用，企业应结合生产特点和管理要求采用简化且合理的分配方法，在各成本核算对象之间进行分配。企业对各要素费用的分配应采用什么方法呢？

任务一　材料费用的归集与分配

企业生产经营过程中耗用的材料包括原料及主要材料、辅助材料、半成品、周转材料（如包装物、低值易耗品）等，其材料费用应由谁承担、各承担多少？通常情况下，企业应按照受益的原则对材料费用进行归集与分配。

一、材料费用的归集与分配

（一）原材料费用的归集与分配

直接用于产品生产、构成产品实体的原材料费用，一般为生产产品领用，应直接计入相应产品成本的“直接材料”成本项目。如制糖用的甘蔗，造纸用的木材，服装生产用的布匹等，可直接计入各成本核算对象的“直接材料”成本项目当中。对于多个核算对象共同耗用的原料及主要材料，应当采用简便且合理的方法（指分配所依据的标准与分配费用的多少有比较密切的联系，因而分配结果比较合理，而且分配标准的资料比较容易取得，计算比较简单）在各成本核算对象间进行分配，再将分配后的费用计入各成本核算对象的“直接材料”成本项目当中。分配间接计入费用的标准主要有三类：（1）成果类标准，如成本核算对象的重量、体积、产量等；（2）消耗类标准，如生产或机器工时，工资、原材料消耗量等；（3）定额类标准，如定额消耗量、定额费用等。分配间接计入费用的计算公式为：

$$费用分配率=待分配费用总额\div 分配标准总额$$

$$某分配对象应分配的费用=该对象的分配标准额\times 费用分配率$$

【动脑筋】直接用于产品生产、构成产品实体的原材料费用为什么可以直接计入相应产品成本的“直接材料”成本项目？

【做中学2-1】某厂2020年5月份生产A产品90件，重4 000千克；生产B产品110件，重6 000千克。两种产品共同消耗甲材料价值17 500元。

要求：按产品重量比例分配甲材料费用。

解析：材料费用分配率＝17 500÷10 000＝1.75（元/千克）

A产品应分配的材料费用＝4 000 × 1.75＝7 000（元）

B产品应分配的材料费用＝6 000 × 1.75＝10 500（元）

当材料消耗定额比较准确时，原材料费用也可以按照各成本核算对象的原材料定额消耗量或定额费用比例进行分配。

【同步训练2-1】某企业2020年7月生产A产品100 000件，生产B产品80 000件。两种产品共同消耗乙材料价值297 000元。

要求：按A、B产品的产量分配材料费用。

参考答案

【请注意】材料消耗定额是指单位产品可以耗用的原材料数量限额。材料定额消耗量是指一定产量下按照材料消耗定额计算的可以消耗的数量。费用定额和定额费用，则是消耗定额和定额消耗量的货币表现。

1.按原材料定额消耗量比例分配

按原材料定额消耗量比例分配原材料费用的计算程序是：先按原材料定额消耗量分配计算各成本核算对象的原材料实际消耗量，再乘以原材料单价来计算各成本核算对象应分配的实际原材料费用。其计算公式如下：

某产品原材料定额消耗量＝该产品实际产量 × 单位产品原材料消耗定额

原材料消耗量分配率＝原材料实际消耗总量 ÷ 各产品原材料定额消耗量之和

某产品应分配的原材料实际消耗量＝该产品的原材料定额消耗量 × 原材料消耗量分配率

某产品应分配的实际原材料费用＝该产品应分配的原材料实际消耗量 × 原材料单价

【做中学2-2】某公司生产A、B两种产品，共同耗用甲原材料6 000千克，单价为20元/千克，共120 000元（假定原材料采用实际成本计价核算）。其中：生产A产品100件，生产B产品200件；A、B产品的原材料定额消耗量分别为30千克、10千克。

要求：计算A、B产品应分配的原材料费用。

解析：

（1）A产品原材料定额消耗量＝100 × 30＝3 000（千克）

B产品原材料定额消耗量＝200 × 10＝2 000（千克）

（2）原材料消耗量分配率＝6 000 ÷（3 000＋2 000）＝1.2

（3）A产品应分配的原材料数量＝3 000 × 1.2＝3 600（千克）

B产品应分配的原材料数量＝2 000 × 1.2＝2 400（千克）

（4）A产品应分配的原材料费用＝3 600 × 20＝72 000（元）

B产品应分配的原材料费用＝2 400 × 20＝48 000（元）

从上例可以看出，材料费用计算分配的工作量较大。为了简化计算工作，也可以直接按原材料定额消耗量分配材料费用。其计算公式如下：

某产品原材料定额消耗量＝该产品实际产量 × 单位产品原材料消耗定额

原材料费用分配率＝原材料费用总额 ÷ 各产品原材料定额消耗量之和

某产品应分配的原材料费用＝该产品的原材料定额消耗量 × 原材料费用分配率

【做中学2-3】沿用【做中学2-2】的资料，材料费用的分配如下：

（1）A产品原材料定额消耗量＝100 × 30＝3 000（千克）

B产品原材料定额消耗量＝200 × 10＝2 000（千克）

（2）原材料费用分配率 = 原材料费用总额 ÷ 各产品原材料定额消耗量之和

= 120 000 ÷（3 000 + 2 000）= 24（元/千克）

（3）A产品应分配的原材料费用 = 3 000 × 24 = 72 000（元）

B产品应分配的原材料费用 = 2 000 × 24 = 48 000（元）

【做中学2-2】和【做中学2-3】的计算结果一致，但各有利弊。【做中学2-2】能直接观察到各产品的实际消耗量，有利于加强对原材料消耗的实物管理，但分配的计算工作量大；【做中学2-3】计算简便，但无法直接提供各产品的实际消耗量，不利于加强对原材料消耗的实物管理。

【同步训练2-2】某公司生产A、B、C三种产品，共耗用乙材料1 920千克，每千克5元。A产品实际产量为200件，单位产品材料定额耗用量为6千克；B产品实际产量为150件，单位产品材料定额耗用量为4千克；C产品实际产量为300件，单位产品材料定额耗用量为2千克。

参考答案

要求：分别采用两种方法计算A、B、C产品应分配的原材料费用。

2.按原材料定额费用比例分配

在生产多种产品或多种产品共同耗用多种原材料的情况下，为简化核算过程，企业可按原材料定额费用比例分配原材料实际费用。其计算公式如下：

某种产品某种原材料定额费用 = 该产品实际产量 × 单位产品该种材料费用定额

原材料费用分配率 = 各种原材料实际费用总额 ÷ 各产品各种原材料定额费用之和

某产品应分配的实际原材料费用 = 该产品各种原材料定额费用之和 × 原材料费用分配率

【做中学2-4】某公司生产A、B两种产品，共同领用甲、乙两种材料，共计26 760元。本月投产A产品100件，B产品150件。其中：A产品的消耗定额为甲材料5千克、乙材料12千克；B产品的消耗定额为甲材料4千克、乙材料10千克。甲材料的单价为8元，乙材料的单价为5元。

要求：计算A、B产品应分配的原材料费用。

解析：

（1）A、B产品材料定额费用：

A产品甲材料定额费用 = 100 × 5 × 8 = 4 000（元）

A产品乙材料定额费用 = 100 × 12 × 5 = 6 000（元）

B产品甲材料定额费用 = 150 × 4 × 8 = 4 800（元）

B产品乙材料定额费用 = 150 × 10 × 5 = 7 500（元）

（2）材料费用分配率 = 26 760 ÷（4 000 + 6 000 + 4 800 + 7 500）= 1.2

（3）A、B产品应分配的实际材料费用：

A产品应分配的材料费用 =（4 000 + 6 000）× 1.2 = 12 000（元）

B产品应分配的材料费用 =（4 800 + 7 500）× 1.2 = 14 760（元）

【同步训练2-3】某公司生产A、B两种产品，共耗用甲、乙两种材料。耗用甲材料687.5千克，每千克4元；耗用乙材料3 500千克，每千克5元。A产品实际产量为350件，单位产品材料定额成本为20元；B产品实际产量为620件，单位产品材料定额成本为25元。

参考答案

要求：按照材料定额成本比例分配法分配材料费用。

【动脑筋】企业进行原材料费用分配时，如何选用分配方法？

（二）燃料费用的归集与分配

燃料是企业为生产产品或提供劳务而耗用的各种固体、液体、气体燃料。燃料实际上也是材料，因此燃料费用分配的程序和方法与原材料费用分配的程序和方法相同。企业生产过程中耗费的燃料费用，应计入相应产品成本的“燃料和动力”成本项目，如果企业生产过程中耗费的燃料费用较少，可直接计入“直接材料”成本项目中。

二、材料费用分配的核算

在实务中，各种材料费用的分配是通过编制材料费用分配表进行的，这种分配表应根据领、退料凭证和其他有关资料编制。

【做中学2-5】某企业生产A、B两种产品，2020年6月根据各种领料凭证编制的材料费用分配表见表2-1。

表2-1　材料费用分配表

2020年6月　金额单位：元

应借科目		直接计入费用	分配计入费用		材料费用合计
			定额消耗量（千克）	分配金额（24元/千克）	
基本生产成本	A产品	80 000	3 000	72 000	152 000
	B产品	90 000	2 000	48 000	138 000
	小　计	170 000	5 000	120 000	290 000
制造费用		5 000			5 000
管理费用		2 000			2 000
销售费用		1 800			1 800
合　计		178 800		120 000	298 800

根据材料费用分配表编制会计分录，据以登记有关总账及明细账。编制会计分录如下：

借：基本生产成本——A产品——直接材料　152 000
　　　　　　　　——B产品——直接材料　138 000
　　制造费用——材料费　5 000
　　管理费用——材料费　2 000
　　销售费用——材料费　1 800
　　贷：原材料　298 800

【请注意】上述原材料是按实际成本计价核算的，若原材料按计划成本计价核算，则计入产品成本和期间费用等的原材料费用也按计划成本计算，还应分配材料成本差异。

【同步训练2-4】某企业2020年7月发出材料明细表见表2-2。

表2-2 发出材料明细表

2020年7月　　金额单位：元

材料类别	发出数量（千克）	单位成本	用　途
甲材料	200	600	A产品生产用
	126	1 000	A、B产品共用
乙材料	120	60	供水车间用100千克，供电车间用20千克
	20	60	基本生产车间用
	10	60	管理部门用
	5	60	销售部门用
辅助材料	200	40	基本生产车间用

该企业投产A产品140件，B产品140件，单耗原材料定额分别为2.5千克、3.5千克。

要求：根据以上资料编制材料费用分配表（见表2-3），并据以编制相关会计分录。

参考答案

表2-3 材料费用分配表

2020年7月　　金额单位：元

应借科目		直接计入费用	分配计入费用			材料费用合计
			定额消耗量（千克）	分配率	分配金额	
基本生产成本	A产品					
	B产品					
	小　计					
辅助生产成本	供水车间					
	供电车间					
	小　计					
制造费用						
管理费用						
销售费用						
合　计						

任务二　外购动力费用的归集与分配

外购动力费用是企业从外部购买的各种动力，如电力、蒸汽、热力等所支付的费用。外购动力有的直接用于生产活动，如生产工艺用电；有的间接用于生产活动，如车间照明；有的不用于生产活动，如销售部办公室照明用电等。

一、外购动力费用的归集与分配

企业外购的动力费用，在企业内部有仪表记录的情况下，按仪表所示数量及动力的单价直接计入各受益对象；在没有仪表记录的情况下，则按一定的标准（如生产工时比例、定额消耗量比例、机器工时比例）分配计入各受益对象。以电力为例，企业内部各个部门分别装有电表，因此电费以电表显示的用电度数进行分配；而车间产品生产用电，一般不会再分别安装电表，因此车间用电费用一般在各受益对象之间按生产工时、定额耗电量或其他比例归集分配。

企业生产耗用的动力费用，一般与燃料费用一起计入产品成本的“燃料和动力”成本项目；当动力费用在产品成本中所占比重不大时，可将其计入“直接材料”成本项目。

二、外购动力费用分配的核算

在实务中，外购动力费用的分配是通过编制外购动力费用分配表进行的，这种分配表应根据仪表记录和其他有关资料编制。

【做中学2-6】某公司2020年5月耗电度数合计为57 000度，单价为0.9元/度，合计金额为51 300元。电表显示各部门用电情况为：基本生产车间直接用于生产的耗电度数为40 000度，金额为36 000元；用于照明的耗电度数为7 000度，金额为6 300元。辅助生产车间耗电度数为4 000度，金额为3 600元。企业管理部门耗电度数为6 000度，金额为5 400元。基本生产车间产品生产用电按生产工时比例分配，A产品生产工时为5 500小时，B产品生产工时为3 500小时。

A、B产品动力费用分配计算过程如下（见表2-4）：

动力费用分配率＝36 000÷（5 500＋3 500）＝4（元/小时）

A产品应分配的动力费用＝5 500×4＝22 000（元）

B产品应分配的动力费用＝3 500×4＝14 000（元）

根据外购动力费用分配表编制会计分录如下：

借：基本生产成本——A产品——燃料和动力	22 000	
——B产品——燃料和动力	14 000	
辅助生产成本——燃料和动力	3 600	
制造费用——水电费	6 300	
管理费用——水电费	5 400	
贷：应付账款		51 300

表2-4 外购动力费用分配表

2020年5月 金额单位：元

应借科目		成本或费用项目	分配计入的动力费用			直接计入的动力费用	合计	
			生产工时（小时）	分配率	金额		度数（度）	金额
基本生产成本	A产品	燃料和动力	5 500		22 000			22 000
	B产品	燃料和动力	3 500		14 000			14 000
	小　计		9 000	4	36 000		40 000	36 000
辅助生产成本		燃料和动力				3 600	4 000	3 600
制造费用		水电费				6 300	7 000	6 300
管理费用		水电费				5 400	6 000	5 400
合　计					36 000	15 300	57 000	51 300

【请注意】在实际工作中，支付动力费用的日期与计算分配动力费用的日期可能不一致，为简化核算工作，企业在分配动力费用时，一般通过“应付账款”账户核算，支付动力费用时冲减“应付账款”账户金额。

【同步训练2-5】某公司2020年9月实际消耗电力50 000度，每度1.00元，共支付电费50 000元。按当月电表数据，企业管理部门耗电2 000度，车间管理部门耗电3 000度，生产车间产品生产耗电45 000度。本月生产A、B两种产品，A产品实耗工时为2 000小时，B产品实耗工时为3 000小时。

参考答案

要求：编制外购动力费用分配表（见表2-5），并据以编制相关会计分录。

表2-5 外购动力费用分配表

2020年9月 金额单位：元

应借科目		成本或费用项目	分配计入的动力费用			直接计入的动力费用	合　计	
			生产工时（小时）	分配率	金额		度数（度）	金额
基本生产成本	A产品	燃料和动力						
	B产品	燃料和动力						
	小　计							
制造费用		水电费						
管理费用		水电费						
合　计								

任务三 职工薪酬的归集与分配

职工薪酬是指企业为获得职工提供的服务或解除劳动关系而给予的各种形式的报酬或补偿。这包括短期薪酬、带薪缺勤、离职后福利、辞退福利、其他长期职工福利。

一、工资总额的构成与计算

（一）工资总额的构成

工资总额是指各单位在一定时期内直接支付给本单位全部职工的劳动报酬总额。按照国家统计局的规定，工资总额由下列六个部分组成：

（1）计时工资，是指按计时工资标准和工作时间支付给个人的劳动报酬。

（2）计件工资，是指对已做工作按计件单价支付的劳动报酬。

（3）奖金，是指支付给职工的超额劳动报酬和增收节支的劳动报酬。这包括生产奖、节约奖、劳动竞赛奖等。

（4）津贴和补贴，是指为补偿职工特殊或额外的劳动消耗和因其他特殊原因支付给职工的津贴，以及为了保证职工工资水平不受物价影响支付给职工的物价补贴。

（5）加班加点工资，是指按规定支付的加班工资和加点工资。

（6）特殊情况下支付的工资，包括根据法律、法规和政策的规定，因病、工伤、产假、计划生育假、婚丧假、事假、探亲假、定期休假、停工学习、执行国家或社会义务等原因按计时工资标准或计时工资标准的一定比例支付的工资，以及附加工资和保留工资。

（二）工资总额计算的原始记录

企业进行职工薪酬费用的核算，必须要有正确、完整的原始记录作为依据。主要原始记录包括：

（1）工资卡。它又称职工工资目录，应按每一位职工设置，主要记录职工的工资级别和工资标准、工龄及享受的津贴等内容。

（2）考勤记录。它是反映每一位职工出勤、缺勤等情况的原始记录，是计算职工计时工资的依据，同时也是企业进行劳动管理的主要依据。

（3）产量记录。它是登记和反映每位职工或生产小组在出勤时间内完成产品的数量、质量和生产产品所用工时数量的原始记录。产量记录是企业计算计件工资的原始记录。

（三）工资总额的计算

工资总额的计算应以直接支付给职工的全部劳动报酬为依据。各单位支付给职工的劳动报酬以及其他根据有关规定支付的工资，均应列入工资总额的计算范围。

由于各企业的具体情况不同，采用的工资制度也不尽相同，最基本的工资制度主要有计时工资制度和计件工资制度。

1.计时工资的计算

计时工资，是指按计时工资标准（包括地区生活费补贴）和工作时间支付给个人的劳动报酬。计时工资是根据考勤记录中登记的每一位职工的出勤天数或缺勤天数，按规定的工资标准计算的。工资按其计算的时间单位不同，可分为按月计算的月薪、按日计算的日薪或按小时计算的小时工资。企业固定职工的计时工资一般以月薪计算，临时职工的计时工资一般以日薪计算。

（1）日工资率的计算。在月薪制下，无论当月实际有多少天，每月的标准工资相同，为了按照职工出勤或缺勤天数计算应付月工资，还应根据月标准工资计算日工资率。日工资率一般有以下两种计算方法：

①每月按固定日数30天计算。按此方法，由于节假日也算工资，因而出勤期间内的节假日按出勤日计算工资，缺勤期间内的节假日按缺勤日扣减工资。

②每月按20.83天计算。该数字按365天减去104天双休日和11天法定节假日，再除以12个月计算得到。按此方法，双休日和法定节假日不计算也不扣减工资。

（2）应付工资的计算。在月薪制下，应付工资既可以按出勤天数乘以日工资率计算，也可以按月标准工资扣除缺勤工资计算。

①按出勤天数乘以日工资率计算：

应付计时工资＝本月出勤天数×日工资率＋病假天数×日工资率×（1–病假扣款率）

②按月标准工资扣除缺勤工资计算：

应付计时工资＝月标准工资－（事假天数×日工资率＋病假天数×日工资率×病假扣款率）

【请注意】按国家有关规定，对事假和旷工缺勤按100%的比例扣发工资；因公负伤、探亲假、婚丧假、女工产假等缺勤期间应按100%的比例照发工资；对病假或非因公负伤而缺勤的，按国家规定标准扣除工资。病假工资支付标准见表2–6。

表2–6　病假工资支付标准

工龄（年）	＜2	2～4	4～6	6～8	＞8
病假工资占本人标准工资的百分比（%）	60	70	80	90	100

【做中学2–7】某公司职工赵某的月标准工资为2 499.6元。该月有31天，法定节假日为10天，事假为1天，病假为3天，出勤17天。按其工龄，病假工资按70%计算，病假、事假期间没有双休与节假日。

要求：按上述方法分别计算职工赵某本月的应付工资。

解析：（1）按30日计算日工资率，按出勤天数乘以日工资率计算：

日工资率＝2 499.6÷30＝83.32（元）

应付出勤工资＝83.32×（17＋10）＝2 249.64（元）

应付病假工资＝83.32×3×70%＝174.97（元）

应付工资＝2 249.64＋174.97＝2 424.61（元）

（2）按30日计算日工资率，按月标准工资扣除缺勤工资计算：

日工资率＝2 499.6÷30＝83.32（元）

应扣缺勤病假工资＝83.32×3×（100%－70%）＝74.99（元）

应扣缺勤事假工资 = 83.32 × 1 = 83.32（元）

应付工资 = 2 499.6 − 74.99 − 83.32 = 2 341.29（元）

（3）按20.83日计算日工资率，按出勤天数乘以日工资率计算：

日工资率 = 2 499.6 ÷ 20.83 = 120（元）

应付出勤工资 = 120 × 17 = 2 040（元）

应付病假工资 = 120 × 3 × 70% = 252（元）

应付工资 = 2 040 + 252 = 2 292（元）

（4）按20.83日计算日工资率，按月标准工资扣除缺勤工资计算：

日工资率 = 2 499.6 ÷ 20.83 = 120（元）

应扣缺勤病假工资 = 120 × 3 ×（100%−70%）= 108（元）

应扣缺勤事假工资 = 120 × 1 = 120（元）

应付工资 = 2 499.6 − 108 − 120 = 2 271.6（元）

由上例可以看出，采用各种方法计算的结果并不一样。在实务中，计算应付工资的方法由企业自行确定，但计算方法一经确定，不得随意变更。

【同步训练2-6】某公司职工张某月标准工资为2 610元，2020年3月份有双休日9天，张某出勤18天，病假为2天，事假为2天，病假、事假期间没有节假日，病假按80%计发工资。

参考答案

要求：计算该职工本月的应付工资。

2.计件工资的计算

计件工资，是指对已做工作按计件单价支付的劳动报酬。计件工资是按生产工人的产品产量和预先规定的计件单价计算的。计算计件工资时的产品产量包括合格品和不是由工人过失造成的不合格产品（如料废品）数量，但不包括由工人过失造成的不合格产品（如工废品）数量。计件工资分为个人计件工资和集体计件工资两种。

（1）个人计件工资。个人计件工资是以个人为计算单位的计件工资形式，适用于个人能够独立完成操作，且能够直接计算个人完成产品数量的工种。其计算公式如下：

$$应付计件工资 = \sum[（合格品数量 + 料废品数量）× 计件单价]$$

【做中学2-8】某公司职工王飞本月加工A产品220件，计件单价为5元；加工B产品200件，计件单价为3元。完工验收时，发现其中A产品料废品10件、工废品4件；B产品料废品7件，其余为合格品。

要求：计算该工人本月应得计件工资。

解析：应付计件工资 =（220 − 4）× 5 + 200 × 3 = 1 680（元）

【同步训练2-7】某公司职工胡晓晓5月份生产A产品1 000件、B产品800件，验收时发现A产品有料废品3件、工废品5件。A、B产品的计件单价分别为0.9元和2.5元。

参考答案

要求：计算该职工本月份应得计件工资。

（2）集体计件工资。集体计件工资是以集体为单位的计件工资形式，适用于生产工艺要求集体完成，无法直接计算个人完成产品数量的工种。在计算时，首先计算集体计件工资总额，其计算方法与个人计件工资相同；其次，将集体计件工资总额在集体内部各成员之间进行分配，计算出应付给每个人的计件工资。对集体计件工资总额进行分配常用以下两种方法：

①以计时工资为标准分配集体计件工资，其计算公式如下：

工资分配率 = 小组计件工资总额 ÷ 小组计时工资总额

个人应得计件工资 = 个人计时工资 × 工资分配率

【做中学2-9】某生产小组3个人共同完成一项加工任务，小组计件工资总额为5 500元，有关资料及个人计时工资见小组计件工资分配表（见表2-7）。

表2-7 小组计件工资分配表 金额单位：元

姓　名	小时工资率	实际工作时数（小时）	计时工资	工资分配率	个人应得计件工资
刘　云	3.0	260	780	—	1 950
张　华	2.4	300	720	—	1 800
宋　歌	2.5	280	700	—	1 750
合　计		840	2 200	2.5	5 500

工资分配率 = 5 500 ÷ 2 200 = 2.5

刘云的计件工资 = 780 × 2.5 = 1 950（元）

张华的计件工资 = 720 × 2.5 = 1 800（元）

宋歌的计件工资 = 700 × 2.5 = 1 750（元）

②以实际工作时数为标准分配集体计件工资，其计算公式如下：

工资分配率 = 小组计件工资总额 ÷ 小组成员实际工作时数合计

个人应得计件工资 = 个人实际工作时数 × 工资分配率

【做中学2-10】沿用【做中学2-9】的资料。

要求：以实际工作时数为分配标准，计算个人应得计件工资。

解析：工资分配率 = 5 500 ÷ 840 = 6.55（元/小时）

刘云的计件工资 = 260 × 6.55 = 1 703（元）

张华的计件工资 = 300 × 6.55 = 1 965（元）

宋歌的计件工资 = 5 500 − 1 703 − 1 965 = 1 832（元）

编制小组计件工资分配表见表2-8。

表2-8 小组计件工资分配表 金额单位：元

姓　名	实际工作时数（小时）	工资分配率	个人应得计件工资
刘　云	260	—	1 703
张　华	300	—	1 965
宋　歌	280	—	1 832
合　计	840	6.55	5 500

从以上两种分配方法可以看出，以计时工资作为分配标准进行分配能够体现技术因素的影响，在生产人员技术等级相差悬殊的情况下，这种分配方法比较适用；按实际工作时数作为分配标准进行分配，不能体现技术因素的影响，在生产人员技术等级差别不

大时可采用。

【同步训练2-8】某公司有一个由4名职工组成的生产小组，5月份该小组生产甲产品759件，计件单价为15元，其余资料详见计件工资薪酬分配表（见表2-9）。

参考答案

表2-9　　计件工资薪酬分配表

2020年5月　　金额单位：元

姓　名	小时工资率	实际工作时数（小时）
张　一	18	160
王　二	20	150
李　三	16	120
吴　四	15	170
合　计		600

要求：按两种方法计算每位职工本月份应得计件工资（见表2-10和表2-11）。

表2-10　　小组计件工资分配表（以计时工资为标准分配）　　金额单位：元

姓　名	小时工资率	实际工作时数（小时）	计时工资	工资分配率	个人应得计件工资
张　一					
王　二					
李　三					
吴　四					
合　计					

表2-11　　小组计件工资分配表（以实际工作时数为标准分配）　　金额单位：元

姓　名	实际工作时数（小时）	工资分配率	个人应得计件工资
张　一			
王　二			
李　三			
吴　四			
合　计			

计时工资和计件工资以外的属于组成工资总额的各种奖金、津贴、补贴、加班加点工资，以及特殊情况下支付的工资，应按照国家和企业有关规定计算。

会计部门应根据计算出的职工工资，按照车间、部门分别编制工资结算单，单中，按照职工姓名分行填列应付每一职工的应付工资、代扣款项及实发金额，作为与职工进行工资结算的依据，其中的应付工资金额也是计算分配工资费用的依据。

二、职工薪酬的归集与分配

企业应当在职工为其提供服务的会计期间，将应付的职工薪酬根据职工提供服务的受益对象，分别按下列情况处理：（1）应由生产产品、提供劳务负担的职工薪酬，计入产品成本或劳务成本；（2）应由在建工程、无形资产负担的职工薪酬，计入购建固定资产或无形资产成本；（3）其他职工薪酬（含因解除与职工的劳动关系给予的补偿）计入当期损益。

采用计件工资形式支付的职工薪酬，作为直接费用，可直接计入所生产产品的“直接人工”成本项目。采用计时工资形式支付的职工薪酬，如果生产工人只生产一种产品，仍作为直接费用，计入所生产产品的“直接人工”成本项目；如果生产工人生产多种产品，则需要选用合适的方法进行分配，计入各有关产品成本的“直接人工”成本项目。企业一般以产品生产所耗用的生产工时作为分配标准进行职工薪酬的分配。其计算公式如下：

职工薪酬分配率 = 应分配的薪酬费用 ÷ 各种产品生产工时之和

某产品应分配的薪酬费用 = 该产品的生产工时 × 职工薪酬分配率

【做中学2-11】在某企业的生产工人薪酬中，可以直接计入A、B两种产品的薪酬费用分别为94 500元和86 000元，需要分配计入的薪酬费用为50 000元。企业按产品的生产工时比例进行薪酬分配。A、B两种产品的生产工时分别为1 200小时和1 300小时。

要求：计算A、B两种产品的薪酬费用。

解析：职工薪酬分配率 = 50 000 ÷ （1 200 + 1 300） = 20（元/小时）

A产品应分配的薪酬费用 = 1 200 × 20 = 24 000（元）

B产品应分配的薪酬费用 = 1 300 × 20 = 26 000（元）

计入A产品的薪酬费用 = 24 000 + 94 500 = 118 500（元）

计入B产品的薪酬费用 = 26 000 + 86 000 = 112 000（元）

如果取得各种产品的实际生产工时数据比较困难，而各种产品的单件工时定额比较准确，也可以按产品的定额工时比例分配职工薪酬。其计算公式如下：

某种产品耗用的定额工时 = 该种产品投产量 × 单位产品工时定额

职工薪酬分配率 = 各种产品职工薪酬总额 ÷ 各种产品定额工时之和

某种产品应分配的薪酬费用 = 该种产品定额工时 × 职工薪酬分配率

三、职工薪酬分配的核算

在实务中，职工薪酬的分配应通过职工薪酬费用分配表进行。职工薪酬费用分配表应根据工资结算单及其他有关资料编制。

【做中学2-12】某企业2020年5月的职工薪酬费用分配表见表2-12。

根据表2-12，编制分配职工薪酬的会计分录如下：

借：基本生产成本——A产品——直接人工	118 500	
——B产品——直接人工	112 000	
辅助生产成本——职工薪酬	75 000	
制造费用——职工薪酬	7 400	
管理费用——职工薪酬	6 500	
销售费用——职工薪酬	8 200	
贷：应付职工薪酬——工资		327 600

表2-12 **职工薪酬费用分配表** 金额单位：元

应借科目		成本或费用项目	直接计入的费用	分配计入的费用		合计
				生产工时（小时）	金额	
基本生产成本	A产品	直接人工	94 500	1 200	24 000	118 500
	B产品	直接人工	86 000	1 300	26 000	112 000
	小 计		180 500	2 500	50 000	230 500
辅助生产成本		职工薪酬	75 000			75 000
制造费用		职工薪酬	7 400			7 400
管理费用		职工薪酬	6 500			6 500
销售费用		职工薪酬	8 200			8 200
合 计			277 600		50 000	327 600

【同步训练2-9】某公司生产A、B两种产品，2020年7月该企业的职工薪酬支付情况见工资结算单汇总表（见表2-13）。企业产品生产实耗工时为：A产品6 000小时；B产品4 000小时。

参考答案

表2-13 **工资结算单汇总表**

2020年7月

单位：元

部门人员		应付工资	代扣款项（个人支付的三险一金）					实发金额	单位支付的五险一金							职工薪酬合计
			医疗保险	养老保险	失业保险	住房公积金	小计		医疗保险	养老保险	失业保险	工伤保险	生育保险	住房公积金	小计	
基本生产车间	生产工人	260 385.00	5 207.70	20 830.80	1 301.92	31 246.20	58 586.62	201 798.38	20 830.80	52 077.00	3 905.78	3 124.62	2 083.08	31 246.20	113 267.48	373 652.48
	管理人员	21 224.00	424.48	1 697.92	106.12	2 546.88	4 775.40	16 448.60	1 697.92	4 244.80	318.36	254.69	169.79	2 546.88	9 232.44	30 456.44
辅助生产车间	供气车间	18 144.00	362.88	1 451.52	90.72	2 177.28	4 082.40	14 061.60	1 451.52	3 628.80	272.16	217.73	145.15	2 177.28	7 892.64	26 036.64
	修理车间	23 459.00	469.18	1 876.72	117.30	2 815.08	5 278.28	18 180.72	1 876.72	4 691.80	351.89	281.51	187.67	2 815.08	10 204.67	33 663.67
企业行政管理人员		32 290.00	645.80	2 583.20	161.45	3 874.80	7 265.25	25 024.75	2 583.20	6 458.00	484.35	387.48	258.32	3 874.80	14 046.15	46 336.15
合 计		355 502.00	7 110.04	28 440.16	1 777.51	42 660.24	79 987.95	275 514.05	28 440.16	71 100.40	5 332.54	4 266.03	2 844.01	42 660.24	154 643.38	510 145.38

要求：根据以上资料编制职工薪酬费用分配表（见表2-14），并进行相关账务处理。

表2-14　　职工薪酬费用分配表

2020年7月　　金额单位：元

应借科目		成本或费用项目	直接计入的费用	分配计入的费用			合计
				生产工时（小时）	分配率	金额	
基本生产成本	A产品	直接人工					
	B产品	直接人工					
	小计						
辅助生产成本	供气车间	职工薪酬					
	修理车间	职工薪酬					
制造费用		职工薪酬					
管理费用		职工薪酬					
合计							

任务四　折旧费用和其他支出的归集与分配

一、折旧费用的归集与分配

固定资产在长期使用过程中保持实物形态不变，但其价值随着固定资产的损耗而逐渐减少。折旧费用是企业固定资产在使用过程中发生的损耗。企业固定资产的价值损耗最终都要计入各受益对象的成本费用中。

固定资产的折旧费一般应按使用部门分别记入“制造费用”“管理费用”“销售费用”等科目。基本生产车间机器设备的折旧费虽然是直接用于产品生产的费用，属于直接生产费用，但由于一种机器设备可能生产多种产品，一种产品的生产往往又需要使用多种机器设备，分配的工作比较复杂。为了简化产品成本的计算工作，生产车间机器设备、房屋的折旧费都记入“制造费用”科目。对于企业行政管理部门和销售部门的固定资产折旧费用，则分别记入“管理费用”“销售费用”科目。

在实务中，通常采用固定资产折旧计算表的形式归集折旧费用，再据以编制折旧费用分配表来分配折旧费用。

【做中学2-13】某企业采用分类折旧率计提固定资产折旧，2020年5月的固定资产折旧费用分配表见表2-15。

根据固定资产折旧费用分配表编制会计分录如下：

借：制造费用——基本生产车间——折旧费	41 400	
辅助生产成本——修理车间——折旧费	10 000	
管理费用——折旧费	9 470	
销售费用——折旧费	6 000	
贷：累计折旧		66 870

表2-15 固定资产折旧费用分配表

2020年5月 单位：元

使用部门	固定资产项目	上月折旧额	上月增加固定资产		上月减少固定资产		本月折旧额
			原值	折旧额	原值	折旧额	
基本生产车间	厂房	16 000					16 000
	机器设备	25 000	50 000	400			25 400
	小计	41 000	50 000	400			41 400
修理车间	厂房	4 000					4 000
	机器设备	6 000					6 000
	小计	10 000					10 000
行政管理部门	房屋	5 000					5 000
	管理设备	2 000					2 000
	运输设备	3 000			80 000	530	2 470
	小计	10 000			80 000	530	9 470
销售部门	房屋	6 000					6 000
合　计		67 000	50 000	400	80 000	530	66 870

【同步训练2-10】某企业2020年8月份固定资产折旧费用分配表见表2-16。企业一车间新增一台设备，原值为100 000元，每月应计提折旧800元；行政管理部门报废一辆汽车，原值为70 000元，每月应计提折旧430元。

参考答案

表2-16 固定资产折旧费用分配表

2020年8月 单位：元

使用部门	固定资产项目	折旧额
一车间	厂房	26 000
	机器设备	35 000
二车间	厂房	14 000
	机器设备	16 000
行政管理部门	房屋	4 000
	管理设备	2 500
	运输设备	2 000
销售部门	房屋	4 600
合　计		104 100

要求：根据以上资料编制该企业2020年9月份固定资产折旧费用分配表（见表2-17），并进行相关的账务处理。

表2-17　固定资产折旧费用分配表

2020年9月　　单位：元

使用部门	固定资产项目	上月折旧额	上月增加固定资产		上月减少固定资产		本月折旧额
			原值	折旧额	原值	折旧额	
一车间	厂房						
	机器设备						
	小计						
二车间	厂房						
	机器设备						
	小计						
行政管理部门	房屋						
	管理设备						
	运输设备						
	小计						
销售部门	房屋						
合　计							

二、其他支出的归集与分配

要素费用中的其他支出主要包括车间的办公费、保险费等，这些费用发生时，应按照发生的车间进行归集，分别计入各车间的制造费用。

思政园地

【案例】荀子在《劝学》里讲：“不登高山，不知天之高也；不临深溪，不知地之厚也。”学习是改变个体命运、洞察周遭世界的有力武器。勤学苦读，自古就被视为一项优秀品质。《战国策》记载，苏秦年轻时发愤图强努力读书，“读书欲睡，引锥自刺其股，血流至足”。《汉书》也有则勤奋学习的故事：“孙敬，字文宝，好学，晨夕不休。及至眠睡疲寝，以绳系头，悬屋梁。”“头悬梁”和“锥刺股”两个故事合在一起，便有了“悬梁刺股”的成语。“凿壁偷光”，讲的是西汉大文学家匡衡幼时凿穿墙壁，借邻居家烛光读书的故事。《西京杂记》记载，匡衡家境贫寒，没有蜡烛供他夜间读书，于是他在墙壁上凿出一个洞，引来邻家的光亮借以夜读。同样是贫困家境，同样是珍惜时间多读书，晋代车胤的“妙招”是抓一把萤火虫照明读书，孙康则利用雪的反光读书。这就是“囊萤映雪”的故事。夜以继日，苦学不倦，成为他们的集体写照。

类似的故事还有许多，比如“韦编三绝”，孔子为读《周易》而多次翻断了编联竹简的牛皮带子；“闻鸡起舞”，东晋祖逖年轻时为了报效国家，半夜一听到鸡鸣，就披衣起床，拔剑练武；“程门立雪”，北宋杨时与好友游酢向程颐求教，为了不打扰程颐在屋中休息，两人静立等待。程颐醒来，门前积雪已经一尺深了。

【点评】学习，也需要讲究方式方法。对此，《论语》的主张颇具参考价值。《论语·为政》中讲：“学而不思则罔，思而不学则殆。”只学习而不思考，就会因为迷惑而无所得；只思考而不学习，就会精神疲倦而无所得。《论语·子张》中也提出：“博学而笃志，切问而近思，仁在其中矣。”广博学习、坚定志向，恳切地提出问题，多思考眼前事物，就能从中实现仁德。

习近平总书记在《谈谈党校学员的学习——在中央党校2012年秋季学期开学典礼上的讲话》中提到：我们的先人有许多勤学苦读的动人故事，如悬梁刺股、凿壁偷光、囊萤映雪等，一直被传为美谈，这种刻苦学习的精神值得记取。大家要安下心来，心无旁骛、专心致志地看书学习，深入进行研讨。“学而不思则罔，思而不学则殆。”孔子这句话讲得好。学习与思考、勤学与善思是相互联系和相辅相成的，不可把二者割裂开来。习近平总书记讲述古人好学的事迹、学习的方法，以此勉励学员们勤学、善思。习近平总书记十分重视“思考”在学习中的作用，“思考是阅读的深化，是认知的必然，是把书读活的关键”。这就像爱因斯坦说的，“学习知识要善于思考、思考、再思考，我就是靠这个方法成为科学家的”。

项目小结

本项目主要知识点归纳总结见表2-18。

表2-18 主要知识点归纳总结

主要知识点	内 容	
材料费用	直接用于产品生产的原材料属于直接计入费用，直接计入各种产品成本的“直接材料”成本项目	
	由几种产品共同耗用的原料及主要材料属于间接计入费用，应在各种产品之间分配，再计入产品成本的“直接材料”成本项目	按原材料定额消耗量比例分配、按原材料定额费用比例分配
外购动力费用	有计量仪表记录时，按仪表显示数量分配动力费用	
	在没有计量仪表记录时，按一定标准分配动力费用	一般在各产品之间按生产工时、定额消耗量或其他比例归集分配

续表

主要知识点	内容		
职工薪酬	工资费用的计算	在月薪制下，无论当月实际有多少天，标准工资相同，按职工出勤或缺勤天数计算月工资，根据月标准工资计算日工资率	每月按30天计算
			每月按20.83天计算
	计件工资的计算	支付的生产工人工资直接计入产品成本	
	计时工资的计算	只生产一种产品，直接计入产品成本	
		生产多种产品，需在产品间分配，一般以生产工时为分配标准	
折旧费用	生产车间的机器设备、房屋折旧费计入制造费用，行政管理部门和销售部门的折旧费则分别计入管理费用和销售费用		

项目三

综合费用的归集与分配

学习目标

【知识目标】

1. 了解辅助生产的特点及辅助生产成本核算的账户设置
2. 了解制造费用的种类及制造费用核算的账户设置
3. 了解废品的含义及分类、废品损失的核算范围、废品损失的账户设置
4. 了解停工损失的含义及停工损失核算的账户设置
5. 掌握辅助生产费用直接分配法、一次交互分配法、代数分配法、计划分配率法和顺序分配法的概念、优缺点及适用范围
6. 掌握制造费用分配的人工工时法、机器工时法和计划分配率法的概念、优缺点及适用范围
7. 掌握可修复废品损失和不可修复废品损失核算的程序

【技能目标】

1. 能正确设置和登记辅助生产成本、制造费用、废品损失、停工损失账户
2. 能采用直接分配法、一次交互分配法、代数分配法、计划分配率法和顺序分配法正确归集和分配辅助生产费用
3. 能采用人工工时法、机器工时法和计划分配率法正确归集和分配制造费用
4. 能正确进行废品损失和停工损失的归集和分配
5. 能正确进行辅助生产成本、制造费用、废品损失、停工损失账户的账务处理

【态度目标】

1. 树立成本意识，厉行节约，避免损失和浪费，是企业长足发展的必要条件
2. 树立受益性原则，秉承“谁受益，谁负担；负担多少，视受益程度而定”的费用负担理念，审慎处理生产费用在各种产品之间的归集和分配

工作情境与工作任务

工业企业的生产部门除了有生产对外销售产品的基本生产车间外，还有为企业基本生产车间和管理部门提供产品或劳务的供水，供电，供气，供风，运输以及从事工具、模具、修理用备件的制造，机器设备的修理的辅助生产车间，这些辅助生产车间在提供产品或劳务的过程中也会发生费用，这些费用形成了辅助生产成本，企业应如何对辅助生产费用进行归集和分配呢？

制造费用是指企业为生产产品或提供劳务而发生的各项间接费用，也就是应当计入产品成本但没有专设成本项目的各项生产费用。企业的产品生产成本除专设的直接材料、燃料和动力、直接人工等成本项目外，还有生产部门（车间或分厂）所发生的水电费、管理人员的职工薪酬、固定资产折旧、无形资产摊销、机物料消耗、低值易耗品摊销、取暖费、办公费、劳保费、季节性和修理期间内的停工损失、废品损失、运输费、保险费等各项间接费用。同时，企业的生产部门有的只生产一种产品，有的生产多种产品，那么，如何归集和分配制造费用呢？

此外，对于管理上要求单独反映和控制废品损失、停工损失的企业，又应如何归集和分配废品损失和停工损失呢？

任务一　辅助生产费用的归集与分配

一、辅助生产费用的概念及特点

辅助生产是指为企业基本生产车间、行政管理部门或辅助生产部门等单位服务而进行的产品生产或劳务供应。有的辅助生产只生产一种产品或提供一种劳务，如供水、供电、供气、供风、运输等；有的则生产多种产品或提供多种劳务，如从事工具、模具、修理用备件的制造，以及机器设备的修理等。辅助生产提供的产品和劳务有时也对外销售，但这不是辅助生产的主要任务。

辅助生产部门为生产产品和提供劳务所耗费的各种生产费用之和，构成这些产品和劳务的成本。但对于耗用这些产品或劳务的基本生产车间、部门来说，这些辅助生产产品或劳务的成本又是一种费用，即辅助生产费用。因此，辅助生产产品或劳务成本的高低，对于基本生产的产品成本和企业的管理费用水平有很大的影响。同时，只有辅助生产产品或劳务的成本确定以后，才能计算基本生产的产品成本。所以企业要正确、及时地进行辅助生产成本的核算，严格控制并正确归集和分配辅助生产费用，以便正确计算产品成本和盈亏。

二、辅助生产费用的归集

辅助生产费用的归集和分配是通过“辅助生产成本”账户进行的，该账户应按车间、产品或劳务的种类设置明细账，账内按成本项目设置专栏进行明细核算。

辅助生产费用归集的程序与基本生产费用归集的程序类似。辅助生产车间的制造费用，一般应先记入“制造费用”账户中按辅助生产车间设置的明细账户的借方，然后从其贷方直接或分配转入“辅助生产成本”账户的借方。如果企业的辅助生产规模不大，所发生的制造费用不多，而且辅助生产不对外提供商品，为简化核算工作，其制造费用也可以直接记入“辅助生产成本”账户的借方，而不通过“制造费用”账户核算。这样，在计算辅助生产成本时，可以将产品成本项目与制造费用项目结合起来，设立简化项目，在辅助生产成本明细账户中按照这种简化项目归集、计算成本。辅助生产完工的产品或劳务成本，应从“辅助生产成本”账户的贷方转出。辅助生产费用明细账的格式见表3-1。

表3-1　　辅助生产费用明细账

车间：供电车间　　单位：元

年		凭证		摘要	借方	贷方	余额	机物料消耗	职工薪酬	办公费用	水电费	折旧费	保险费	…	其他
月	日	字	号												

三、辅助生产费用的分配

归集在“辅助生产成本”账户借方的辅助生产费用，由于各辅助生产车间生产的产品或提供的劳务种类不同，其转出与分配程序也不一样。辅助生产主要是为企业基本生产车间、行政管理等部门提供产品或劳务，但在辅助生产部门之间也相互提供产品或劳务。如供电车间为机修车间提供电力、机修车间为供电车间提供修理劳务。这时，为了计算电力成本，需要计算机修劳务成本；为了计算机修劳务成本，又要确定电力成本。因此，辅助生产费用的核算与成本计算比较复杂。

在实际工作中，通常采用直接分配法、一次交互分配法、代数分配法、计划分配率法和顺序分配法对辅助生产费用进行分配。

(一)直接分配法

直接分配法是把辅助生产车间所发生的产品或劳务成本直接分配给辅助生产部门以外各受益对象的一种方法。其计算公式如下：

$$\text{辅助生产费用分配率}=\text{该辅助生产部门直接发生的费用总额}\div\text{该辅助生产部门提供给辅助生产部门以外各受益对象的产品或劳务总量}$$

$$\text{某受益对象应负担的辅助生产费用}=\text{该受益对象接受的产品或劳务数量}\times\text{辅助生产费用分配率}$$

【做中学3-1】某公司有供电、供水两个辅助生产车间，2020年5月份各车间发生的费用为：供电车间52 500元；供水车间39 000元。各车间、部门耗用的辅助生产劳务数量汇总表见表3-2。

表3-2 辅助生产劳务数量汇总表

产品名称	计量单位	劳务耗用情况					合计
		供电车间	供水车间	一车间	二车间	管理部门	
电	度	—	2 000	23 000	25 000	2 000	52 000
水	吨	2 000	—	6 400	4 200	2 400	15 000

根据上述资料采用直接分配法编制辅助生产费用分配表，见表3-3。

表3-3 辅助生产费用分配表（直接分配法）

某公司　　2020年5月　　金额单位：元

产品车间	待分配产品费用	应分配产品数量	分配率	分配单位及数额						合计
				一车间		二车间		管理部门		
				数量	金额	数量	金额	数量	金额	
供电车间	52 500	50 000度	1.05	23 000	24 150	25 000	26 250	2 000	2 100	52 500
供水车间	39 000	13 000吨	3	6 400	19 200	4 200	12 600	2 400	7 200	39 000
合计	91 500	—	—	—	43 350	—	38 850	—	9 300	91 500

供电费用分配率＝52 500÷（52 000－2 000）＝1.05（元/度）

供水费用分配率＝39 000÷（15 000－2 000）＝3（元/吨）

根据表3-3的分配计算结果，编制会计分录如下：

借：制造费用——一车间——水电费　　43 350
　　　　　　——二车间——水电费　　38 850
　　管理费用　　9 300
　　贷：辅助生产成本——供电车间　　52 500
　　　　　　　　　　——供水车间　　39 000

直接分配法简便易行，但在这种方法下，辅助生产车间之间相互提供的产品或劳务没有参加分配，因而各辅助生产车间的成本不完整，不利于考核辅助生产成本水平，也影响分配到辅助生产以外的其他各车间、部门的产品或劳务费用金额的准确性。该方法一般适宜在辅助生产内部相互提供产品或劳务数量不多、不进行费用的交互分配对辅助生产成本和企业产品成本影响不大的情况下采用。

（二）一次交互分配法

微课：一次交互分配法

一次交互分配法是将辅助生产部门相互提供的产品或劳务先行交互分配，然后再将各辅助生产部门交互分配后的实际费用，全部分配给辅助生产部门以外各受益对象的一种分配方法。采用这种方法分配辅助生产成本时，应分两步进行：第一步，只限于各辅助生产车间之间根据相互提供的产品或劳务进行交互分配，基本生产车间和行政管理等部门从略；第二步，将辅助生产车间分配前的费用，加上从其他辅助生产车间分配转入的费用，减去已分配给其他辅助生产车间的费用，计算出各辅助生产车间的实际费用，再采用直接分配法，分配给基本生产车间和行政管理部门等受益单位。其计算步骤和公式如下：

第一步：交互分配。

$$\text{某辅助生产车间交互费用分配率}=\frac{\text{该辅助生产车间发生的辅助生产费用总额}}{\text{该辅助生产车间提供的产品或劳务总量}}$$

$$\begin{array}{c}\text{某辅助生产车间应转入}\\\text{的辅助生产费用}\end{array}=\begin{array}{c}\text{该辅助生产车间耗用其他辅助}\\\text{生产车间的产品或劳务量}\end{array}\times\begin{array}{c}\text{其他辅助生产车间}\\\text{交互费用分配率}\end{array}$$

$$\begin{array}{c}\text{某辅助生产车间应转出}\\\text{的辅助生产费用}\end{array}=\begin{array}{c}\text{该辅助生产车间提供给其他}\\\text{辅助生产车间的产品或劳务量}\end{array}\times\begin{array}{c}\text{该辅助生产车间}\\\text{交互费用分配率}\end{array}$$

第二步：对外分配。

$$\text{某辅助生产车间对外费用分配率}=\frac{\text{该辅助生产车间对外待分配费用总额}}{\text{该辅助生产车间对外提供的产品或劳务总量}}$$

$$\begin{array}{c}\text{某辅助生产车间对外}\\\text{待分配费用总额}\end{array}=\begin{array}{c}\text{该辅助生产车间}\\\text{直接发生的费用}\end{array}+\begin{array}{c}\text{分配转入}\\\text{的费用}\end{array}-\begin{array}{c}\text{分配转出}\\\text{的费用}\end{array}$$

$$\begin{array}{c}\text{某受益单位应负担的}\\\text{某辅助生产费用}\end{array}=\begin{array}{c}\text{该受益单位耗用}\\\text{的产品或劳务量}\end{array}\times\begin{array}{c}\text{该辅助生产车间}\\\text{对外费用分配率}\end{array}$$

【做中学3-2】沿用【做中学3-1】的资料，采用一次交互分配法计算分配辅助生产费用，编制辅助生产费用分配表，见表3-4。

表3-4中的交互费用分配率计算如下：

供电车间交互费用分配率＝52 500÷52 000≈1.01（元/度）

供水车间交互费用分配率＝39 000÷15 000＝2.60（元/吨）

对外分配费用：

供电车间：52 500＋5 200－2 020＝55 680（元）

供水车间：39 000＋2 020－5 200＝35 820（元）

对外费用分配率：

供电车间＝55 680÷50 000＝1.1136（元/度）

供水车间＝35 820÷13 000≈2.7554（元/吨）

根据表3-4的计算结果，编制会计分录如下：

表3-4　　辅助生产费用分配表（一次交互分配法）

某公司　　2020年5月　　金额单位：元

项目			交互分配			对外分配		
产品供应车间			供电车间	供水车间	合计	供电车间	供水车间	合计
待分配产品费用			52 500	39 000	91 500	55 680	35 820	91 500
应分配产品数量			52 000度	15 000吨	—	50 000度	13 000吨	
分配率（单位成本）			1.01	2.60		1.1136	2.7554	
受益对象及数额	供水车间	数量	2 000					
		金额	2 020		2 020			
	供电车间	数量		2 000				
		金额		5 200	5 200			
	一车间	数量				23 000	6 400	
		金额				25 612.80	17 634.56	43 247.36
	二车间	数量				25 000	4 200	
		金额				27 840	11 572.68	39 412.68
	管理部门	数量				2 000	2 400	
		金额				2 227.20	6 612.76*	8 839.96
	金额合计					55 680	35 820	91 500

注：*存在尾差调整。

（1）交互分配：

借：辅助生产成本——供水车间——水电费　　2 020

　　　　　　　——供电车间——水电费　　5 200

　贷：辅助生产成本——供水车间　　5 200

　　　　　　　　——供电车间　　2 020

（2）对外分配：

借：制造费用——一车间——水电费　　43 247.36

　　　　　——二车间——水电费　　39 412.68

　管理费用——水电费　　8 839.96

　贷：辅助生产成本——供电车间　　55 680

　　　　　　　　——供水车间　　35 820

一次交互分配法克服了直接分配法在辅助生产部门之间不分配费用的缺点，使辅助生产车间的成本计算更加准确，但由于要进行交互和对外两次分配，因而增加了计算工作量。这种方法一般适用于各辅助生产部门之间相互提供产品或劳务较多的企业。

（三）代数分配法

代数分配法是运用代数中解联立方程组的原理，计算出辅助生产产品或劳务的单位成本，然后再根据各个受益单位耗用产品或劳务的数量（包括各辅助生产车间之间受益的和其他各车间、部门受益的产品或劳务数量）和单位成本分配辅助生产费用的一种方法。

【做中学3-3】沿用【做中学3-1】的资料，采用代数分配法计算分配率，即电和水的单位产品成本如下：

设X代表供电车间每度电的产品成本，Y代表供水车间每吨水的产品成本。依题意建立的二元一次方程组如下：

$52\ 500 + 2\ 000Y = 52\ 000X$

$39\ 000 + 2\ 000X = 15\ 000Y$

求解，得：

$X \approx 1.11525$

$Y \approx 2.7487$

根据以上计算的电和水的单位产品成本编制辅助生产费用分配表，见表3-5。

表3-5　**辅助生产费用分配表（代数分配法）**

某公司　　2020年5月　　金额单位：元

受益单位	供电车间		供水车间		金额合计
	数量（度）	金额（1.11525元/度）	数量（吨）	金额（2.7487元/吨）	
供电车间	—	—	2 000	5 497.40	5 497.40
供水车间	2 000	2 230.50	—	—	2 230.50
小计	2 000	2 230.50	2 000	5 497.40	7 727.90
一车间	23 000	25 650.75	6 400	17 591.68	43 242.43
二车间	25 000	27 881.25	4 200	11 544.54	39 425.79
小计	48 000	53 532	10 600	29 136.22	82 668.22
管理部门	2 000	2 234.90①	2 400	6 596.88②	8 831.78
合计	52 000	57 997.40	15 000	41 230.50	99 227.90

注：①52 500 + 5 497.40−2 230.50−53 532 = 2 234.90

②39 000 + 2 230.50−5 497.40−29 136.22 = 6 596.88

根据表3-5的计算结果，编制会计分录如下：

借：辅助生产成本——供电车间——水电费　5 497.40

——供水车间——水电费　2 230.50

制造费用——一车间——水电费　43 242.43

——二车间——水电费　39 425.79

管理费用——水电费　8 831.78

贷：辅助生产成本——供电车间　57 997.40

——供水车间　41 230.50

采用代数分配法分配辅助生产费用，其最大优点是分配结果准确，但在实际工作中，当企业的辅助生产车间较多时，需要设的未知数较多，计算工作较为烦琐，因而这种方法一般适用于辅助生产车间较少或会计工作实现了信息化的企业。

（四）计划分配率法

计划分配率法是按事先确定的辅助生产车间提供的产品或劳务的计划单位成本和各受益单位的受益量分配辅助生产费用的一种方法。采用这种方法，其分配步骤如下：

第一步：按事先确定的辅助生产车间提供的产品或劳务的计划单位成本和各受益单位的受益量，计算各受益单位应负担的辅助生产费用。

第二步：计算各辅助生产车间实际发生的费用（包括按计划成本分配转入的费用）。

第三步：计算各辅助生产车间的成本差异并进行处理。辅助生产车间实际发生的费用与按计划单位成本分配转出的费用之间的差额，即辅助生产的成本差异，从理论上讲应在各辅助生产车间之间进行分配，为了简化分配工作，可直接记入“管理费用”账户中。如果是超支差异，应增加管理费用；反之，应冲减管理费用。采用计划分配率法分配辅助生产费用时，其计算公式如下：

$$\text{某车间、部门应分配的辅助生产费用}=\text{该车间、部门的劳务耗用量}\times\text{该辅助生产车间提供产品或劳务的计划单位成本}$$

$$\text{某辅助生产车间的实际成本}=\text{该辅助生产车间直接发生的实际费用}+\text{由其他辅助生产车间分配转入的计划成本}$$

$$\text{某辅助生产车间的成本差异}=\text{该辅助生产车间的实际成本}-\text{该辅助生产车间按计划成本分配的金额}$$

【做中学3-4】沿用【做中学3-1】的资料，假定电的计划单位成本为1.20元/度，水的计划单位成本为2.50元/吨，按计划分配率法分配辅助生产成本，各辅助生产车间实际成本与计划成本的差额计入管理费用。编制按计划分配率法分配的辅助生产费用分配表，见表3-6。

根据表3-6的计算结果，编制会计分录如下：

（1）按计划分配率分配：

借：辅助生产成本——供电车间——水电费	5 000	
——供水车间——水电费	2 400	
制造费用——一车间——水电费	43 600	
——二车间——水电费	40 500	
管理费用——水电费	8 400	
贷：辅助生产成本——供电车间		62 400
——供水车间		37 500

供电车间的实际成本 = 52 500 + 5 000 = 57 500（元）

供水车间的实际成本 = 39 000 + 2 400 = 41 400（元）

（2）调整辅助生产成本差异：

借：管理费用——水电费	1 000	
贷：辅助生产成本——供电车间		4 900
——供水车间		3 900

表3-6　　辅助生产费用分配表（计划分配率法）

某公司　　2020年5月　　金额单位：元

受益单位＼供应单位			供电车间		供水车间		费用合计
			数量（度）	费用	数量（吨）	费用	
待分配费用和数量			52 000	52 500	15 000	39 000	91 500
计划单位成本			—	1.20	—	2.50	—
辅助生产成本	供电车间	水费	—	—	2 000	5 000	5 000
	供水车间	电费	2 000	2 400	—	—	2 400
	小计		2 000	2 400	2 000	5 000	7 400
制造费用	一车间	电费	23 000	27 600	—	—	27 600
		水费	—	—	6 400	16 000	16 000
		小计	23 000	27 600	6 400	16 000	43 600
	二车间	电费	25 000	30 000	—	—	30 000
		水费	—	—	4 200	10 500	10 500
		小计	25 000	30 000	4 200	10 500	40 500
管理费用	管理部门	电费	2 000	2 400	—	—	2 400
		水费	—	—	2 400	6 000	6 000
		小计	2 000	2 400	2 400	6 000	8 400
按计划分配率分配合计			52 000	62 400	15 000	37 500	99 900
辅助生产实际成本			—	57 500	—	41 400	98 900
辅助生产成本差异			—	-4 900	—	3 900	-1 000

采用计划分配率法，各辅助生产费用只计算分配一次，而且各辅助生产车间提供的产品或劳务的计划单位成本是事先确定的，因而简化了计算工作，加快了各车间成本计算的速度，同时也便于分析考核各辅助生产车间和其他各车间、部门成本计划的执行情况，有利于加强企业经济核算。但采用该分配方法，辅助生产车间产品或劳务的计划单位成本必须合理确定，否则会影响辅助生产费用分配的准确性。因此，计划分配率法一般适用于辅助生产计划单位成本制定比较准确的企业。

【动脑筋】采用计划分配率法分配辅助生产费用时，辅助生产实际成本的计算与采用一次交互分配法分配辅助生产费用时对外分配费用的计算有什么不同？

（五）顺序分配法

顺序分配法也称梯形分配法，是按照各辅助生产车间之间受益多少的顺序排列，受益少的排在前，受益多的排在后，然后按顺序分配辅助生产费用的一种方法。该方法的特点是，按照辅助生产车间受益多少的顺序分配辅助生产费用，受益少的先分配，受益多的后分配，先分配的辅助生产车间不负担后分配的辅助生产车间的费用，后分配的辅助生产车间分配的辅助生产费用等于其直接发生的费用加上从前者分配转入的费用。

【做中学3-5】沿用【做中学3-1】的资料，由于供水车间耗用供电车间的费用少，而供电车间耗用供水车间的费用多，因此，供水车间排列在先，先将其费用分配出去。分配时既要将水费分配给基本生产车间、行政管理等部门，还要分配给排列在后的供电车间。由于供电车间排列在后，因此，其所分配的费用由两部分组成，即本车间发生的费用和供水车间分配转入的费用。所分配的产品数量不包括供水车间耗用的2 000度电。根据上述分析，采用顺序分配法编制辅助生产费用分配表，见表3-7。

表3-7 辅助生产费用分配表（顺序分配法）

某公司 2020年5月 金额单位：元

项目	分配数量	分配费用			分配率	分配额							
		直接发生费用	分配转入费用	小计		供电车间		一车间		二车间		管理部门	
						数量	金额	数量	金额	数量	金额	数量	金额
供水车间	15 000	39 000	—	39 000	2.60	2 000	5 200	6 400	16 640	4 200	10 920	2 400	6 240
供电车间	50 000	52 500	5 200	57 700	1.154	—	—	23 000	26 542	25 000	28 850	2 000	2 308
合计	—	91 500	5 200	96 700	—	2 000	5 200	—	43 182	—	39 770	—	8 548

上述分配表中：

供水车间费用分配率＝39 000÷15 000＝2.60（元/吨）

供电车间费用分配率＝（52 500＋5 200）÷50 000＝1.154（元/度）

根据表3-7的计算结果，编制会计分录如下：

（1）借：制造费用——一车间——水电费 16 640
　　　　　　　——二车间——水电费 10 920
　　　　管理费用——水电费 6 240
　　　　辅助生产成本——供电车间 5 200
　　　　贷：辅助生产成本——供水车间 39 000

（2）借：制造费用——一车间——水电费 26 542
　　　　　　　——二车间——水电费 28 850
　　　　管理费用——水电费 2 308
　　　　贷：辅助生产成本——供电车间 57 700

采用顺序分配法分配辅助生产费用的计算方法比较简便，但是，由于排列在先的辅助生产车间不负担排列在后辅助生产车间的费用，对分配结果的合理性和准确性有一定影响。因此，这种方法一般适用于辅助生产车间相互提供产品或劳务有明显的顺序，并且排列在先的辅助生产车间耗用排列在后辅助生产车间的费用较少的情况。

以上我们分别介绍了辅助生产费用的各种分配方法，企业应根据生产特点和管理要求，合理确定辅助生产费用的分配方法。

【同步训练3-1】某公司2020年5月各辅助生产车间发生的生产费用和提供的产品、劳务的情况见表3-8。

表3-8　辅助生产费用及产品、劳务供应情况汇总表

某公司　　2020年5月　　金额单位：元

受益单位＼辅助生产车间		供电车间		机修车间	
		供电（度）	生产费用	修理（小时）	生产费用
基本生产车间	A产品	18 200			
	B产品	17 200			
	C产品	21 500			
	第一车间	5 500		8 300	
	第二车间	5 100		8 700	
辅助生产车间	供电车间			2 500	
	机修车间	3 000			
厂部	行政管理部门	4 500		3 000	
合计		75 000	36 000	22 500	180 000
计划单价		0.70		8.00	

要求：根据表3-8中的有关资料，分别采用5种分配方法分配辅助生产费用。

参考答案

任务二　制造费用的归集与分配

一、制造费用的含义及内容

制造费用是指企业为生产产品和提供劳务而发生的各项间接费用。制造费用是产品制造成本的重要组成部分，包括生产部门（车间、分厂等）为组织和管理生产发生的间接费用，以及一部分不便于直接计入产品成本而未专设成本项目的直接费用，如生产部门所发生的水电费、管理人员的职工薪酬、固定资产折旧、无形资产摊销、机物料消耗、低值易耗品摊销、取暖费、办公费、劳保费、季节性和修理期间内的停工损失、废品损失、运输费、保险费等。

制造费用的上述项目，可以分为以下几类：

第一类：直接用于产品生产，但是管理上不要求单独核算，因而在产品成本明细账

中没有专设成本项目的费用，如专门用于某种产品生产的机器设备的折旧费、保险费、租赁费等。

第二类：间接用于产品生产的费用，如生产用房屋的折旧费、保险费、租赁费、生产用的照明费、取暖费、机物料消耗等。

第三类：生产部门（如分厂、车间、班组）用于组织和管理生产经营活动而发生的费用，如管理人员的职工薪酬等。

二、制造费用的核算与归集

（一）制造费用核算的账户设置

企业发生的制造费用应通过“制造费用”账户进行归集和分配，该账户的借方登记发生的制造费用，贷方登记分配计入有关成本核算对象的制造费用。企业应按不同的生产部门设置制造费用明细账，账内按照成本项目设置专栏，分别反映各车间各项制造费用的发生和分配转出情况。除按计划分配率法分配制造费用外，该账户月末应无余额。制造费用明细账的格式见表3-9。

表3-9 制造费用明细账

车间名称：第一生产车间　　单位：元

2020年		凭证		摘要	借方	贷方	余额	材料费	职工薪酬	折旧费	保险费	办公费	水电费	…	其他
月	日	字	号												

（二）制造费用的归集

企业基本生产车间发生的制造费用，应分别记入按不同车间设置的“制造费用”明细账户的借方，月末按成本核算方法的规定将制造费用分配计入各有关成本核算对象时，从该账户的贷方转入“基本生产成本”账户的借方。

辅助生产车间发生的制造费用，通过“制造费用”账户核算的，应比照基本生产车间制造费用的核算方法，直接或分配转入“辅助生产成本”账户的借方；不通过“制造费用”账户核算的，则应在发生时直接记入“辅助生产成本”账户的借方。

三、制造费用的分配

企业归集的制造费用，月末必须按照一定的分配标准及方法，分配计入产品制造成本中去。生产单一品种的企业或车间，所归集的制造费用可以直接计入该种产品的制造成本；生产多种产品的企业或车间，其归集的制造费用，应采用适当的方法分配计入各成本核算对象的制造成本。制造费用的分配方法主要有：人工工时法、机器工时法和计划分配率法等。

（一）人工工时法

人工工时法是以各种产品所消耗的生产工人实际（或定额）工时数作为分配标准分配制造费用的一种方法。其计算公式如下：

制造费用分配率 = 制造费用总额 ÷ 各种产品实际（或定额）生产工时之和

某种产品应分配的制造费用 = 该种产品实际（或定额）生产工时 × 制造费用分配率

【做中学3-6】某公司一生产车间2020年5月份生产A、B两种产品所发生的制造费用为80 000元，A、B两种产品生产工人工时分别为20 000小时和30 000小时。

要求：计算A、B产品应分配的制造费用。

解析：制造费用分配率 = 80 000 ÷ （20 000 + 30 000） = 1.60（元/小时）

A产品应负担的制造费用 = 20 000 × 1.60 = 32 000（元）

B产品应负担的制造费用 = 30 000 × 1.60 = 48 000（元）

根据上述计算结果，编制制造费用分配表见表3-10。

表3-10　制造费用分配表

某公司　2020年5月　金额单位：元

应借账户		生产工人工时（小时）	分配金额（分配率为1.60）
基本生产成本	A产品	20 000	32 000
	B产品	30 000	48 000
合　计		50 000	80 000

根据表3-10的计算结果，编制会计分录如下：

借：基本生产成本——A产品——制造费用　32 000

　　　　　　　　——B产品——制造费用　48 000

　贷：制造费用　80 000

【做中学3-7】某公司一生产车间2020年5月份生产A、B产品的数量分别为12 000件和9 000件，两种产品的定额工时分别是3小时和5小时，所发生的制造费用为243 000元。

要求：计算A、B产品应分配的制造费用。

解析：

A产品的定额工时 = 12 000 × 3 = 36 000（小时）

B产品的定额工时 = 9 000 × 5 = 45 000（小时）

制造费用分配率 = 243 000 ÷（36 000 + 45 000）= 3（元/小时）

A产品应负担的制造费用 = 36 000 × 3 = 108 000（元）

B产品应负担的制造费用 = 45 000 × 3 = 135 000（元）

根据上述计算结果，编制制造费用分配表见表3-11。

表3-11 制造费用分配表

某公司 2020年5月 金额单位：元

应借账户		产品数量（件）	工时定额（小时）	定额工时（小时）	分配金额（分配率为3）
基本生产成本	A产品	12 000	3	36 000	108 000
	B产品	9 000	5	45 000	135 000
合　计				81 000	243 000

根据表3-11的计算结果，编制会计分录如下：

借：基本生产成本——A产品——制造费用 108 000

——B产品——制造费用 135 000

贷：制造费用 243 000

采用人工工时法分配制造费用，人工工时数据相对容易取得，核算工作简便，但在企业生产机械化程度较高的情况下，人工费在成本中所占的比重较小，会影响到制造费用分配的合理性。因此，这种方法适用于机械化程度不高的企业。

（二）机器工时法

机器工时法是以各种产品生产时所耗用的机器运转的时间作为分配标准分配制造费用的方法。其计算公式如下：

制造费用分配率 = 制造费用总额 ÷ 各种产品耗用的机器工时总额

某种产品应负担的制造费用 = 该种产品耗用的机器工时 × 制造费用分配率

【做中学3-8】某公司一生产车间2020年5月份生产A、B产品所耗用的机器工时分别为50 000小时和30 000小时，本月所发生的制造费用为160 000元。

要求：计算A、B产品应分配的制造费用。

解析：制造费用分配率 = 160 000 ÷（50 000 + 30 000）= 2（元/小时）

A产品应负担的制造费用 = 50 000 × 2 = 100 000（元）

B产品应负担的制造费用 = 30 000 × 2 = 60 000（元）

根据上述计算结果，编制制造费用分配表见表3-12。

表3-12 制造费用分配表

某公司 2020年5月 金额单位：元

应借账户		机器工时（小时）	分配金额（分配率为2）
基本生产成本	A产品	50 000	100 000
	B产品	30 000	60 000
合　计		80 000	160 000

根据表3-12的计算结果，编制会计分录如下：

借：基本生产成本——A产品——制造费用　　100 000

　　　　　　　　——B产品——制造费用　　60 000

　贷：制造费用　　160 000

机器工时法适用于产品生产的机械化程度较高的车间、部门。在这种车间、部门里，必须具备各种产品所耗用机器工时的原始记录，以保证机器工时的准确性和可靠性。

【动脑筋】采用人工工时法与机器工时法分配制造费用在适用范围上有什么不同？

（三）计划分配率法

计划分配率法又称预定分配率法，是按照年度开始前确定的全年度使用的计划分配率分配制造费用的方法。采用计划分配率法的分配标准可以是年度各种产品计划产量的实际或定额人工工时或机器工时等。以定额工时作为分配标准，其计算公式如下：

年度制造费用计划分配率＝年度制造费用计划总额÷年度各种产品计划产量的定额工时

$$\text{某月某种产品应负担的制造费用} = \text{该月该种产品实际产量定额工时} \times \text{年度制造费用计划分配率}$$

【请注意】采用这种方法，各月份实际发生的制造费用与按年度计划分配率进行分配的制造费用的差额平时不进行调整，到年末才进行调整。年末时，将差异额按已分配的制造费用的比例进行再分配。如果实际发生的制造费用大于按年度计划分配率分配的制造费用，用蓝字补记；反之，用红字冲减。

【做中学3-9】某公司一车间2020年全年计划制造费用总额为360 000元。全年计划产量为：A产品3 000件，B产品2 000件。单件产品定额工时为：A产品4小时，B产品3小时。假定5月份实际产量为：A产品220件，B产品250件。该月制造费用实际发生额为33 000元。

要求：计算A、B产品应分配的制造费用。

解析：制造费用计划分配率＝360 000÷（3 000×4＋2 000×3）＝20（元/小时）

5月份A产品应分配的制造费用＝220×4×20＝17 600（元）

5月份B产品应分配的制造费用＝250×3×20＝15 000（元）

根据上述计算结果，编制会计分录如下：

借：基本生产成本——A产品——制造费用　　17 600

　　　　　　　　——B产品——制造费用　　15 000

　贷：制造费用　　32 600

假定2020年该车间全年实际产量为：A产品2 900件，B产品2 100件。全年实际制造费用为361 580元。则：

全年制造费用已分配数＝2 900×4×20＋2 100×3×20＝358 000（元）

实际制造费用与已分配制造费用的差异额＝361 580−358 000＝3 580（元）

制造费用再分配率＝3 580÷358 000＝0.01

A产品应再分配的制造费用＝2 900×4×20×0.01＝2 320（元）

B产品应再分配的制造费用＝2 100×3×20×0.01＝1 260（元）

根据上述计算结果，编制会计分录如下：

借：基本生产成本——A产品——制造费用 2 320

——B产品——制造费用 1 260

贷：制造费用 3 580

【同步训练3-2】沿用【做中学3-9】的资料，假定2020年该车间全年实际产量为：A产品2 900件，B产品2 100件。全年实际制造费用为355 315元。

要求：计算年末应调整的差异额，并根据计算结果编制相应的会计分录。

参考答案

【同步训练3-3】某公司第一生产车间全年制造费用计划数为110 000元。全年各种产品的计划产量为：A产品5 200件，B产品4 500件。单件产品的工时定额为：A产品5小时，B产品4小时。5月份实际产量为：A产品480件，B产品300件。本月实际发生制造费用9 800元。假定全年实际产量为：A产品5 300件，B产品4 600件。全年实际制造费用为121 230元。

参考答案

要求：采用计划分配率法分配制造费用。

采用计划分配率法分配制造费用，省略了每月计算费用分配率的手续，在一定程度上简化了制造费用的分配工作，提高了企业成本核算工作的及时性，并能及时反映制造费用预算数与实际数的差异，有利于分析成本预算的执行情况。该方法适用于机械化生产的企业以及季节性生产的企业。但采用这种方法，必须要有较高的计划管理水平，否则计划分配额与实际发生额差异就会过大，从而影响制造费用分配的准确性。

【请注意】在采用计划分配率法分配制造费用的情况下，由于“制造费用”账户借方实际发生的制造费用与分配结转至贷方的制造费用往往不一致，因此，月末“制造费用”账户会有余额；借方余额反映实际发生大于按计划分配转出的差额，贷方余额反映实际发生小于按计划分配转出的差额。对于年末余额，除其中属于为下年生产做准备的部分可结转下年外，其余的都应当在当年年度终了时调整本年度的产品成本。

通过上述制造费用的归集与分配，除了采用计划分配率法的企业以外，“制造费用”总账账户和所属明细账户都应无月末余额。

【动脑筋】制造费用能否采用生产工人工资比例法或产品产量比例法进行分配？

任务三 废品损失的归集与分配

一、废品的含义及分类

在管理上要求单独反映和控制废品损失的企业，在进行成本核算时，还应进行废品损失的核算。废品是指不符合规定的技术标准，不能按照原定用途使用，或者需要加工修理后才能使用的在产品、半成品或产成品。废品可能在生产过程中被发现，也可能在入库甚至销售后被发现，只要是生产原因造成的都应视为废品。

废品按其废损程度和在经济上是否具有修复价值可分为可修复废品和不可修复废品

两种。可修复废品是指在技术上、工艺上可以修复，而且所花费的修复费用在经济上划算的废品；不可修复废品是指在技术上、工艺上不可修复，或者虽可修复，但所花费的修复费用在经济上不划算的废品。

废品按其产生的原因不同可分为料废和工废两种。料废是指由于材料质量、规格、性能不符合要求而产生的废品；工废是指在生产过程中由于加工工艺技术、工人技术水平、操作方法等方面的缺陷所产生的废品。分清废品属于料废还是工废，有利于查明废品产生的责任。

二、废品损失的含义及范围

对废品的了解有助于我们理解废品损失。所谓废品损失是在生产过程中发生的和入库后发现的不可修复废品的生产成本，以及可修复废品的修复费用，扣除回收废品残料价值和应收赔款以后的损失。不可修复废品的报废损失是指不可修复废品的生产成本扣除回收残料价值和应收赔款后的净损失。可修复废品的修复费用是指可修复废品在返修过程中所发生的修理费用，即废品修复过程中所耗费的材料、人工等费用。

下列情况不能作为废品损失处理：

（1）经质量检验部门鉴定不需要返修、可以降价出售的不合格品，其降价损失不作为废品损失处理，而直接体现在销售损益中。

（2）产品入库后，由于保管不善等原因而损坏变质的损失，属于管理上的问题，应将扣除过失人赔款后的净损失记入“管理费用”账户，不作为废品损失处理。

（3）实行包退、包修、包换（“三包”）的企业，在产品出售后发现的废品所产生的一切损失，应记入“管理费用”账户，不作为废品损失处理。

（4）对于超过正常废品范围的废品损失，记入“管理费用”账户。

三、废品损失的归集与分配

废品通知单、废品交库单、产品返修用料领料单等都是废品损失核算的原始凭证。在单独核算废品损失的企业中，为了核算生产过程中的废品损失，应增设“废品损失”账户，并在“基本生产成本”账户的成本项目中增设“废品损失”专栏。“废品损失”账户应按生产车间设立明细账，账内按产品品种分设专户，并按成本项目分设专栏进行明细核算。该账户借方登记发生的可修复废品的修复费用、不可修复废品的生产成本，贷方登记应由保险公司、责任人赔偿的损失和结转的废品净损失。废品的净损失应转入当月生产的同种产品中，由合格产品负担。经上述归集和分配过程后，“废品损失”账户月末无余额。

（一）可修复废品损失的归集和分配

可修复废品损失是指在修复过程中发生的各种修复费用，扣除其回收的残料价值和应收过失人赔款后的净损失。可修复废品返修以前发生的生产费用不是废品损失，因为可修复废品修复后仍可作为合格品入库销售，因此不必计算原来的生产成本，而只需要计算其修复费用。可修复废品返修发生修复费用时，应根据材料费用、职工薪酬、辅助生产费用和制造费用等分配表，借记“废品损失”账户，贷记“原材料”“应付职工薪酬”“制造费用”等账户；发生废品回收残料价值和应收赔款时，应根据废品交库单及其他有关结算凭证，借记“原材料”“其他应收款”账户，贷记“废品损失”账户；结转废品净损失时，借记“基本生产成本”账户，贷记“废品损失”账户。结转后“废品损失”账户月末无余额。

【请注意】可修复废品的修复费用是指当月实际发生的修复费用，它与发现可修复废品的时间无关，无论可修复废品是本月发现的，还是以前月份发现的，只要在本月进行修复，所发生的修复费用都作为本月的废品损失进行核算。

【做中学3-10】某公司第一基本生产车间2020年5月生产A产品800件，生产过程中发现了5件可修复废品。修复5件可修复废品共耗用原材料700元，发生人工费用600元、制造费用300元，应由过失人赔偿200元。根据资料，编制会计分录如下：

（1）发生修复费用时：

借：废品损失——A产品　1 600

　　贷：原材料　700

　　　　应付职工薪酬　600

　　　　制造费用　300

（2）确认应收过失人赔款时：

借：其他应收款　200

　　贷：废品损失——A产品　200

（3）结转废品净损失时：

借：基本生产成本——A产品　1 400

　　贷：废品损失——A产品　1 400

【同步训练3-4】某公司第二基本生产车间2020年6月生产A产品900件，生产过程中发现了4件可修复废品。修复4件可修复废品共耗用原材料900元，发生人工费用800元、制造费用600元，应由过失人赔偿400元。

参考答案

要求：对可修复废品发生的费用进行相应的会计处理。

（二）不可修复废品损失的归集和分配

不可修复废品损失是指不可修复废品的生产成本扣除回收残料价值及应收赔款后的净损失。由于不可修复废品的成本在报废之前与合格品的成本是归集在一起的，因此，要采用一定的方法将某种产品的生产成本在合格品和废品之间进行分配。不可修复废品生产成本的计算有两种方法：一是按废品所耗实际费用计算；二是按废品所耗定额费用计算。

1.按废品所耗实际费用计算

按废品所耗实际费用计算废品成本是指按照生产成本项目将实际发生的生产费用在合格品与废品之间进行分配的方法。在按废品所耗实际费用计算废品损失时，由于废品报废以前发生的各项费用是与合格产品一起计算的，因而要将废品报废以前与合格品计算在一起的各项费用，采用适当的分配方法在合格品与废品之间进行分配，计算出废品的实际成本，从“基本生产成本”账户的贷方转入“废品损失”账户的借方。如果废品是在完工以后被发现的，其单位废品负担的各项生产费用应与单位合格品完全相同，可按合格品数量和废品的数量比例分配各项生产费用，进而计算废品的实际成本。按废品所耗实际费用计算和分配废品损失符合实际情况，但核算工作量较大。

【做中学3-11】某公司第二基本生产车间2020年5月生产A产品300件，其中有10件为不可修复的废品，其他均为合格品。生产A产品共耗用工时30 000小时，其中废品耗用工时1 500小时。本月生产费用为：直接材料90 000元，直接人工45 000元，制造费用78 000元。废品残值收回500元。原材料在开始生产时一次性投入。根据上述资料，按废品所耗实际费用计算不可修复废品损失，并填制不可修复废品损失计算表。

（1）不可修复废品损失的计算：

①计算废品应负担的材料费用。

$$\text{材料费用分配率}=\frac{\text{材料费用总额}}{\text{合格品数量}+\text{废品数量}}=\frac{90\ 000}{290+10}=300\text{（元/件）}$$

废品应负担的材料费用＝废品数量×材料费用分配率＝10×300＝3 000（元）

②计算废品应负担的人工费用。

$$\text{人工费用分配率}=\frac{\text{人工费用总额}}{\text{合格品工时}+\text{废品工时}}=\frac{45\ 000}{28\ 500+1\ 500}=1.50\text{（元/小时）}$$

废品应负担的人工费用＝废品工时×人工费用分配率＝1 500×1.50＝2 250（元）

③计算废品应负担的制造费用。

$$\text{制造费用分配率}=\frac{\text{制造费用总额}}{\text{合格品工时}+\text{废品工时}}=\frac{78\ 000}{28\ 500+1\ 500}=2.60\text{（元/小时）}$$

废品应负担的制造费用＝废品工时×制造费用分配率＝1 500×2.60＝3 900（元）

（2）根据上述计算结果填制不可修复废品损失计算表，见表3-13。

表3-13　不可修复废品损失计算表

第二基本生产车间：A产品　　2020年5月　　金额单位：元

项目	产量（件）	直接材料	生产工时（小时）	直接人工	制造费用	合计
费用总额	300	90 000	30 000	45 000	78 000	213 000
费用分配率		300		1.50	2.60	
废品成本	10	3 000	1 500	2 250	3 900	9 150
减：废品残值		500				500
废品净损失		2 500	1 500	2 250	3 900	8 650

（3）根据表3-13编制会计分录如下：

①结转废品实际成本时：

借：废品损失——A产品　　9 150

　贷：基本生产成本——A产品——直接材料　　3 000

　　　　　　　　——A产品——直接人工　　2 250

　　　　　　　　——A产品——制造费用　　3 900

②结转废品回收残料价值时：

借：原材料　500

　　贷：废品损失——A产品　500

③结转废品净损失时：

借：基本生产成本——A产品——废品损失　8 650

　　贷：废品损失——A产品　8 650

【动脑筋】如果不可修复废品是产品完工入库时发现的，废品损失费用应如何计算？如果废品是在生产过程中发现的，且原材料不是生产开始时一次性投入的，而是随着加工进度陆续投入的，不可修复废品应负担的直接材料费用应如何计算？

2.按废品所耗定额费用计算

按废品所耗定额费用计算废品成本是指按废品的数量和各项消耗定额及计划单价计算不可修复废品损失的方法。该方法不考虑废品实际发生的生产费用是多少。

按废品所耗定额费用计算废品的定额成本，由于费用定额事先确定，不仅计算工作比较简便，而且还可以使计入产品成本的废品损失数额不受废品实际费用水平高低的影响，有利于对废品损失和产品成本进行分析及考核。也就是说，废品损失的大小只受废品数量差异（量差）的影响，不受废品成本差异（价差）的影响。这种方法适用于消耗定额和费用定额资料比较完整、准确的企业。

【做中学3-12】某公司第三基本生产车间2020年5月生产B产品400件，产品验收入库时发现其中有5件为不可修复的废品，其他均为合格品。每件B产品的费用定额为：直接材料300元，直接人工80元，制造费用50元。回收废品残料价值300元。

要求：根据资料按废品所耗定额费用计算废品损失，并编制会计分录。

解析：（1）不可修复废品损失计算表见表3-14。

表3-14　不可修复废品损失计算表

第三基本生产车间：B产品　2020年5月　金额单位：元

项目	产量（件）	直接材料	直接人工	制造费用	合计
费用定额		300	80	50	430
废品定额成本	5	1 500	400	250	2 150
减：废品残值		300			300
废品净损失		1 200	400	250	1 850

（2）根据表3-14编制会计分录如下：

①结转不可修复废品定额费用时：

借：废品损失——B产品　2 150

　　贷：基本生产成本——B产品——直接材料　1 500

　　　　　　　　　　——B产品——直接人工　400

　　　　　　　　　　——B产品——制造费用　250

②回收废品残料价值时：

借：原材料　300

贷：废品损失——B产品　　300

③将废品净损失转入合格品成本时：

借：基本生产成本——B产品——废品损失　　1 850

贷：废品损失——B产品　　1 850

【同步训练3-5】某公司一车间本月完工A产品1 500件，入库时经检验合格品为1 485件，不可修复废品为15件。本月产品生产共耗用工时1 500小时，其中废品生产耗用25小时。本月生产费用为：直接材料60 000元，直接人工30 000元，制造费用27 000元。废品残值估价300元，已交仓库验收入库；应由过失人赔偿损失150元。原材料在生产开始时一次性投入，其他费用按工时比例分配。

参考答案

要求：根据以上资料采用实际耗用费用计算不可修复废品损失，编制不可修复废品损失计算表，并编制会计分录。

【同步训练3-6】假定每件不可修复废品的费用定额为：直接材料40元，直接人工35元，制造费用32元，其他资料同【同步训练3-5】。

要求：根据以上资料采用定额费用计算不可修复废品损失，编制不可修复废品损失计算表，并编制会计分录。

参考答案

【提示】不单独核算废品损失的企业，不设置"废品损失"账户和"基本生产成本——废品损失"成本项目，在回收废品残料时，借记"原材料"账户，贷记"基本生产成本"账户，并从所属有关产品成本明细账的"直接材料"成本项目中扣除残料价值。"基本生产成本"账户和所属有关产品成本明细账户所归集的完工产品总成本，除以扣除废品数量以后的合格品数量，就是合格品的单位成本。

任务四　停工损失的归集与分配

一、停工损失的含义

停工损失是指企业的生产车间或车间内某个班组在停工期间发生的各项费用支出，包括停工期间发生的材料费用、燃料和动力费用、支付的职工薪酬和应负担的制造费用等。应由过失人或保险公司负担的赔款应从停工损失中扣除。

企业发生停工的原因多种多样，如停电、待料、机械故障、机器设备修理、发生非常灾害以及计划减产等。企业的停工可以分为正常停工和非正常停工。正常停工包括季节性停工、正常生产周期内的修理期间的停工、计划内减产停工等；非正常停工包括原材料或工具等短缺停工、设备故障停工、电力中断停工、自然灾害停工等。从停工的时间来看，停工短的可能只有几分钟、几小时，长的则可达数月。从停工的范围来看，范围小的可能仅涉及一台设备，范围广的可能涉及一个车间、几个车间甚至全厂。那么是不是企业所有的停工都要计算损失呢？不是。为了简化核算工作，停工不满一个工作日的，一般不计算停工损失。计算停工损失的时间起点和范围界限，由企业或者主管企业的上级机构规定。

【请注意】企业季节性停工、修理期间的正常停工费用在产品成本核算范围内的，应计入产品成本。非正常停工费用应计入企业当期损益。

二、停工损失的归集与分配

停工损失的核算以停工报告单和各种费用分配表、分配汇总表为原始凭证。企业在发生停工时由车间填制停工报告单，并在考勤记录中登记。其格式见表3-15。

表3-15　　停工报告单

填制日期：　　　　字第　号

车间			工段			班组			设备
工人			停工时间			工资结算			责任者：
姓名	工号	级别	开始	终结	延续	工资率	支付（%）	金额	
									停工原因：
工人从事其他工作记录： 备注：									

负责人：　　　　制表：

为了单独核算停工损失，企业需要增设“停工损失”账户，并在“基本生产成本”账户的成本项目中增设“停工损失”专栏。“停工损失”应按成本核算对象或地点设置明细账，账内按成本项目设置专栏进行明细核算。该账户借方登记企业本月发生的各项停工损失；贷方登记应收的过失人或保险公司的赔款和分配结转的停工净损失；该账户月末一般无余额。企业在停工期间发生的应计入停工损失的各种费用，借记“停工损失”账户，贷记“原材料”“应付职工薪酬”“制造费用”等账户；应由过失人或保险公司负担的赔款，借记“其他应收款”账户，贷记“停工损失”账户；因自然灾害造成的停工损失，借记“营业外支出”账户，贷记“停工损失”账户；应由产品成本负担的停工损失，借记“基本生产成本”账户，贷记“停工损失”账户。企业对于计划内停工期间造成的损失也可采用预提或待摊的方式进行核算。

【做中学3-13】某公司第二基本生产车间生产A产品，2020年5月5日至9日由于设备故障大修理停工，期间损失材料费用30 000元，支付生产工人工资10 000元，负担的制造费用为5 000元。根据资料，编制会计分录如下：

借：停工损失——第二基本生产车间　　45 000
　贷：原材料　　30 000
　　应付职工薪酬　　10 000
　　制造费用　　5 000
借：基本生产成本——A产品——停工损失　　45 000
　贷：停工损失——第二基本生产车间　　45 000

【做中学3-14】某公司第三基本生产车间2020年6月4日至9日由于外部供电部门线路铺设问题停工，期间损失材料费用40 000元，支付生产工人工资20 000元，负担的制造费用为10 000元。经协商，供电部门同意赔偿30 000元的损失。根据资料，编制会计分录如下：

借：停工损失——第三基本生产车间	70 000	
贷：原材料		40 000
应付职工薪酬		20 000
制造费用		10 000
借：其他应收款——供电公司	30 000	
营业外支出	40 000	
贷：停工损失——第三基本生产车间		70 000

【同步训练3-7】某公司一生产车间2020年6月8日至10日由于供电部门线路检修问题停工，期间损失材料费用30 000元，支付生产工人工资25 000元，负担的制造费用为16 000元。经协商，供电部门同意赔偿40 000元的损失。

参考答案

要求：根据上述资料，对停工损失进行相应的会计处理。

【请注意】管理上不需要单独核算“停工损失”的企业，不设置“停工损失”账户和“基本生产成本——停工损失”成本项目。企业发生的季节性和修理期间的停工损失、废品损失记入“制造费用”账户；企业发生的非正常停工损失，扣除过失人和保险公司的赔款后，记入“营业外支出”账户。

【动脑筋】企业辅助生产车间是否需要单独核算废品损失、停工损失？

思政园地

【案例】2020年9月27日下午，在湖北省抗击新冠肺炎疫情先进事迹报告会上，身穿白裙的24岁女孩甘如意，讲述她4天3夜骑行300多千米返岗的故事，令听众泪目。

甘如意，武汉市江夏区金口街社区卫生服务中心医生。春节前夕，她从武汉回到公安县老家过年，可刚到家就得知，为控制疫情扩散蔓延，离汉通道已经关闭。情况紧急，武汉最需要医护人员，同事们一定忙得不可开交。

可所有去武汉的公共交通工具都停运了，从老家斑竹垱镇双河场村到公安县城的路也封了。

“就是骑自行车，也要回武汉！”甘如意坚定地说。

她一边规划骑行路线，一边办理通行手续。在村委会，工作人员在路条的“车牌号”登记栏里，写下“自行车”三个字。

甘如意的爸爸不放心，陪她骑行到县城，借宿在亲戚家。

在荆州火车站，好心的小店老板帮她找到落脚的地方。

在潜江入城的卡口，警察看了她的通行证和返岗证明很吃惊，得知她是骑车过来的，纷纷竖起大拇指：“厉害了，小姑娘！”

2月3日下午6时，她看到了熟悉的金口街。“4天3夜！300多千米！我终于回来了！”

听说了她的故事，同事们纷纷为她点赞。她说：“因为我姓甘，所以不怕苦。”

甘如意说，在这次抗击疫情过程中，身边的医护人员个个都是英雄，党员更是哪里危险到哪里去，哪里需要在哪里。“抗疫期间，我也光荣地成为了一名预备党员。”

9月8日，她有幸去北京参加全国抗疫表彰大会，现场聆听习近平总书记的讲话，总书记多次动情地为青年一代点赞。总书记说，青年一代不怕苦、不畏难、不惧牺牲，用臂膀扛起如山的责任，展现出青春激昂的风采，展现出中华民族的希望！

听了总书记的话，回想4天3夜的艰难骑行，她的眼泪止不住淌下来。

甘如意说，在父母眼中，“95后”还是稚气未脱的孩子，“但我们知道，穿上这身防护服，我们就是战士，我们必须扛起肩上的这份责任！”

“行动是青春的证明，我想用顶风冒雨、骑行返岗的经历告诉大家，我们青年一代是好样的、经得起考验的，千千万万个青年奋斗的青春、奉献的青春、无悔的青春汇聚在一起，就一定能造就一个青春的中国！”甘如意说。

（资料来源：人民日报、湖北日报，湖北省抗击新冠肺炎疫情先进事迹报告会）

【点评】2020年新年伊始，一场突如其来的新冠肺炎疫情席卷荆楚大地，广大医务工作者不畏艰辛，逆行出征，争分夺秒，与病魔顽强抗争，用血肉之躯筑起同心抗疫的钢铁长城。“95后”女孩甘如意，顶风冒雨，风餐露宿，4天3夜，日夜兼程，骑行300多千米返岗，只为肩上医生这份救死扶伤的责任与担当。

作为“00后”，当代大学生一定要不负韶华，以青春之我奋斗新时代，以实现中华民族伟大复兴为己任，志存高远、奋发有为、锤炼本领，不怕苦、不畏难、不惧牺牲，勇往直前，用忠诚、责任、担当，不辜负党的期望、人民期待、民族重托，谱写新时代的辉煌！

项目小结

本项目主要知识点归纳总结见表3-16。

表3-16 主要知识点归纳总结

主要知识点	内容	
辅助生产费用的归集与分配	直接分配法	把辅助生产车间所发生的产品或劳务成本直接分配给辅助生产部门以外各受益对象
	一次交互分配法	将辅助生产部门相互提供的产品或劳务先行交互分配，然后再将各辅助生产部门交互分配后的实际费用，全部分配给辅助生产部门以外各受益对象
	代数分配法	运用代数中解联立方程组的原理，计算出辅助生产产品或劳务的单位成本，然后再根据各个受益单位耗用产品或劳务的数量和单位成本分配辅助生产费用
	计划分配率法	按事先确定的辅助生产车间提供的产品或劳务的计划单位成本和各受益单位的受益量分配辅助生产费用
	顺序分配法	按照各辅助生产车间之间受益多少的顺序排列，受益少的排在前，受益多的排在后，然后按顺序分配辅助生产费用

续表

<table>
<tr><th>主要知识点</th><th colspan="3">内　容</th></tr>
<tr><td rowspan="3">制造费用的归集与分配</td><td>人工工时法</td><td colspan="2">以各种产品所消耗的生产工人实际（或定额）工时数作为分配标准分配制造费用</td></tr>
<tr><td>机器工时法</td><td colspan="2">以各种产品生产时所耗用的机器运转的时间作为分配标准分配制造费用</td></tr>
<tr><td>计划分配率法</td><td colspan="2">按照年度开始前确定的全年度使用的计划分配率分配制造费用</td></tr>
<tr><td rowspan="3">废品损失的归集与分配</td><td>可修复废品损失的归集与分配</td><td colspan="2">（1）可修复废品返修发生修复费用时：
借：废品损失
　　贷：原材料/应付职工薪酬/制造费用
（2）发生废品回收残料价值和应收赔款时：
借：原材料/其他应收款
　　贷：废品损失
（3）结转废品净损失时：
借：基本生产成本
　　贷：废品损失</td></tr>
<tr><td rowspan="2">不可修复废品损失的归集与分配</td><td>按废品所耗实际费用计算</td><td>（1）结转废品实际成本时：
借：废品损失
　　贷：基本生产成本
（2）结转废品回收残料价值时：
借：原材料
　　贷：废品损失
（3）结转废品净损失时：
借：基本生产成本——废品损失
　　贷：废品损失</td></tr>
<tr><td>按废品所耗定额费用计算</td><td>同“按废品所耗实际费用计算”，只是废品损失的计价是采用定额费用计算的</td></tr>
<tr><td rowspan="2">停工损失的归集与分配</td><td>正常停工损失的归集与分配</td><td colspan="2">（1）发生停工损失时：
借：停工损失
　　贷：原材料/应付职工薪酬/制造费用
（2）结转停工净损失时：
借：基本生产成本——停工损失
　　贷：停工损失</td></tr>
<tr><td>非正常停工损失的归集与分配</td><td colspan="2">（1）发生停工损失时：
借：停工损失
　　贷：原材料/应付职工薪酬/制造费用
（2）应由过失人或保险公司赔偿并结转停工净损失时：
借：其他应收款/营业外支出
　　贷：停工损失</td></tr>
</table>

项目四

产品成本在完工产品与在产品之间的分配

学习目标

【知识目标】

1. 了解在产品的含义及收发结存的日常核算
2. 理解在选择产品成本在完工产品与在产品之间分配的方法时应考虑的具体条件
3. 掌握完工产品与在产品之间费用划分的各种方法的优缺点及具体分配计算过程，重点掌握约当产量比例法、在产品成本按定额成本计价法和定额比例法
4. 了解在产品清查核算的基本内容

【技能目标】

1. 能确定在产品的数量
2. 熟练运用生产费用在完工产品与在产品之间分配的方法，并把分配结果填入成本计算单
3. 能对完工产品成本进行结转

【态度目标】

养成依据产品生产过程及时传递相关凭证、资料的工作态度，强化会计处理的严谨性和规范性意识

工作情境与工作任务

通过各种费用要素的归集与分配以及辅助生产成本和制造费用的归集与分配，应计入各种产品的生产费用都已经记入该产品的“基本生产成本”账户。如果产品全部完工，则“基本生产成本”账户归集的生产费用就是完工产品的成本；如果产品全部未完工，则“基本生产成本”账户归集的生产费用就是在产品的成本；如果产品部分完工，部分未完工，则需要将“基本生产成本”账户归集的生产成本在完工产品与在产品之间进行分配。如何根据具体条件选择适当的方法将生产成本在完工产品与在产品之间进行分配呢？

任务一　在产品数量的确定

一、在产品的概念

在产品也称“在制品”，是指企业已经投入生产，但尚未最终完工，不能作为商品销售的产品。在产品有广义和狭义之分。广义在产品是就整个企业而言的，是指产品生产从投料开始，到最终制成产成品交付验收入库前的一切产品，包括：正在加工中的在制品、已经完成一个或几个生产步骤但还需要继续加工的半成品、尚未验收入库的产成品和等待返修的废品等。狭义在产品是就某一车间或某一生产步骤而言的，仅指各车间或各生产步骤尚未加工完成的产品。在本项目中，在产品仅指狭义的在产品。

二、在产品数量与完工产品成本计算的关系

在产品数量是核算在产品成本的基础。在产品成本与完工产品成本之和就是产品的生产成本总额。本月生产费用和月初、月末在产品成本及本月完工产品成本的关系，可用下列公式表示：

月初在产品成本 + 本月生产费用 = 本月完工产品成本 + 月末在产品成本　　（1）

由上述公式可知，如果月末、月初均无在产品，本月生产费用就是本月完工产品成本；如果本月没有完工产品，本月生产费用加上月初在产品成本，即为月末在产品成本；如果本月既有完工产品，又有在产品，这时应将月初在产品成本与本月的生产费用之和，采用适当的分配方法在本月完工产品与月末在产品之间进行分配。

生产费用在本月完工产品与月末在产品之间进行分配通常有以下两类方法：一是将公式（1）中前两项费用之和按一定比例进行分配，同时计算出完工产品成本和月末在产品成本；二是先确定月末在产品成本，再用公式（1）中前两项费用之和减去月末在产品成本，计算出完工产品成本，其计算公式如下：

本月完工产品成本 = 月初在产品成本 + 本月生产费用 − 月末在产品成本　　（2）

由上述两类分配方法可以看出，在产品数量和成本对完工产品成本有很大影响。无论采用哪类分配方法，都必须先取得在产品的数量资料。

【动脑筋】在产品数量核算有什么意义？将生产费用在完工产品与在产品之间进行分配时，为什么要以在产品数量核算作为基础？

三、在产品数量的确定

为正确核算在产品数量，应同时取得在产品的账面核算资料和实际盘点资料。一方面通过账面核算资料确定在产品账面结存数量，随时掌握在产品的动态；另一方面通过实地盘点确定在产品的实际结存数量，保证在产品数量的准确性。在产品数量的确定方式通常有两种：一是永续盘存制；二是实地盘存制。

企业对在产品进行日常管理，通常设置"在产品收发结存账"。在产品收发结存账一般按照车间、产品品种及在产品的名称设置，为各种在产品收、发、结存提供核算资料，对于多工序生产的企业，还可以按工序进行反映。在产品收发结存账要根据签收后的收发凭证及时登记。其格式见表4-1。

表4-1 在产品收发结存账

车间：第三车间　　名称：甲产品

单位：台

日期	摘要	收入		发出			结存	
		凭证号	数量	凭证号	数量	废品	完工	未完工
略	略		50		12		36	2
			33		31	1	30	9
			32		48		20	3
	合　计		300		120	4	128	48

四、在产品清查的核算

在产品清查盘点制度，是加强在产品实物管理的重要措施，其目的是保证账实相符。

在产品清查一般于月末结账前进行，并采用实地盘点法。对账实不符的在产品，应查明原因及时处理。清查结束后，应根据实际盘点数和账面结存资料编制在产品盘存表（见表4-2），列明在产品的账面数、盘点数、盘盈或盘亏数，以及盈亏的原因和处理意见等。对于报废和毁损的在产品还要登记残值。成本核算人员应对在产品盘存表进行认真审核，并报有关部门审批，然后及时对盘盈、盘亏的在产品进行账务处理。

（一）在产品盘盈的核算

（1）在产品发生盘盈时：

借：基本生产成本——××产品

　　贷：待处理财产损溢——待处理流动资产损溢

表4-2　在产品盘存表

部门：　　　　　　　年　月　日

品名	规格	单位	账面数量	盘点数量	盘盈		盘亏		差异原因说明	处理意见
					数量	金额	数量	金额		

部门主管：　　　　　　盘点人：　　　　　　经管人：

（2）经审核批准进行处理时：

借：待处理财产损溢——待处理流动资产损溢

　　贷：制造费用

（二）在产品盘亏、毁损的核算

（1）在产品发生盘亏时：

借：待处理财产损溢——待处理流动资产损溢

　　贷：基本生产成本——××产品

（2）经审核批准进行处理时：

借：原材料（毁损的在产品收回的残料价值）

　　其他应收款（应由过失人或保险公司赔偿的损失）

　　营业外支出（非常损失）

　　制造费用（属于车间管理不善造成的净损失）

　　贷：待处理财产损溢——待处理流动资产损溢

为了正确归集和分配制造费用，在产品盘盈、盘亏的账务处理应该在制造费用结账之前进行。

【做中学4-1】某公司月底进行了在产品盘点。盘点结果如下：A在产品账面数为1 000件，实存数为980件，单位成本为50元/件；B在产品账面数为1 350件，实存数为1 360件，单位成本为80元/件。经查，账实不符的原因如下：短缺的A在产品中有10件是某工人违规操作而造成的毁损，收回残料价值120元，7件是意外事故造成毁损，另外3件是车间管理不善而造成丢失；盘盈的B在产品是统计有误所致。

根据资料编制会计分录如下：

（1）根据盘点报告单，A在产品盘亏：

借：待处理财产损溢——待处理流动资产损溢（A在产品）（（1 000－980）×50）　1 000

　　贷：基本生产成本——A在产品　1 000

查明原因后，经批准：

借：原材料　120

　　其他应收款（10×50－120）　380

借：制造费用　　150

　　营业外支出　　350

　　贷：待处理财产损溢——待处理流动资产损溢（A在产品）　　1 000

（2）根据盘点报告单，B在产品盘盈：

借：基本生产成本——B在产品（（1 360 - 1 350）×80）　　800

　　贷：待处理财产损溢——待处理流动资产损溢（B在产品）　　800

查明原因后，经批准：

借：待处理财产损溢——待处理流动资产损溢（B在产品）　　800

　　贷：制造费用　　800

【同步训练4-1】某公司在产品盘点盈亏报告表提供以下资料：本月加工车间盘盈A在产品6件，定额成本为2 500元，经查明系统计有误。盘亏B在产品4件，定额成本为12 200元，盘亏B在产品按规定由过失人赔偿200元。因意外事故造成C在产品毁损100件，定额成本为8 000元，残料入库作价400元，同时保险公司已决定赔偿5 000元。

参考答案

要求：根据资料编制会计分录。

【提示】在产品盘亏、毁损要计算应负担的增值税，其增值税也应该记入“待处理财产损溢——待处理流动资产损溢”账户，即借记“待处理财产损溢——待处理流动资产损溢”账户，贷记“应交税费——应交增值税（进项税额转出）”账户。

（1）应确定该批盘亏的存货在购进时是否取得了增值税扣税凭证并按规定申报抵扣了相应的税款，如果在购进时未取得增值税扣税凭证并申报抵扣了税款，则不存在增值税进项税额转出的问题。

（2）如果在货物购进时已经申报抵扣了税款，则应区别情况进行处理：

①属于管理不善造成的货物霉烂变质、被盗、丢失的情形的，《增值税暂行条例》第十条规定，非正常损失的购进货物及相关的应税劳务，非正常损失的在产品、产成品所耗用的购进货物或者应税劳务的进项税额不得从销项税额中抵扣。

同时，《增值税暂行条例实施细则》第二十四条又明确规定，非正常损失是指因管理不善造成被盗、丢失、霉烂变质的损失。因此，对企业因管理不善造成的货物霉烂变质、被盗、丢失的盘亏，则应作增值税进项税额转出处理。

②属于计量错误及自然灾害等非正常原因造成的存货盘亏，不属于增值税法规规定的不得抵扣的情形，故不需作增值税进项税额转出处理。

【知识链接】存货包括原材料、在产品、半成品、产成品、商品、周转材料、委托加工物资、消耗性生物资产等。

（1）存货盘盈。在小企业会计准则下，存货盘盈是通过“营业外收入”科目核算的；在企业会计准则下，存货盘盈通过“待处理财产损溢”科目进行会计处理，按管理权限报经批准后，冲减当期管理费用。一般存货盘盈已经脱离生产阶段，作为企业管理费用的冲减很好理解。成本会计与会计准则规定不同的是，在产品的盘盈属尚未完工产品盘盈，在成本会计上作为制造费用的减项，达到冲减在产品成本的目的。

（2）存货发生盘亏、毁损。在小企业会计准则下，处置收入、可收回的责任人赔款和保险赔款，扣除其成本、相关费用后的净额，应当记入“营业外支出”或“营业外收入”科目。在企业会计准则下，在报批之前，应按其成本（计划或实际成本）记入“待处理财产损溢——待处理流动资产损溢”科目，报经批准后，再根据造成亏损或毁损的原因，分别按以下情况处理：

①属于自然损耗产生的定额内损耗，经批准后转作管理费用；

②属于计量收发差错和管理不善等原因造成的存货短缺或毁损，应先扣除残料价值、可以收回的保险赔款和过失人的赔款，然后将净损失计入管理费用；

③属于自然灾害或意外事故造成的存货毁损，应先扣除残料价值和可以收回的保险赔款，然后将净损失转作营业外支出。

任务二 生产费用在完工产品与在产品之间的分配

企业应采用合理而简便的方法将生产费用在完工产品与月末在产品之间进行分配。企业应根据产品的生产特点，如月末结存在产品数量的多少，各月月末在产品结存数量变化的大小，月末结存在产品价值的大小，各项费用在成本中所占比重的大小，以及企业定额管理基础工作的扎实与否等，结合企业的管理要求，选择既合理又简便的分配方法。常用的分配方法有：不计算在产品成本法、在产品成本按年初固定数计价法、在产品成本按所耗原材料费用计价法、在产品成本按完工产品成本计价法、约当产量比例法、在产品成本按定额成本计价法、定额比例法。

一、不计算在产品成本法

对于各月月末在产品数量很少，在产品成本对于完工产品成本的影响很小，管理上不要求计算在产品成本的产品，为了简化核算工作，可以不计算在产品成本。从公式（2）我们可以看出，本月完工产品的成本取决于本月生产费用和月初在产品与月末在产品成本的差额。如果各月月末在产品数量都很少，那么月初和月末在产品成本费用就少，其差额就更小。在这种情况下，是否计算在产品成本对完工产品成本影响很小，为了简化核算，可以不计算在产品成本。例如采掘业、食品业，由于工作面小，在产品数量很少，月末在产品就可以不计算成本；砖瓦企业中在窑中焙烧的砖坯、自来水企业中经过净化生产的水，由于数量一般比较稳定，为简化核算，可不计算月末在产品成本。

在该种方法下，某种产品本月发生的全部生产费用就是该种产品本月完工产品的成本，即：

本月完工产品成本 = 本月生产费用

二、在产品成本按年初固定数计价法

对于各月月末在产品数量很小，或者在产品数量虽大，但各月之间在产品数量变动不大，年内在产品成本可以按年初固定数计算。因为各月之间在产品数量大，不计算在产品成本则会导致成本核算时在产品资金占用不实，不利于资金管理和实物监督。而由

于在产品数量变化不大，月初、月末在产品成本的差额甚小，是否计算在产品成本的差额对完工产品成本的影响不大，因此为了简化核算工作，年内各月在产品成本均按年初在产品成本固定计算。例如，炼铁厂、化工厂或其他有固定容器装置的在产品，数量都较稳定，可以采用这种方法。采用该种方法，某种产品本月发生的生产费用就是本月完工产品的成本，即：

各月月末在产品成本 = 年初在产品成本

本月完工产品成本 = 本月生产费用

但需要注意的是，在年终时，应根据实际盘点的在产品数量，具体确认年末在产品的实际成本，并据以计算12月份完工产品的成本。以免在产品以固定不变的成本计价延续时间太长，使在产品成本与实际成本差距过大而影响成本计算的准确性。

采用这种方法时，1—11月各月末在产品成本固定，简化了完工产品成本的计算，从全年看，年初年末在产品都经过实地盘点确认，全年完工产品总成本的计算也是准确的。

【做中学4-2】某公司生产的A产品采用在产品成本按年初固定数计算的方法，2020年年初的在产品成本资料如下：原材料35 000元，工资及福利费20 000元，制造费用9 000元，共64 000元。3月份发生如下生产费用：原材料150 000元，工资及福利费55 000元，制造费用15 500元。

要求：计算2020年3月份完工产品成本及月末在产品成本。

解析：在本例中，由于A产品采用在产品成本按年初固定数计算的方法，所以年初的在产品成本既是本月初的在产品成本，也是本月末的在产品成本。其产品成本计算单见表4-3。

表4-3 产品成本计算单

2020年3月

单位：元

摘 要	原材料	工资及福利费	制造费用	合 计
月初在产品成本（固定数）	35 000	20 000	9 000	64 000
本月发生费用	150 000	55 000	15 500	220 500
合 计	185 000	75 000	24 500	284 500
月末在产品成本（固定数）	35 000	20 000	9 000	64 000
完工产品成本	150 000	55 000	15 500	220 500

三、在产品成本按所耗原材料费用计价法

对于各月末在产品数量较大，各月末在产品数量变化也较大，同时原材料费用在产品成本中所占比重较大的产品，月末在产品只计算耗用的原材料费用，不计算所耗用的工资及福利费等加工费用，产品的工资、福利费及加工费用全部计入完工产品成本。因为各月末在产品数量较大，变化也大，采用前两种方法显然是不合适的。由于原材料所占比重较大，工资、福利费和制造费用所占比重相对较小，对于未完工的在产品来说，

其工资、福利费和制造费用则更小，月初、月末在产品的差额中工资、福利费和制造费用也很小。因此为了简化计算，只计算在产品的原材料费用。如纺织、造纸、酿酒行业的原材料费约占产品成本的80%以上，比重比较大，可以采用这种方法。在这种方法下，某种产品的全部生产费用减去月末在产品直接材料费用，就是完工产品的成本，即：

本月完工产品成本 = 月初在产品成本 + 本月生产费用 − 月末在产品成本

⇩　　　　　　　　　　⇩

（直接材料费用）　　　　（直接材料费用）

【做中学4-3】假设某公司生产的A产品的直接材料费用在产品成本中所占比重较大，月末在产品成本按所耗原材料费用计价。该产品月初在产品直接材料费用（即月初在产品成本）为20 000元；本月发生直接材料费用110 000元、直接人工费用4 000元、制造费用1 000元；本月完工产品数量为800件，月末在产品数量为200件。该产品的原材料在生产开始时一次性投入，直接材料费用按完工产品和在产品的数量比例分配。

直接材料费用分配及完工产品成本计算如下：

（1）直接材料费用分配率 =（20 000 + 110 000）÷（800 + 200）= 130（元/件）

（2）完工产品直接材料费用 = 800 × 130 = 104 000（元）

（3）月末在产品成本（直接材料费用）= 200 × 130 = 26 000（元）

（4）完工产品成本 = 104 000 + 4 000 + 1 000 = 109 000（元）

或：完工产品成本 = 20 000 +（110 000 + 4 000 + 1 000）− 26 000 = 109 000（元）

在【做中学4-3】中，原材料是在生产开始时一次性投入的，因而，直接材料费用可以按完工产品和月末在产品的数量比例分配。如果材料分批投入，月末应首先确定在产品数量，然后分别计算应负担的材料成本。

【同步训练4-2】某公司生产A产品，月末在产品成本只计算原材料费用，原材料在生产开始时一次性投入，A产品本月完工数量为800件，月末在产品数量为200件。本月费用资料见表4-4。

表4-4　　本月费用资料　　单位：元

摘　要	直接材料	直接人工	制造费用	合计
月初在产品成本	2 000			2 000
本月发生生产费用	10 000	1 000	1 600	12 600
本月生产费用合计	12 000	1 000	1 600	14 600

要求：采用在产品成本按原材料费用计价法计算完工产品和在产品成本。

参考答案

四、在产品成本按完工产品成本计价法

对于月末在产品已经接近完工，或者产品已经加工完毕，但尚未验收或包装入库的产品，应将在产品视同完工产品来分配生产费用。在这种情况下，由于在产品已经基本

加工完毕或已完工，在产品成本已接近完工产品成本。为了简化核算工作，将月末在产品视同完工产品，按完工产品数量和在产品数量比例分配原材料、工资等费用项目。

【做中学4-4】某公司生产B产品，月末在产品接近完工，在产品按完工产品成本计算。B产品月初在产品成本为：原材料10 000元，燃料和动力3 000元，工资及福利费9 000元，制造费用1 000元，合计23 000元。本月发生费用为：原材料20 000元，燃料和动力2 000元，工资及福利费11 000元，制造费用2 000元，合计35 000元。本月完工产品数量为480件；月末在产品数量为20件，且接近完工。

要求：计算在产品成本及完工产品成本。

解析：产品产量及费用分配表见表4-5。

表4-5　　　　产品产量及费用分配表

产品名称：B产品　　　　2020年×月　　　　金额单位：元

项　目	月初成本	本月费用	合　计	完工产品数量（件）	在产品数量（件）	分配率	完工产品成本	在产品成本
	①	②	③=①+②	④	⑤	⑥=③÷(④+⑤)	⑦=⑥×④	⑧=⑥×⑤
原材料	10 000	20 000	30 000			60	28 800	1 200
燃料和动力	3 000	2 000	5 000			10	4 800	200
工资及福利费	9 000	11 000	20 000	480	20	40	19 200	800
制造费用	1 000	2 000	3 000			6	2 880	120
合　计	23 000	35 000	58 000			—	55 680	2 320

【同步训练4-3】企业所生产的B产品月末在产品接近完工，在产品按完工产品成本计算。月初在产品成本和本月发生费用合计数分别为：直接材料8 000元，直接人工1 600元，制造费用1 000元。本月完工产品数量为60件，月末在产品数量为40件。

参考答案

要求：采用在产品成本按完工产品成本计价法计算完工产品和在产品成本。

五、约当产量比例法

微课：约当产量比例法

对于月末在产品数量较大，各月月末在产品数量变化也较大，产品成本中直接材料费用和直接人工及制造费用比重相差不多的产品，可以将在产品按照其完工程度折算成相当于完工产品的数量，即约当产量，然后以完工产品的数量和在产品的约当产量为依据，将月初在产品成本和本期发生的生产费用在这两者之间进行分配。在这种情况下，在产品数量大，变化也大，不能忽略不计，需要计算完整成本项目，即既要计算其直接材料费用，又要计算其直接人工等其他费用。

采用约当产量比例法分配生产费用的关键是正确计算在产品的约当产量，即将月末在产品数量按照完工程度折算为大约相当于完工产品的数量。而在产品约当产量计算的正确与否，主要取决于在产品完工程度的测定。其计算公式如下：

月末在产品的约当产量 = 月末在产品数量 × 月末在产品的完工程度（完工率或投料率）

在计算完工程度时要注意，在实际生产中在产品耗用的原材料和加工费用（直接人工、制造费用等）的情况是不一样的，所以我们必须分开讨论原材料的投料程度（投料率）和加工费用的完工程度（完工率）。因此，在实际工作中，在产品约当产量一般要求分成本项目计算，即算出直接材料的月末在产品和完工产品成本、直接人工和制造费用等加工费用的月末在产品和完工产品成本，然后汇总得出月末在产品全部成本和完工产品成本。

（一）直接材料费用投料程度和约当产量的计算

产品负担的材料成本与在产品的投料程度紧密相关，而与在产品的完工程度没有直接的关系，因此在上述公式中，计算用于直接材料分配的约当产量是根据投料程度确定的，即：

月末在产品直接材料费用的约当产量 = 月末在产品数量 × 投料程度

根据原材料的投料程度不同，可具体计算如下：

1.直接材料在生产开始时一次性投入

在这种情况下，无论月末在产品的完工程度如何，在产品投料程度均应按100%计算，因为材料在生产开始就已经全部投入，此时不论处于何种完工程度下，一件在产品所承担的材料成本与一件完工产品所承担的材料成本完全相同，应同完工产品一样负担材料费用。在这种情况下，在产品的约当产量就是在产品的实际数量，材料费用直接按完工产品数量与在产品数量比例进行分配。

【提示】生产开始时一次性投料，则在产品和完工产品耗料程度相当。

2.直接材料陆续投入

直接材料陆续投入，可分成以下三种情况：

（1）直接材料随加工进度陆续投入，则直接材料的投入程度与加工进度完全一致或基本一致，月末在产品的投料率可采用分配加工费用时的完工率，按完工率折算月末在产品的约当产量（具体分配方法参照后面加工费用的分配方法）。材料费用按完工产品数量与在产品约当产量比例进行分配。

（2）直接材料分工序投入，并且在每道工序开始时一次性投入，则应该按工序确定投料率。在每道工序中，在产品所耗用的直接材料与该工序完工的半成品所耗用的直接材料相同，投料程度按完成本道工序投料的100%计算，且最后一道工序中在产品的原材料耗用程度与一件完工产品的原材料耗用程度完全相同。这时的在产品投料程度可按如下公式计算：

$$\text{某道工序投料程度} = \frac{\text{前几道工序累计的原材料消耗定额} + \text{本道工序原材料消耗定额}}{\text{完工产品原材料消耗定额}} \times 100\%$$

【做中学4-5】某产品经过3道工序加工完成，原材料于每道工序开始时一次性投入。月末在产品数量及原材料消耗定额资料见表4-6。

根据上述资料，各工序投料程度及约当产量见表4-7。

表 4-6　　月末在产品数量及原材料消耗定额表

工　序	月末在产品数量（件）	单位产品原材料消耗定额（千克/件）
1	100	50
2	200	70
3	300	80
合　计	600	200

表 4-7　　各工序投料程度及约当产量

工　序	月末在产品数量（件）	单位产品原材料消耗定额（千克/件）	投料程度	在产品的约当产量（件）
1	100	50	25%	25
2	200	70	60%	120
3	300	80	100%	300
合计	600	200	—	445

表中：

第一道工序在产品投料程度 $=50\div200\times100\%=25\%$

第二道工序在产品投料程度 $=(50+70)\div200\times100\%=60\%$

第三道工序在产品投料程度 $=(50+70+80)\div200\times100\%=100\%$

第一道工序在产品约当产量 $=100\times25\%=25$（件）

第二道工序在产品约当产量 $=200\times60\%=120$（件）

第三道工序在产品约当产量 $=300\times100\%=300$（件）

【同步训练4-4】某产品经过3道工序加工完成，原材料于每道工序开始时一次性投入。月末在产品数量及原材料消耗定额资料见表4-8。

表 4-8　　月末在产品数量及原材料消耗定额表

工　序	月末在产品数量（件）	单位产品原材料消耗定额（千克/件）
1	100	50
2	150	60
3	200	90
合　计	450	200

要求：计算各工序在产品的投料率及月末在产品直接材料成本项目的约当产量。

参考答案

（3）直接材料分工序陆续投入，其投料程度与加工程度不一致，则应该按工序确定投料率。此时，各工序中在产品的直接材料投料程度各不相同，为简化投料程度的测算工作，各工序内部各在产品的投料程度应平均计算，即每道工序在产品投料程度一律按50%折算。这样，后面工序中部分在产品多加工的程度可以抵补前面工序中部分在产品少加工的程度。这时的在产品投料程度可按如下公式计算：

$$\frac{\text{某道工序}}{\text{投料程度}}=\frac{\text{前几道工序累计材料消耗定额}+\text{本工序材料消耗定额}\times 50\%}{\text{完工产品材料消耗定额}}\times 100\%$$

【做中学4-6】某产品经过3道工序加工完成，原材料分工序陆续投入（且不等于加工程度）。原材料消耗定额为50千克，其中：第一道工序24千克，第二道工序16千克，第三道工序10千克。月末在产品数量：第一道工序2 000件，第二道工序1 500件，第三道工序1 800件。完工产品数量为7 000件。月初在产品直接材料费用和本月发生的直接材料费用共计22 400元。

要求：计算各工序在产品的投料程度及月末在产品直接材料成本项目的约当产量。

解析：根据上述资料，各工序投料程度及约当产量见表4-9。

表4-9　各工序投料程度及约当产量

工　序	月末在产品数量（件）	单位产品原材料消耗定额（千克）	投料程度	在产品的约当产量（件）
1	2 000	24	24%	480
2	1 500	16	64%	960
3	1 800	10	90%	1 620
合计	5 300	50	—	3 060

表中：

第一道工序在产品投料程度 = 24 × 50% ÷ 50 × 100% = 24%

第二道工序在产品投料程度 =（24 + 16 × 50%）÷ 50 × 100% = 64%

第三道工序在产品投料程度 =（24 + 16 + 10 × 50%）÷ 50 × 100% = 90%

第一道工序在产品约当产量 = 2 000 × 24% = 480（件）

第二道工序在产品约当产量 = 1 500 × 64% = 960（件）

第三道工序在产品约当产量 = 1 800 × 90% = 1 620（件）

【同步训练4-5】某产品经过3道工序加工完成，原材料于每道工序开始时陆续投入。月末在产品数量及原材料消耗定额资料见表4-10。

表4-10　月末在产品数量及原材料消耗定额表

工　序	月末在产品数量（件）	单位产品原材料消耗定额（千克/件）
1	100	50
2	200	60
3	300	90
合　计	600	200

要求：计算各工序在产品的投料程度及月末在产品直接材料成本项目的约当产量。

要求：计算各工序在产品的投料程度及月末在产品直接材料成本项目的约当产量。

参考答案

（二）加工费用（直接人工和制造费用等）完工率和约当产量的计算

对于直接材料以外的直接人工和制造费用等其他成本费用项目，与直接材料成本项目有所不同，它们不可能一次性投入，这些加工费用只能随着加工的过程而逐渐累积起来，产品完工程度越高，该产品应负担的这部分费用也越多，所以加工费用的分配取决于完工程度（完工率），即：

月末在产品加工费用的约当产量 = 月末在产品数量 × 在产品完工率

不同完工程度的在产品所承担的直接人工费用和制造费用也是不同的。完工程度可以按各道工序分别计算，也可以不分工序，直接确定一个平均完工程度。

1. 不分工序平均计算完工率

不分工序平均计算完工率，即一律按50%作为各工序在产品的完工程度。这是在各工序在产品数量和单位产品在各工序的加工量都相差不多的情况下，后面各工序的在产品多加工的程度可以抵补前面各工序少加工的程度。这样，全部在产品完工程度均可按50%平均计算。

2. 分工序计算完工率

当各工序加工量不均衡，在产品数量也不均衡时，就不能直接按50%作为各工序在产品的完工率，而是需要分别测定各工序在产品的完工程度。为了提高成本计算的准确性，加快成本的计算工作，一般按照各工序的累计工时定额占完工产品工时定额的比率计算，事前确定各工序在产品的完工率。其计算公式如下：

$$\text{某道工序在产品完工率} = \frac{\text{单位在产品前几道工序累计工时定额} + \text{单位在产品本工序工时定额} \times 50\%}{\text{单位完工产品工时定额}} \times 100\%$$

公式中本工序（即在产品所在工序）工时定额乘以50%，是因为即便在同一工序中在产品的完工程度也会有所不同，为了简化完工程度的测算工作，同一工序中的在产品一律按平均完工率50%计算。当在产品从上一道工序转入下一道工序时，因上一道工序已经完工，所以应按100%累计前面各道工序的工时定额。

【动脑筋】如何确定在产品的投料率？如何确定在产品的完工率？

【做中学4-7】某产品经过3道工序加工完成，各工序工时定额及在产品数量资料见表4-11。

表4-11　　各工序工时定额及在产品数量表

工　序	月末在产品数量（件）	单位在产品工时定额（小时）
1	100	50
2	250	30
3	400	20
合　计	750	100

根据上述资料，各工序在产品完工程度及约当产量的计算见表4-12。

表中：

$$\text{第一道工序在产品完工程度} = \frac{50 \times 50\%}{100} \times 100 = 25\%$$

表4-12　　各工序在产品完工程度及约当产量

工　序	月末在产品数量（件）	单位产品工时定额（小时）	完工程度	在产品的约当产量（件）
1	100	50	25%	25
2	250	30	65%	162.5
3	400	20	90%	360
合计	750	100	—	547.5

$$第二道工序在产品完工程度=\frac{50+30\times 50\%}{100}\times 100\%=65\%$$

$$第三道工序在产品完工程度=\frac{50+30+20\times 50\%}{100}\times 100\%=90\%$$

第一道工序在产品约当产量 = 100 × 25% = 25（件）

第二道工序在产品约当产量 = 250 × 65% = 162.5（件）

第三道工序在产品约当产量 = 400 × 90% = 360（件）

【同步训练4-6】某产品需要经3道工序加工制成，其工时定额为100小时，各工序工时定额及在产品数量资料见表4-13。

表4-13　　各工序工时定额及在产品数量表

工　序	月末在产品数量（件）	单位在产品工时定额（小时）
1	150	20
2	250	30
3	350	50
合　计	750	100

要求：请计算各工序在产品完工程度及在产品约当产量。

参考答案

（三）生产费用的具体分配方法

约当产量比例法是按照完工产品产量与在产品约当产量的比例，分配计算完工产品成本和月末在产品成本的方法。

其计算公式如下：

$$某成本项目费用分配率=\frac{月初在产品成本+本月发生的该项成本费用}{完工产品产量+在产品约当产量}$$

完工产品应分配的该项成本费用 = 完工产品产量 × 费用分配率

在产品应分配的该项成本费用 = 在产品约当产量 × 费用分配率

或：在产品应分配的该项成本费用 = 该项成本费用总额 − 完工产品应分配的该项成本费用

【做中学4-8】某公司生产A产品，需要经过3道工序加工制成，原材料于生产开始时一次性投入，本月有关生产费用资料见表4-14。

本月完工产品数量为1 100件，月末在产品数量为400件。各工序工时定额及在产品数量资料见表4-15。

要求：采用约当产量比例法计算完工产品与月末在产品的成本。

表 4-14 有关生产费用资料 单位：元

摘要	直接材料	直接人工	制造费用	合 计
月初在产品费用	10 000	4 985	7 340	22 325
本月发生生产费用	80 000	20 000	40 000	140 000
合 计	90 000	24 985	47 340	162 325

表 4-15 各工序工时定额及在产品数量表

工 序	月末在产品数量（件）	单位在产品工时定额（小时）
1	100	40
2	200	30
3	100	30
合 计	400	100

解析：

（1）直接材料费用的分配。由于直接材料在生产开始时一次性投入，所以在产品投料程度为100%，与完工产品负担的材料费用完全一样。在产品的约当产量就是在产品的实际数量。则材料费用在完工产品与在产品之间分配如下：

直接材料费用分配率 = 90 000 ÷ （1 100 + 400） = 60（元/件）

完工产品直接材料费用 = 1 100 × 60 = 66 000（元）

月末在产品直接材料费用 = 400 × 60 = 24 000（元）

（2）加工费用的分配。由于各道工序单位在产品工时定额不同，要按工序计算出每道工序在产品的完工率，再求出在产品的约当产量，最后将直接人工和制造费用在完工产品与在产品之间进行分配。

第一道工序在产品完工程度 = 40 × 50% ÷ 100 × 100% = 20%

第二道工序在产品完工程度 = （40 + 30 × 50%） ÷ 100 × 100% = 55%

第三道工序在产品完工程度 = （40 + 30 + 30 × 50%） ÷ 100 × 100% = 85%

在产品约当产量 = 100 × 20% + 200 × 55% + 100 × 85% = 215（件）

所以，直接人工和制造费用按完工产品数量与在产品约当产量分配如下：

直接人工费用分配率 = 24 985 ÷ （1 100 + 215） = 19（元/件）

完工产品直接人工费用 = 1 100 × 19 = 20 900（元）

月末在产品直接人工费用 = 215 × 19 = 4 085（元）

制造费用分配率 = 47 340 ÷ （1 100 + 215） = 36（元/件）

完工产品制造费用 = 1 100 × 36 = 39 600（元）

月末在产品制造费用 = 215 × 36 = 7 740（元）

根据上述计算结果，归集汇总计算完工产品和在产品成本如下：

完工产品成本 = 66 000 + 20 900 + 39 600 = 126 500（元）

月末在产品成本 = 24 000 + 4 085 + 7 740 = 35 825（元）

根据上述计算结果，编制产品成本计算单，见表4-16。

表4-16　　产品成本计算单　　金额单位：元

摘　要	直接材料	直接人工	制造费用	合计
月初在产品费用	10 000	4 985	7 340	22 325
本月发生生产费用	80 000	20 000	40 000	140 000
合　计	90 000	24 985	47 340	162 325
月末在产品约当产量（件）	400	215	215	—
完工产品数量（件）	1 100	1 100	1 100	—
约当产量合计（件）	1 500	1 315	1 315	—
费用分配率	60	19	36	—
完工产品成本	66 000	20 900	39 600	126 500
月末在产品成本	24 000	4 085	7 740	35 825

【同步训练4-7】某公司生产的A产品需要经过3道工序加工制成，原材料于生产开始时一次性投入。本月有关生产费用资料见表4-17。

表4-17　　本月有关生产费用资料　　单位：元

摘　要	直接材料	直接人工	制造费用	合　计
月初在产品费用	16 400	8 400	5 950	30 750
本月发生生产费用	55 000	28 000	35 000	118 000
合　计	71 400	36 400	40 950	148 750

本月完工产品数量为2 000件，月末在产品数量为550件。各工序工时定额及在产品数量资料见表4-18。

表4-18　　各工序工时定额及在产品数量资料

工　序	月末在产品数量（件）	单位在产品工时定额（小时）
1	100	10
2	150	40
3	300	50
合　计	550	100

要求：采用约当产量比例法计算完工产品与月末在产品的成本。

【动脑筋】如果企业单独设置了“燃料和动力”等成本项目，其耗用与投料程度有关还是与完工率有关？计算在产品约当产量时，该如何确定在产品完工程度？

参考答案

六、在产品成本按定额成本计价法

对于定额管理基础比较好，各项消耗定额或费用定额比较准确、稳定，而且各月在产品数量变动不大的产品，可以按照预先制定的定额成本计算月末在产品成本，即月末在产品成本按其数量和成本定额计算。采用这种方法时，首先根据在产品数量和成本定额计算月末在产品定额成本，然后从本月生产费用总额中扣除，余额即为完工产品的总成本。其计算公式如下：

某产品月末在产品定额成本 = 月末在产品数量 × 在产品成本定额

某产品完工产品总成本 = 该产品本月生产费用合计 − 该产品月末在产品定额成本

采用这种方法时，由于各项消耗定额比较准确、稳定，所以实际费用脱离定额费用的差异不会很大，各月在产品数量变化不大，则月初、月末在产品费用脱离定额的差异也不会很大，采用倒挤的方式最终计算出完工产品成本，实际上就是将每月生产费用脱离定额的差异全部计入当月完工产品成本中。采用此方法的关键是计算确定月末在产品的定额成本。月末在产品定额成本的计算一般是分成本项目进行的。直接材料项目可以根据在产品数量和单位在产品成本定额计算。直接人工、制造费用等加工费用可以根据在产品累计工时定额和每一定额工时的费用额来计算。

【做中学4-9】某公司生产的A产品经过3道工序加工制成。原材料分别在各道工序生产开始时一次性投入，各工序在产品在本工序的完工率为50%。A产品本月完工验收入库的数量为150件。

（1）A产品生产成本明细账归集的生产费用为：月初在产品成本8 000元，其中，直接材料2 500元，直接人工1 800元，制造费用3 700元。本月生产A产品的生产费用为50 000元，其中，直接材料16 000元，直接人工15 000元，制造费用19 000元。

（2）该公司每小时费用定额为：直接人工0.5元，制造费用2元。

其他相关资料见表4-19。

表4-19 其他相关资料

工　序	月末在产品数量（件）	单位在产品材料定额（元）	单位在产品工时定额（小时）
1	10	20	20
2	20	30	40
3	20	50	60
合　计	50	100	120

要求：

（1）根据上述资料，计算月末在产品定额成本。

（2）根据上述资料，编制A产品成本计算单。

解析：

根据上述资料，计算过程如下：

（1）月末在产品定额成本的计算。

①直接材料费用定额的计算：

直接材料在每道工序开始时一次性投入，在每道工序中，在产品所耗用的直接材料与该工序完工的半成品所耗用的直接材料费用相同。

第一道工序在产品直接材料费用定额＝20元

第二道工序在产品直接材料费用定额＝20＋30＝50（元）

第三道工序在产品直接材料费用定额＝20＋30＋50＝100（元）

②累计工时定额的计算：

每道工序在产品在本工序的完工率为50%，即所耗用工时为工时定额的50%。

第一道工序在产品累计工时定额＝20×50%＝10（小时）

第二道工序在产品累计工时定额＝20＋40×50%＝40（小时）

第三道工序在产品累计工时定额＝20＋40＋60×50%＝90（小时）

月末在产品定额成本计算表见表4-20。

表4-20　月末在产品定额成本计算表

产品名称：A产品　　金额单位：元

工序	在产品数量（件）	直接材料		累计工时定额（小时）	在产品定额工时（小时）	直接人工（0.5元/小时）	制造费用（2元/小时）	定额成本合计
		费用定额	定额费用					
	①	②	③＝①×②	④	⑤＝①×④	⑥＝0.5×⑤	⑦＝2×⑤	⑧＝③＋⑥＋⑦
1	10	20	200	10	100	50	200	450
2	20	50	1 000	40	800	400	1 600	3 000
3	20	100	2 000	90	1 800	900	3 600	6 500
合计	50	—	3 200	—	2 700	1 350	5 400	9 950

（2）根据上述资料，编制A产品成本计算单，见表4-21。

表4-21　产品成本计算单

产品名称：A产品　　单位：元

摘　要	直接材料	直接人工	制造费用	合　计
月初在产品费用	2 500	1 800	3 700	8 000
本月发生生产费用	16 000	15 000	19 000	50 000
合　计	18 500	16 800	22 700	58 000
月末在产品定额成本	3 200	1 350	5 400	9 950
完工产品成本	15 300	15 450	17 300	48 050

【同步训练4-8】假定某公司生产的A产品经过2道工序制成，原材料在各道工序开始时一次投入，各道工序内在产品的平均加工程度为50%，在产品的产量和定额消耗资料见表4-22。

表4-22 在产品的产量和定额消耗资料

工　序	月末在产品数量（件）	单位在产品材料定额（元）	单位在产品工时定额（小时）
1	300	25	5
2	200	15	3
合　计	500	40	8

单位产品工时定额为8小时，计划每工时费用分配率为：直接人工2元/小时，制造费用1元/小时。A产品月初在产品成本和本月生产费用合计为：直接材料28 000元，直接人工9 980元，制造费用10 750元。

要求：采用月末在产品成本按定额成本计价法分配计算本月完工产品和月末在产品成本。

参考答案

七、定额比例法

对于定额管理基础较好，各项消耗定额或费用定额比较准确、稳定，各月末在产品数量变动较大的产品，可以将产品的生产费用按照完工产品和月末在产品的定额消耗量或定额费用的比例分配，计算完工产品成本和月末在产品成本。直接材料费用一般按照材料定额消耗量或材料定额费用比例分配；直接人工及制造费用等加工费用既可以按定额工时的比例分配，也可以按定额费用比例分配。

采用这种方法时，由于各月在产品数量变化较大，则月初、月末在产品的费用脱离定额的差异就会很大。如果此时仍采用定额成本法，差异全部计入完工产品，则会影响完工产品成本的真实性和准确性。因此，采用定额比例法，月初和月末在产品费用之间脱离定额的差异，也要在完工产品与月末在产品之间按比例分配，从而提高了产品成本计算的准确性。

定额比例法有两种具体的计算方法：

（一）按定额消耗量或定额工时分配费用

按定额消耗量或定额工时分配费用的计算公式如下：

$$\text{消耗量分配率}=\left(\text{月初在产品实际消耗量}+\text{本月实际消耗量}\right)\div\left(\text{完工产品定额消耗量}+\text{月末在产品定额消耗量}\right)$$

$$\text{完工产品实际消耗量}=\text{完工产品定额消耗量}\times\text{消耗量分配率}$$

$$\text{完工产品费用}=\text{直接材料单价（或单位工时的工资、费用）}\times\text{完工产品实际消耗量}$$

$$\text{月末在产品实际消耗量}=\text{月末在产品定额消耗量}\times\text{消耗量分配率}$$

$$\text{月末在产品费用}=\text{直接材料单价（或单位工时的工资、费用）}\times\text{月末在产品实际消耗量}$$

按照以上公式分配生产费用，既可以提供完工产品和月末在产品的实际费用资料，又可以提供实际消耗量资料，便于考核和分析各项定额消耗量的执行情况。但是，在各产品所耗原材料的品种较多的情况下，采用这种分配方法工作量较大。

（二）按定额费用比例分配费用

1.计算完工产品和月末在产品的定额材料费用与定额工时

$$\text{完工产品定额材料费用}=\text{完工产品产量}\times\text{单位产品材料费用定额}$$

$$\text{月末在产品定额材料费用}=\text{月末在产品数量}\times\text{单位在产品材料费用定额}$$

$$\text{完工产品定额工时}=\text{完工产品产量}\times\text{单位产品工时定额}$$

$$\text{月末在产品定额工时}=\text{月末在产品数量}\times\text{单位在产品工时定额}$$

2.分成本项目计算完工产品成本与月末在产品成本

$$\text{直接材料费用分配率}=\frac{\text{月初在产品直接材料费用}+\text{本月发生的直接材料费用}}{\text{完工产品直接材料定额消耗量（定额费用）}+\text{月末在产品直接材料定额消耗量（定额费用）}}$$

$$\text{完工产品应分配的直接材料费用}=\text{完工产品直接材料定额消耗量（定额费用）}\times\text{直接材料费用分配率}$$

$$\text{月末在产品应分配的直接材料费用}=\text{月末在产品直接材料定额消耗量（定额费用）}\times\text{直接材料费用分配率}$$

或：

$$=\text{月初在产品实际材料费用}+\text{本月实际材料费用}-\text{完工产品实际材料费用}$$

$$\text{直接人工、制造费用分配率}=\frac{\text{月初在产品直接人工、制造费用}+\text{本月发生的直接人工、制造费用}}{\text{完工产品定额工时}+\text{月末在产品定额工时}}$$

$$\text{完工产品应分配的直接人工、制造费用}=\text{完工产品定额工时}\times\text{直接人工、制造费用分配率}$$

$$\text{月末在产品应分配的直接人工、制造费用}=\text{月末在产品定额工时}\times\text{直接人工、制造费用分配率}$$

或：

$$=\text{月初在产品直接人工、制造费用}+\text{本月发生的直接人工、制造费用}-\text{完工产品的直接人工、制造费用}$$

【做中学4-10】某公司生产B产品，月初在产品费用为：原材料5 000元，工资1 000元，制造费用600元。本月发生费用为：原材料13 000元，工资4 750元，制造费用4 000元。本月完工产品数量为300件，在产品数量为200件。完工产品原材料单位定额消耗量为40千克，工时定额消耗量为25小时；月末在产品原材料定额消耗量为40千克，工时定额消耗量为20小时。

要求：采用定额比例法计算完工产品和月末在产品的成本。

解析：

原材料费用分配率＝（5 000＋13 000）÷（300×40＋200×40）＝0.9（元/千克）

完工产品应负担的原材料费用＝300×40×0.9＝10 800（元）

在产品应负担的原材料费用＝200×40×0.9＝7 200（元）

工资费用分配率＝（1 000＋4 750）÷（300×25＋200×20）＝0.5（元/小时）

完工产品应负担的工资费用＝300×25×0.5＝3 750（元）

在产品应负担的工资费用＝200×20×0.5＝2 000（元）

制造费用分配率＝（600＋4 000）÷（300×25＋200×20）＝0.4（元/小时）

完工产品应负担的制造费用＝300×25×0.4＝3 000（元）

在产品应负担的制造费用＝200×20×0.4＝1 600（元）

完工产品成本＝10 800＋3 750＋3 000＝17 550（元）

月末在产品成本＝7 200＋2 000＋1 600＝10 800（元）

根据上述资料，编制产品成本计算单，见表4–23。

表4–23 产品成本计算单

产品名称：B产品　　　　单位：元

项　目	直接材料	直接人工	制造费用	合　计
月初在产品费用	5 000	1 000	600	6 600
本月生产费用	13 000	4 750	4 000	21 750
合计	18 000	5 750	4 600	28 350
月末在产品成本	7 200	2 000	1 600	10 800
完工产品成本	10 800	3 750	3 000	17 550

【同步训练4–9】假设某公司B产品的月初在产品成本为：直接材料20 000元，直接人工5 000元，制造费用2 500元。本月发生的生产费用为：直接材料80 000元，直接人工40 000元，制造费用20 000元。完工产品数量为9 000件，直接材料定额费用为80 000元，定额工时为7 000小时。月末在产品数量为1 000件，直接材料定额费用为20 000元，定额工时为500小时。直接材料费用按定额费用比例分配，其他费用按定额工时比例分配。

参考答案

要求：采用定额比例法计算完工产品和月末在产品的成本。

从上述计算可以得知，采用定额比例法必须取得完工产品和月末在产品的定额消耗量或定额费用资料。采用这种方法时，如果在产品的种类和生产工序繁多，就会导致核算工作繁重。因此，月末在产品定额消耗量及分配率也可以采用简化的方法——倒挤法计算。其计算公式如下：

$$\begin{array}{c}\text{月末在产品定额}\\\text{消耗量(定额费用)}\end{array}=\begin{array}{c}\text{月初在产品定额}\\\text{消耗量(定额费用)}\end{array}+\begin{array}{c}\text{本月投入的定额}\\\text{消耗量(定额费用)}\end{array}-\begin{array}{c}\text{本月完工产品定额}\\\text{消耗量(定额费用)}\end{array}$$

上述公式中的月初在产品定额消耗量（定额费用）可以根据上月的成本计算资料取得。对于本月投入的定额消耗量（定额费用），其中材料定额消耗量根据领料凭证所列材料定额消耗量等数据计算求得，投入的定额工时则根据有关工时定额的原始记录计算求得。

在掌握了月初在产品原材料定额消耗量（定额费用）和定额工时，以及本月投入的定额消耗量（定额费用）和定额工时等资料的情况下，可以用下列公式来分配生产费用：

$$\begin{array}{c}\text{直接材料}\\\text{费用分配率}\end{array}=\frac{\text{月初在产品直接材料费用}+\text{本月发生的直接材料费用}}{\begin{array}{c}\text{月初在产品直接材料}\\\text{定额消耗量(定额费用)}\end{array}+\begin{array}{c}\text{本月投入的直接材料}\\\text{定额消耗量(定额费用)}\end{array}}$$

$$\text{其他成本项目费用分配率}=\frac{\text{月初在产品其他成本项目费用}+\text{本月发生的其他成本项目费用}}{\text{月初在产品定额工时}+\text{本月投入的定额工时}}$$

【做中学4-11】沿用【做中学4-10】的资料，假定该公司月初在产品定额原材料费用为6 000元，定额工时为3 500小时。本月投入的直接材料定额费用为14 000元，定额工时为8 000小时。本月实际发生的费用和完工产品定额资料同【做中学4-10】。

根据上述资料，计算结果见表4-24。

表4-24　完工产品与月末在产品费用分配表

产品名称：B产品　　金额单位：元

成本项目	月初在产品费用		本月投入费用		生产费用合计		分配率	完工产品成本		月末在产品成本	
	定额	实际	定额	实际	定额	实际		定额	实际	定额	实际
①	②	③	④	⑤	⑥=②+④	⑦=③+⑤	⑧=⑦÷⑥	⑨	⑩=⑨×⑧	⑪=⑥-⑨	⑫=⑪×⑧
直接材料	6 000	5 000	14 000	13 000	20 000	18 000	0.9	12 000	10 800	8 000	7 200
直接人工	3 500*	1 000	8 000*	4 750	11 500*	5 750	0.5	7 500*	3 750	4 000*	2 000
制造费用	3 500*	600	8 000*	4 000	11 500*	4 600	0.4	7 500*	3 000	4 000*	1 600
合计	—	6 600	—	21 750	—	28 350	—	—	17 550	—	10 800

注：*表示工时。

月末在产品原材料定额费用＝6 000＋14 000－12 000＝8 000（元）

月末在产品定额工时＝3 500＋8 000－7 500＝4 000（小时）

根据倒挤法分配的结果与【做中学4-10】的计算结果相同，这是因为在分母中，月初在产品直接材料定额消耗量（定额费用）＋本月投入的直接材料定额消耗量（定额费用）＝完工产品直接材料定额消耗量（定额费用）＋月末在产品的直接材料定额消耗量（定额费用），完工产品定额工时＋月末在产品定额工时＝月初在产品定额工时＋本月投入的定额工时。

【同步训练4-10】沿用【同步训练4-9】的资料，假设B产品月初在产品定额材料费用为15 000元，定额工时为2 500小时。本月投入生产的定额材料费用为85 000元，定额工时为5 000小时。本月实际发生的费用和完工产品定额资料与【同步训练4-9】相同。

参考答案

要求：采用定额比例法计算完工产品和月末在产品成本，月末在产品定额消耗量及分配率采用倒挤法计算。

需要说明的是，在实际工作中，生产费用的分配一般是通过编制产品成本计算单完成的，并在基本生产成本明细账中登记。按照倒挤法计算月末在产品的定额数据，虽然可以简化计算工作，但在发生在产品盘盈、盘亏的情况下，计算求得的成本资料就不能如实反映产品成本的水平。为了提高成本计算的准确性，必须定期对在产品进行一次实地盘点，并根据在产品的实存数再计算定额消耗量。

采用定额比例法在完工产品与月末在产品之间分配生产费用，分配结果比较准确，同时还便于将实际费用与定额费用进行比较，考核和分析定额的执行情况。

【动脑筋】生产费用在完工产品和月末在产品之间分配的方法有哪些？如何选择不同的分配方法？

任务三　完工产品成本的结转

企业发生的各项生产费用通过在各种产品之间进行分配，以及在此基础上又进行同一种产品的完工产品与月末在产品之间进行归集和分配以后，就可以计算出各种完工产品的总成本和单位成本。

完工产品成本计算出来后，经验收合格的完工产品要交仓库保管或直接对外销售，因此应根据产成品成本明细账和产成品成本汇总表的资料，将完工产品成本从“基本生产成本”账户的贷方转出，并根据不同情况转入有关账户的借方：

（1）验收入库的产品成本，转入“库存商品”账户的借方；

（2）验收入库的自制半成品成本，转入“自制半成品”账户的借方；

（3）验收入库的自制材料、工具、模具或包装物成本，分别转入“原材料”“周转材料”账户的借方；

（4）生产完工后未入库而直接销售的产品成本，转入“发出商品”“主营业务成本”等账户的借方。

结转完工产品成本后，“基本生产成本”账户的借方余额即为月末在产品的成本，也就是企业在生产过程中实际占用的生产资金。

【动脑筋】如何对入库的完工产品进行核算？

【做中学4-12】根据表4-23的资料，编制结转完工产品成本的会计分录如下：

借：库存商品　　17 550

　　贷：基本生产成本——B产品　　17 550

思政园地

【案例】2020年1月22日农历腊月廿八，面对来势汹汹的新冠疫情，桂小妹回家简单收拾了洗漱等必备用品后，再次回到社区。打那以后，她就以社区为家，“战疫”在一线，再也没有顾及自己的小家。疫情爆发之初，居民们处于焦虑和恐慌中，只要有头疼脑热，就会来到社区或是打电话到社区咨询，寻求帮助。每天，她都会接到很多来自居民及家属的电话。那时，桂小妹不仅要当居民的接待员，还要当心理疏导员，引导居民正确认识新冠肺炎的几种明显症状，劝导居民不要盲目从医。很多电话都在凌晨打来，电话那头，有抱怨、有忧虑、有期盼、有伤心。面对居民这些复杂的情绪，她总是耐心劝导，给他们信心，让他们以阳光的心态战胜病毒。

她说，“我是党的女儿，是党派我来为大家服务的”。疫情期间，她带领社区群干、下沉干部、志愿者用心用情为社区居民服务。作为武汉市青山区工人村街青和居社区党总支书记、主任，她依托“社区党总支–网格党支部–楼栋党小组”的组织体系，组建15个“是党派我来为您服务的”工作队。她带领大家白天敲门、晚上数灯，逐户逐人监测体温；顶风冒雪、不分昼夜封控值守；不畏艰险、义无反顾护送“四类人员”去医院、进方舱、到隔离点，协调商超、药店，千方百计采购物资，安排社区食堂为困难家庭免费送餐，为156名慢性病重症患者买药送药，给542户低保户、独居老人和有新冠肺炎感染者的家庭送去“爱心肉”“爱心菜”。疫情期间，社区没有一户一人吃不上饭、用不上药。2月拉网大排查时的一天深夜，屋外凄风冷雨，室内寒气逼人。还在社区忙碌的桂小妹接到一个电话，一位居民在电话里向她求助，说自己独居在青和居的妹妹黄女士现在非常难受，可能已经出现了昏迷的症状，急需到医院治疗。情况紧急，桂小妹立即电话联系黄女士。黄女士当天白天在医院检查为双肺感染，正表现出发热、咳嗽、乏力、呼吸困难等症状。桂小妹迅速联系了一辆面包车，带着两名工作人员，穿上防护服来到黄女士家中，不怕感染将她背下楼，一起赶往市九医院发热门诊。凌晨1时许，经过急诊输液，黄女士发热症状得到缓解。经过医护人员精心治疗痊愈后，黄女士激动地说“是党给了我第二次生命”。

【点评】社区是疫情防控的最后一道防线，也是落实联防联控、群防群控的关键。桂小妹，来自最基层的党组织——社区，以自己的实际行动向党、向全国人民提交了一份满意的答卷。武汉市桂小妹走上全国抗击新冠肺炎疫情表彰大会的发言席，以亲身经历，讲述了她在青和居社区抗击疫情的故事。她是这次抗击疫情，坚守在全国65万个城乡社区的400万名社区工作者中的代表，没有激昂的话语，没有“英雄”般的成绩，她和她的同事，用使不完劲的双手，跑不累的双腿，给社区居民换来了封城后平静生活下的安宁与健康。没有过多的话语、行动匆匆却有节奏，她、他、他们默默地守护着中国这一方天地。

项目小结

本项目主要知识点归纳总结见表4–25。

表4–25　主要知识点归纳总结

主要知识点	内容	
不计算在产品成本法	适用于各月月末在产品数量很少的产品	每月生产费用之和就是完工产品成本
在产品成本按年初固定数计价法	适用于各月月末在产品数量较小，或者在产品数量虽大，但各月之间变化不大的产品	产品本月发生的生产费用就是本月完工产品成本，年终时，根据实际盘点的在产品数量重新调整计算，确定在产品成本

续表

主要知识点		内 容
在产品成本按所耗原材料费用计价法	企业各月月末在产品的数量较多，并且数量波动也较大，并且直接材料费用所占比重较大	月末在产品只计算其所耗的直接材料费用，不计算直接人工和制造费用（由完工产品负担）
约当产量比例法	适用性广泛，特别适用于月末在产品数量较大，各月月末在产品数量不稳定、起伏较大、产品成本中各项目费用（料、工、费）比重相差不多的产品	约当产量比例法的计算公式如下： 月末在产品的约当产量 = 月末在产品数量 × 月末在产品的完工程度 费用分配率 =（月初在产品成本 + 本月生产费用）÷（完工产品产量 + 月末在产品的约当产量） 完工产品总成本 = 完工产品产量 × 费用分配率 月末在产品成本 = 月末在产品的约当产量 × 费用分配率
在产品成本按完工产品成本计价法	适用于月末在产品已经接近完工，或者已经完工但尚未验收或包装入库的产品	将在产品视同完工产品，按完工产品和在产品数量比例直接分配各项费用
在产品成本按定额成本计价法	适用于定额管理基础较好、产品的各项消耗定额及费用定额比较准确和稳定，而且月末在产品数量变动不大的企业	在产品成本按照预先制定的在产品单位定额成本计算出在产品成本，然后用费用合计减去在产品成本，倒挤出完工产品成本
定额比例法	适用于定额管理基础较好、产品各项消耗定额及费用定额比较准确和稳定，而且月末在产品数量变动较大的企业	按完工产品和月末在产品的定额耗用量或定额费用的比例分配生产费用，从而计算完工产品和月末在产品成本 这种方法不仅计算结果比定额成本法更合理、更准确，而且便于分析和考核定额成本的执行情况

项目五

产品成本计算的基本方法

学习目标

【知识目标】

1. 掌握产品成本计算品种法、分批法及分步法的特点及适用范围
2. 掌握品种法、分批法及分步法的成本计算程序及账务处理方法

【技能目标】

1. 能够根据企业生产特点并结合成本管理要求选择合适的成本核算方法
2. 能够运用品种法、分批法及分步法计算产品成本并进行相关的账务处理

【态度目标】

1. 具备基本的会计素养和职业判断能力，能够熟练运用会计知识解决企业日常成本会计核算问题，具有继续学习和可持续发展能力
2. 培养学生客观公正、坚持原则、保守秘密、勤奋敬业、谨慎细致、务实高效、团结协作的职业态度
3. 具有强烈的工作责任心和风险意识

工作情境与工作任务

企业的生产特点有所不同，管理上的需要也不相同，为适应各种生产类型的特点和管理要求，企业在按照产品品种、批次订单或生产步骤等确定产品成本核算对象的基础上，进行产品成本核算的基本方法包括品种法、分批法和分步法。企业在进行成本计算时应如何选择合适的成本核算方法呢？

任务一　产品成本计算的品种法

一、品种法的特点

品种法是以产品品种为成本核算对象，按照产品品种设置明细账、归集生产成本、计算产品成本的一种成本核算方法。品种法的主要特点如下：

（一）以产品品种作为成本核算对象

按照每一种产品设置产品成本明细账，产品成本明细账要按规定的成本项目设置专栏。

采用品种法计算产品成本的企业，往往是大量大批重复生产一种或几种产品。如果企业只生产一种产品，全部生产成本都是直接成本，可直接计入该产品生产成本明细账的有关成本项目中。如果企业生产多种产品，对于间接生产成本则要采用适当的方法，在各成本核算对象之间进行分配。

（二）成本计算通常定期按月进行

由于采用品种法计算产品成本的企业多数是大量大批生产，而大量大批的生产是连续不间断进行的，企业不可能在产品生产完工时随时计算出产品成本，因此，企业一般定期按月计算产品成本。

（三）月末在产品成本的计算

在单步骤生产的情况下，生产工艺为不间断地一次性生产出最终产品，如发电、自来水生产等，由于月末没有在产品，当期发生的生产成本都由完工产品承担。在大量大批多步骤生产的情况下，每月月末不仅有完工产品，而且一般会有未完工的在产品。如果在产品数量很少，为了简化计算，一般不需要将生产成本在完工产品与在产品之间进行分配，当期发生的生产成本全部计入完工产品成本；如果在产品数量较多，就需要采用适当的方法将生产成本在完工产品和在产品之间进行分配。

二、品种法的适用范围

品种法主要适用于大量大批单步骤生产的企业，如发电、采掘等企业；在大量大批多步骤生产的企业中，如果企业规模较小，管理上不要求分步骤计算成本时，也可以采用品种法计算产品成本，如制砖厂、造纸厂、小型水泥厂等企业。此外，企业的辅助生产部门，如供水、供气、供电车间，一般也采用品种法计算产品成本或劳务成本。

三、品种法的核算程序

采用品种法计算产品成本，需要按以下步骤进行：

（一）设置生产成本明细账

在按品种法计算产品成本的情况下，企业需要按照产品品种设置基本生产成本明细账，并按成本项目设置专栏。同时，还要按车间设置制造费用明细账，按车间或品种设置辅助生产成本明细账。

【请注意】有的企业只设置产品成本明细账，有的企业在产品成本明细账之外还设置产品成本计算单，以充分反映成本核算的过程。

（二）分配各项要素费用

对生产过程中发生的各项要素费用，要根据各项费用的原始凭证和其他有关资料，编制各种费用分配表，并根据分配的结果编制记账凭证、登记相关明细账。

（三）分配辅助生产成本

对于归集在辅助生产成本明细账中的各项辅助生产成本，月末要按照适当的分配方法编制辅助生产成本分配表，将辅助生产成本分配给各受益对象，并根据分配的结果编制记账凭证、登记相关明细账。

（四）分配基本生产车间的制造费用

对于归集在基本生产车间制造费用明细账中的各项制造费用，期末要按照适当的分配方法编制制造费用分配表，将制造费用分配转入各种产品成本，并根据分配的结果编制记账凭证，登记相关明细账。

（五）计算完工产品和月末在产品成本

经过上述对各项费用的分配已经将各项生产成本全部归集到基本生产车间的各产品成本明细账中，如果某种产品既有完工产品又有在产品，就需要编制产品成本计算单，将归集在该产品成本明细账中的全部生产成本在完工产品和月末在产品之间进行分配，从而计算出完工产品成本。

（六）结转完工产品成本

生产车间加工完成的各种产成品要陆续验收入库，月末，要编制完工产品成本汇总表，并据以填制记账凭证，将完工入库产品的成本从生产成本总账及各产品成本明细账中结转至库存商品账户。

品种法成本核算的一般程序如图5-1所示。

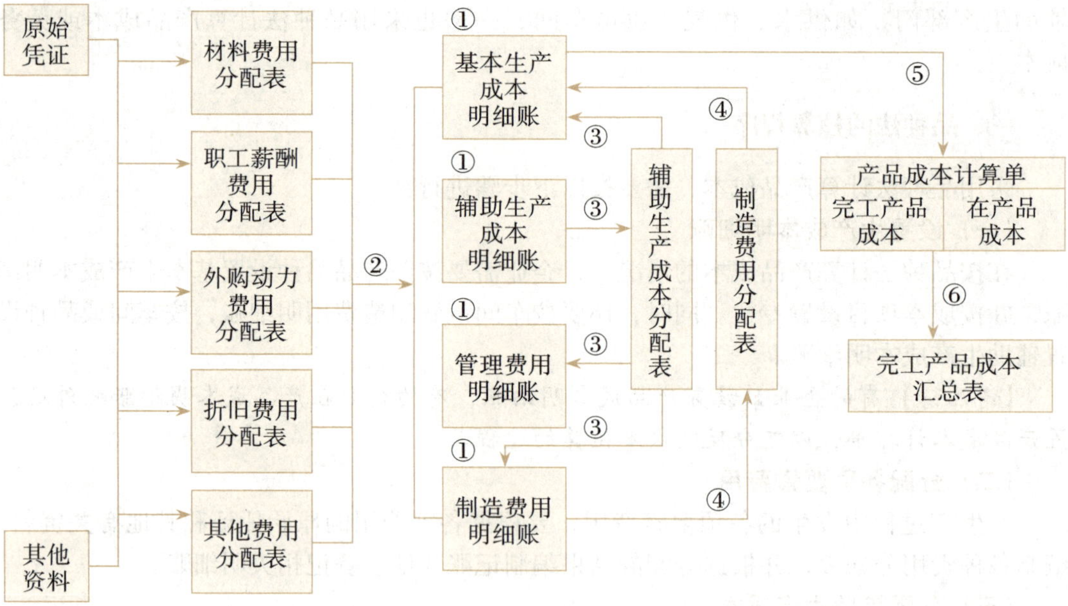

图5-1 品种法成本核算的一般程序

四、品种法的运用

【做中学5-1】某公司为大量大批单步骤生产的企业，设有一个基本生产车间，生产A、B两种产品，另设有供电、机修两个辅助生产车间，为全厂提供电力和修理劳务（假定其向基本生产车间提供的劳务支出符合资本化条件）。根据生产特点和管理要求，企业确定采用品种法计算产品成本，产品成本包括“直接材料”、“直接人工”和“制造费用”三个成本项目，辅助生产费用采用直接分配法分配，产品成本按约当产量比例法在完工产品和月末在产品之间分配。A、B两种产品均为生产开始时一次性投料。

（一）该企业2020年8月份产品成本计算的相关资料

1. 产品产量资料（见表5-1）。

表5-1 产品产量资料 单位：件

产品名称	月初在产品	本月投产	完工产品	月末在产品
A产品	100	800	860	40
B产品	80	700	750	30

2. 月初在产品成本（见表5-2）。

表5-2 月初在产品成本 单位：元

产品名称	直接材料	直接人工	制造费用	合计
A产品	12 000	50 000	4 600	66 600
B产品	3 900	18 300	1 200	23 400

3. 生产工时及月末在产品完工程度（见表5-3）。

表5-3　生产工时及月末在产品完工程度

产品名称	生产工时（小时）	月末在产品完工程度
A产品	9 000	50%
B产品	6 000	50%

4.本月发出材料汇总表（见表5-4）。

表5-4　发出材料汇总表

2020年8月　单位：元

领料部门及用途	甲材料	乙材料	合　计
基本生产车间：			
A产品耗用	80 000		80 000
B产品耗用	70 000		70 000
A、B产品共同耗用		4 500	4 500
车间管理部门耗用		3 600	3 600
小计	150 000	8 100	158 100
供电车间耗用	1 000	600	1 600
机修车间耗用	2 000	300	2 300
厂部管理部门耗用		1 200	1 200
合　计	153 000	10 200	163 200

A、B产品共同耗用的材料费用按本月产品投产量比例分配。

5.本月职工薪酬结算汇总表（见表5-5）。

表5-5　职工薪酬结算汇总表

2020年8月　单位：元

部　门	金　额
基本生产车间：	
产品生产工人	450 000
车间管理人员	19 000
小计	469 000
供电车间	9 400
机修车间	7 600
厂部管理部门	35 000
合　计	521 000

产品生产工人薪酬按A、B产品生产工时比例分配。

6.本月应提折旧费汇总表（见表5-6）。

表5-6 应提折旧费汇总表

2020年8月 单位：元

部门	金额
基本生产车间	9 000
供电车间	2 000
机修车间	4 600
厂部管理部门	3 000
合计	18 600

7.本月用银行存款支付的费用汇总表（见表5-7）。

表5-7 用银行存款支付的费用汇总表

2020年8月 单位：元

部门	保险费	办公费	水费	合计
基本生产车间	1 450	3 600	2 800	7 850
供电车间	600	700	1 060	2 360
机修车间	800	800	345	1 945
厂部管理部门	400	4 000	1 000	5 400
合计	3 250	9 100	5 205	17 555

8.辅助生产车间提供劳务数量汇总表（见表5-8）。

表5-8 辅助生产车间提供劳务数量汇总表

2020年8月

受益部门	供电车间（度）	机修车间（小时）
基本生产车间	93 000	5 880
供电车间	—	320
机修车间	4 000	—
厂部管理部门	3 000	100
合计	100 000	6 300

（二）相关账务处理

1.设置“基本生产成本——A产品”“基本生产成本——B产品”明细账（见表5-18、表5-19），并登记月初在产品成本；设置“制造费用——基本生产车间”明细账（见表5-20）；设置“辅助生产成本——供电车间”“辅助生产成本——机修车间”明细账（见表5-21、表5-22）。

2.根据本月份有关成本计算资料，归集和分配各项要素费用。

（1）根据领料凭证汇总表，编制材料费用分配表（见表5-9）。

表5-9　材料费用分配表

2020年8月　金额单位：元

应借科目			直接计入	间接计入			合　计
总账科目	明细科目	成本或费用项目		投产数量（件）	分配率	分配额	
基本生产成本	A产品	直接材料	80 000	800		2 400	82 400
	B产品	直接材料	70 000	700		2 100	72 100
	小　计		150 000	1 500	3.00	4 500	154 500
辅助生产成本	供电车间	材料费	1 600				1 600
	机修车间	材料费	2 300				2 300
	小　计		3 900				3 900
制造费用	基本生产车间	材料费	3 600				3 600
管理费用		材料费	1 200				1 200
合　计			158 700			4 500	163 200

根据材料费用分配表编制记账凭证，会计分录如下：

借：基本生产成本——A产品——直接材料　82 400
　　　　　　　——B产品——直接材料　72 100
　辅助生产成本——供电车间——材料费　1 600
　　　　　　　——机修车间——材料费　2 300
　制造费用——基本生产车间——材料费　3 600
　管理费用——材料费　1 200
　贷：原材料——甲材料　153 000
　　　　　　——乙材料　10 200

根据以上记账凭证登记相关明细账（见表5-18至表5-22）。

（2）根据职工薪酬结算汇总表，编制职工薪酬费用分配表（见表5-10）。

根据职工薪酬费用分配表编制记账凭证，会计分录如下：

借：基本生产成本——A产品——直接人工　270 000
　　　　　　　——B产品——直接人工　180 000
　辅助生产成本——供电车间——职工薪酬　9 400
　　　　　　　——机修车间——职工薪酬　7 600
　制造费用——基本生产车间——职工薪酬　19 000
　管理费用——职工薪酬　35 000
　贷：应付职工薪酬　521 000

表5-10 职工薪酬费用分配表

2020年8月 金额单位：元

应借科目			直接计入	间接计入			合　计
总账科目	明细科目	成本或费用项目		生产工时（小时）	分配率	分配额	
基本生产成本	A产品	直接人工		9 000		270 000	270 000
	B产品	直接人工		6 000		180 000	180 000
	小　计			15 000	30.00	450 000	450 000
辅助生产成本	供电车间	职工薪酬	9 400				9 400
	机修车间	职工薪酬	7 600				7 600
	小　计		17 000				17 000
制造费用	基本生产车间	职工薪酬	19 000				19 000
管理费用		职工薪酬	35 000				35 000
合　计			71 000			450 000	521 000

根据以上记账凭证登记相关明细账（见表5-18至表5-22）。

（3）分配固定资产折旧费，编制固定资产折旧费用分配表（见表5-11）。

表5-11 固定资产折旧费用分配表

2020年8月 单位：元

应借科目			金　额
总账科目	明细科目	费用项目	
辅助生产成本	供电车间	折旧费	2 000
	机修车间	折旧费	4 600
	小　计		6 600
制造费用	基本生产车间	折旧费	9 000
管理费用		折旧费	3 000
合　计			18 600

根据固定资产折旧费用分配表编制记账凭证，会计分录如下：

借：辅助生产成本——供电车间——折旧费　　2 000

　　　　　　　——机修车间——折旧费　　4 600

　　制造费用——基本生产车间——折旧费　　9 000

　　管理费用——折旧费　　3 000

　　贷：累计折旧　　18 600

根据以上记账凭证登记相关明细账（见表5-20至表5-22）。

（4）分配其他费用，编制其他费用分配表（见表5-12）。

表5-12　　其他费用分配表

2020年8月　　单位：元

应借科目			金额
总账科目	明细科目	费用项目	
辅助生产成本	供电车间	保险费	600
		办公费	700
		水　费	1 060
		小　计	2 360
	机修车间	保险费	800
		办公费	800
		水　费	345
		小　计	1 945
制造费用	基本生产车间	保险费	1 450
		办公费	3 600
		水　费	2 800
		小　计	7 850
管理费用		保险费	400
		办公费	4 000
		水　费	1 000
		小　计	5 400
合　计			17 555

根据其他费用分配表编制记账凭证，会计分录如下：

借：辅助生产成本——供电车间——保险费　　600
　　　　　　　　　　　　　——办公费　　700
　　　　　　　　　　　　　——其他　　1 060
　　　　　　　——机修车间——保险费　　800
　　　　　　　　　　　　　——办公费　　800
　　　　　　　　　　　　　——其他　　345
　　制造费用——基本生产车间——保险费　　1 450
　　　　　　　　　　　　　——办公费　　3 600
　　　　　　　　　　　　　——其他　　2 800
　　管理费用——保险费　　400
　　　　　　——办公费　　4 000
　　　　　　——其他　　1 000
　贷：银行存款　　17 555

根据以上记账凭证登记相关明细账（见表5-20至表5-22）。

3.分配辅助生产成本（见表5-13）。

表5-13 辅助生产成本分配表（直接分配法）

2020年8月 金额单位：元

辅助生产部门名称			供电车间	机修车间	合　计
待分配费用			15 360	16 445	31 805
供应辅助生产部门以外单位的劳务量			96 000	5 980	—
费用分配率（单位成本）			0.16	2.75	—
应借科目	制造费用	耗用劳务量	93 000	5 880	—
		应分配金额	14 880	16 170	31 050
	管理费用	耗用劳务量	3 000	100	—
		应分配金额	480	275	755
分配金额合计			15 360	16 445	31 805

根据辅助生产成本分配表编制记账凭证，会计分录如下：

借：制造费用——基本生产车间——电费　　14 880

　　　　　　　　　　　　　——维修费　　16 170

　　管理费用——电费　　480

　　　　　　——维修费　　275

　　贷：辅助生产成本——供电车间　　15 360

　　　　　　　　　　——机修车间　　16 445

根据以上记账凭证登记相关明细账（见表5-20至表5-22）。

4.分配制造费用，编制制造费用分配表（见表5-14）。

表5-14 制造费用分配表

2020年8月 金额单位：元

应借科目		生产工时（小时）	分配率（元/小时）	分配金额
总账科目	明细科目			
基本生产成本	A产品	9 000	—	42 300
	B产品	6 000	—	28 200
合　计		15 000	4.70	70 500

根据制造费用分配表编制记账凭证，会计分录如下：

借：基本生产成本——A产品——制造费用　　42 300

　　　　　　　　——B产品——制造费用　　28 200

　　贷：制造费用——基本生产车间　　70 500

根据以上记账凭证登记相关明细账（见表5-18至表5-20）。

5.计算完工产品和月末在产品成本（见表5-15、表5-16）。

表5-15　　完工产品、月末在产品成本计算单

产品名称：A产品　　2020年8月　　金额单位：元

成本项目		直接材料	直接人工	制造费用	合　计
生产成本合计		94 400	320 000	46 900	461 300
完工产品数量（件）		860	860	860	860
在产品	数量（件）	40	40	40	—
	投料程度或完工程度（%）	100	50	50	—
	约当产量（件）	40	20	20	—
约当总产量（件）		900	880	880	—
单位成本		104.89	363.64	53.29	521.82
在产品成本		4 195.60	7 272.80	1 065.80	12 534.20
完工产品成本		90 204.40	312 727.20	45 834.20	448 765.80

表5-16　　完工产品、月末在产品成本计算单

产品名称：B产品　　2020年8月　　金额单位：元

成本项目		直接材料	直接人工	制造费用	合　计
生产成本合计		76 000	198 300	29 400	303 700
完工产品数量（件）		750	750	750	750
在产品	数量（件）	30	30	30	—
	投料程度或完工程度（%）	100	50	50	—
	约当产量（件）	30	15	15	—
约当总产量（件）		780	765	765	—
单位成本		97.44	259.22	38.43	395.09
在产品成本		2 923.20	3 888.30	576.45	7 387.95
完工产品成本		73 076.80	194 411.70	28 823.55	296 312.05

6.结转完工产品成本。

根据完工产品、月末在产品成本计算单及产量资料，编制产成品成本汇总表（见表5-17）。

根据产成品成本汇总表编制记账凭证，会计分录如下：

借：库存商品——A产品　　448 765.80

　　　　　　——B产品　　296 312.05

　贷：基本生产成本——A产品　　448 765.80

　　　　　　　　　——B产品　　296 312.05

表5-17 产成品成本汇总表

2020年8月 金额单位：元

应借科目		产量（件）	产品成本	直接材料	直接人工	制造费用	合 计
库存商品	A产品	860	总成本	90 204.40	312 727.20	45 834.20	448 765.80
			单位成本	104.89	363.64	53.29	521.82
	B产品	750	总成本	73 076.80	194 411.70	28 823.55	296 312.05
			单位成本	97.44	259.22	38.43	395.09
总成本合计		—	—	163 281.20	507 138.90	74 657.75	745 077.85

7.登记相关明细账。

根据以上记账凭证登记相关明细账（见表5-18至表5-22）。

表5-18 基本生产成本明细账

产品名称：A产品 单位：元

2020年		凭证		摘 要	借 方	贷 方	余 额	直接材料	直接人工	制造费用
月	日	字	号							
7	31			在产品			66 600	12 000	50 000	4 600
8	31	略		领用材料	82 400		149 000	82 400		
8	31	略		分配职工薪酬	270 000		419 000		270 000	
8	31	略		分配结转制造费用	42 300		461 300			42 300
8	31			本月生产成本合计	394 700		461 300	82 400	270 000	42 300
8	31			累计生产成本			461 300	94 400	320 000	46 900
8	31	略		转出完工产品成本		448 765.80	12 534.20	90 204.40	312 727.20	45 834.20
8	31			在产品成本			12 534.20	4 195.60	7 272.80	1 065.80

表 5-19 基本生产成本明细账

产品名称：B 产品 单位：元

2020年		凭证		摘 要	借 方	贷 方	余 额	直接材料	直接人工	制造费用
月	日	字	号							
7	31			在产品			23 400	3 900	18 300	1 200
8	31	略		领用材料	72 100		95 500	72 100		
8	31	略		分配职工薪酬	180 000		275 500		180 000	
8	31	略		分配结转制造费用	28 200		303 700			28 200
8	31			本月生产成本合计	280 300		303 700	72 100	180 000	28 200
8	31			累计生产成本			303 700	76 000	198 300	29 400
8	31	略		转出完工产品成本		296 312.05	7 387.95	73 076.80	194 411.70	28 823.55
8	31			在产品成本			7 387.95	2 923.20	3 888.30	576.45

表 5-20 制造费用明细账

车间名称：基本生产车间 单位：元

2020年		凭证		摘 要	借方	贷方	余额	材料费	职工薪酬	折旧费	保险费	办公费	维修费	电费	其他
月	日	字	号												
8	31	略		领用材料	3 600		3 600	3 600							
8	31	略		分配职工薪酬	19 000		22 600		19 000						
8	31	略		计提折旧费	9 000		31 600			9 000					
8	31	略		用银行存款支付费用	7 850		39 450				1 450	3 600			2 800
8	31	略		分配结转辅助生产成本	31 050		70 500						16 170	14 880	
8	31			本月制造费用合计	70 500		70 500	3 600	19 000	9 000	1 450	3 600	16 170	14 880	2 800
8	31	略		分配结转制造费用		70 500	0	3 600	19 000	9 000	1 450	3 600	16 170	14 880	2 800

表5-21 辅助生产成本明细账

车间名称：供电车间 单位：元

2020年 月	日	凭证 字	号	摘要	借方	贷方	余额	材料费	职工薪酬	折旧费	保险费	办公费	其他
8	31	略		领用材料	1 600		1 600	1 600					
8	31	略		分配职工薪酬	9 400		11 000		9 400				
8	31	略		计提折旧费	2 000		13 000			2 000			
8	31	略		用银行存款支付费用	2 360		15 360				600	700	1 060
8	31			本月辅助生产成本合计	15 360		15 360	1 600	9 400	2 000	600	700	1 060
8	31	略		分配结转辅助生产成本		15 360	0	1 600	9 400	2 000	600	700	1 060

表5-22 辅助生产成本明细账

车间名称：机修车间 单位：元

2020年 月	日	凭证 字	号	摘要	借方	贷方	余额	材料费	职工薪酬	折旧费	保险费	办公费	其他
8	31	略		领用材料	2 300		2 300	2 300					
8	31	略		分配职工薪酬	7 600		9 900		7 600				
8	31	略		计提折旧费	4 600		14 500			4 600			
8	31	略		银行存款支付费用	1 945		16 445				800	800	345
8	31			本月辅助生产成本合计	16 445		16 445	2 300	7 600	4 600	800	800	345
8	31	略		分配结转辅助生产成本		16 445	0	2 300	7 600	4 600	800	800	345

【动脑筋】产品成本计算的品种法需要登记哪些明细账？

【同步训练5-1】某公司为单步骤简单生产企业，设有一个基本生产车间，大量生产M1、M2两种产品，另设有供水、机修两个辅助生产车间，为全厂提供产品和服务。企业采用品种法计算产品成本，辅助生产车间不单独核算制造费用，基本生产车间的制造费用按产品生产工时比例分配，原材料均为生产开始时一次性投入，月末在产品完工程度均为50%。

该企业2020年10月份产品成本有关资料如下：

（1）产品产量表（见表5-23）。

表5-23　　产品产量表　　单位：件

产品名称	月初在产品	本月投产	完工产品	月末在产品
M1产品	50	700	450	300
M2产品	70	580	650	0

（2）月初在产品成本表（见表5-24）。

表5-24　　月初在产品成本表　　单位：元

产品名称	直接材料	直接人工	制造费用	合　计
M1产品	10 000	4 080	6 186	20 266
M2产品	9 175	7 030	3 034	19 239

（3）本月生产工时统计表（见表5-25）。

表5-25　　生产工时统计表

2020年10月　　单位：小时

产品名称	生产工时
M1产品	4 000
M2产品	4 500

（4）发出材料汇总表（见表5-26）。

表5-26　　发出材料汇总表

2020年10月　　单位：元

领料部门及用途	甲材料	乙材料	合　计
基本生产车间：			
M1产品耗用	40 000		40 000
M2产品耗用	50 000		50 000
M1、M2产品共同耗用		21 000	21 000
车间一般耗用	5 000	5 000	10 000
小　计	95 000	26 000	121 000
供水车间耗用	6 000		6 000
机修车间耗用	14 000		14 000
合　计	115 000	26 000	141 000

M1、M2产品共同耗用的材料费用按定额耗用量比例分配，甲、乙材料的定额耗用量分别为1 000千克和1 100千克。

（5）本月职工薪酬结算汇总表（见表5-27）。

表5-27 职工薪酬结算汇总表

2020年10月 单位：元

部 门	金 额
基本生产车间：	
产品生产工人	19 380
车间管理人员	7 980
小 计	27 360
供水车间	9 120
机修车间	11 400
厂部管理部门	3 000
合 计	50 880

生产工人薪酬按M1、M2产品生产工时比例分配。

（6）本月应提折旧费汇总表（见表5-28）。

表5-28 应提折旧费汇总表

2020年10月 单位：元

部 门	金 额
基本生产车间	10 000
供水车间	6 000
机修车间	4 000
厂部管理部门	2 000
合 计	22 000

（7）本月用银行存款支付的费用汇总表（见表5-29）。

表5-29 用银行存款支付的费用汇总表

2020年10月 单位：元

部 门	保险费	办公费	电费	低值易耗品摊销	其他	合计
基本生产车间	2 200	500	2 800	1 600	400	7 500
供水车间	1 200	400	1 800	500	600	4 500
机修车间	500	200	1 000	800	500	3 000
厂部管理部门	600	2 600	800	100	900	5 000
合 计	4 500	3 700	6 400	3 000	2 400	20 000

（8）本月辅助生产产品及劳务供应量汇总表（见表5-30）。

表5-30　辅助生产产品及劳务供应量汇总表

2020年10月

辅助生产车间／受益部门	机修车间（小时）	供水车间（吨）	计划成本
供水车间	100	—	2.5元/吨
机修车间	—	600	10元/小时
基本生产车间	3 100	10 000	
企业管理部门	50	200	
合　计	3 250	10 800	

企业采用计划分配率法分配辅助生产成本，差异全部计入管理费用。

要求：根据以上资料，计算产品成本并进行相关账务处理。

参考答案

任务二　产品成本计算的分批法

一、分批法的特点

微课：分批法的特点

产品成本计算的分批法，是以产品批别为成本核算对象，按产品批别归集生产成本、计算产品成本的一种方法。分批法的主要特点如下：

（一）以产品的批别或订单作为成本核算对象

按产品批别设置产品成本明细账，归集生产成本。

产品批别是企业生产计划部门签发并下达到生产车间的产品批号。由于产品的批别大多是根据销货订单确定的，因此，分批法又称订单法。根据购买者的订单组织生产的企业，通常以一张订单的产品作为一批组织生产，但产品的批别与客户的订单有时也不完全相同，如果一张订单中规定的产品品种较多，为了分别考核各种产品的生产成本，可以将一张订单分成几个批别组织生产；如果一张订单要求连续交货，并且交货持续的时间较长，为了及时确定成本以便及时计算损益，也可以分成几个批别组织生产；如果同一时期内，在几张订单中有相同的产品，而且交货的时间相差不多，也可以将几张订单中相同的产品合并作为一批组织生产。

（二）产品的成本计算期与产品的生产周期一致，与会计报告期不一致

采用分批法时，生产成本通常应按月汇总，但由于各批产品的生产周期不一致，月末不一定完工，每批产品的实际成本通常要等到该批产品全部完工后才能准确计算，因此，按分批法计算产品成本，一般是在该批产品全部完工时才进行，产品成本的计算是与生产任务通知单的签发与结束紧密配合的，是不定期的。产品成本计算期与产品生产周期基本一致，与财务报告期不一致。

（三）生产成本一般不需要在月末完工产品与在产品之间进行分配

按分批法计算产品成本，由于一般在该批产品全部完工时才计算该批产品成本，所以，如果月末某批产品全部完工，该批产品成本明细账中归集的全部生产费用就是该批完工产品的成本；若该批产品未完工，则全部为在产品成本。因此，采用分批法计算产品成本时，月末一般不需要在完工产品和在产品之间分配生产成本。但在一批产品跨月陆续完工陆续交货的情况下，为了按期确定损益，则需要在月末计算该批产品完工产品与在产品的成本。

二、分批法的适用范围

分批法适用的企业通常有：根据购买者订单生产的企业；产品种类经常变动的小规模制造厂；专门从事修理业务的工厂；新产品试制的车间等。

三、分批法的核算程序

采用分批法计算产品成本，需要按以下步骤进行：

（一）设置生产成本明细账

在按分批法计算产品成本的情况下，企业需要按产品批别或订单设置基本生产成本明细账，并按成本项目设置专栏。同时，还要按车间设置制造费用明细账，按车间或品种设置辅助生产成本明细账。

（二）按产品批别归集和分配各项生产成本

采用分批法计算产品成本时，企业发生的各项生产成本，能分清是哪批产品发生的，则直接计入该批产品成本明细账，对于几批产品共同发生的生产成本，应按生产批别进行归集，并采用适当的方法分配计入各批产品的成本。

（三）月末汇总各批产品的生产成本，计算完工批次产品的成本

月末，如果某批产品已全部完工，则该批产品成本明细账中所归集的生产成本就是该批产品的总成本，除以产量就是该批产品的单位成本。如果某批产品没有完工，该批产品成本明细账中归集的生产成本就是该批产品的在产品成本。如果某批产品跨月陆续完工并陆续交货，在月末既有完工产品又有在产品，就需要按一定的方法将该批产品的生产成本在完工产品与在产品之间进行分配。在这种情况下，为了减少成本核算的工作量，可以按计划成本、定额成本或最近一期相同产品的实际单位成本来计算完工产品成本，将完工产品成本从产品成本明细账中转出，余额作为在产品成本，待该批产品全部完工时，再计算该批产品的实际总成本和单位成本，对已经转出的完工产品成本不必作账面调整。

（四）将各完工批次的产品成本从相关总账及明细账中转出

【动脑筋】分批法与品种法在核算上有什么不同？

四、分批法的运用

【做中学5-2】某企业根据购买单位订货单小批生产A、B两种产品，采用分批法计算产品成本。该企业下设加工、装配两个基本生产车间和企业管理部门。

（一）该企业7月份的生产情况和生产成本支出资料

1.各批产品生产情况（见表5-31）。

表5-31　各批产品生产情况

产品批号	产品名称	开工日期	投产量（件）	完工产量（件）		本月生产工时（小时）	
				6月份	7月份	加工车间	装配车间
150601	A产品	6月11日	100	—	100	1 000	1 000
150602	A产品	6月25日	200	—	—	2 000	—
150701	B产品	7月15日	100	—	10	1 000	500

2.月初在产品成本（见表5-32）。

表5-32　月初在产品成本表　单位：元

产品批号	产品名称	直接材料	直接人工	制造费用	合　计
150601	A产品	8 000	3 400	2 100	13 500
150602	A产品	10 000	4 550	6 300	20 850

3.本月发出材料汇总表（见表5-33）。

表5-33　发出材料汇总表

2020年7月　单位：元

领料用途	金　额
150601批A产品耗用	7 000
150602批A产品耗用	6 000
150701批B产品耗用	10 000
合计	23 000

4.本月职工薪酬结算汇总表（见表5-34）。

生产工人薪酬费用按实际工时比例在各批次产品之间进行分配。

5.根据制造费用明细账，本月加工车间发生制造费用20 000元，装配车间发生制造费用12 000元。制造费用按实际工时比例在各批次产品之间进行分配。

6.该企业规定，如一张订单有跨月陆续完工的情况，则按计划成本转出完工产品成本，待该批产品全部完工后，再重新计算完工产品的总成本和单位成本。150701批B产品每台计划成本为630元，其中：直接材料300元，直接人工150元，制造费用180元。

（二）该企业相关账务处理

1.根据本月份有关成本计算资料，归集和分配各项要素费用。

（1）根据发出材料汇总表，编制记账凭证，会计分录如下：

表5-34 **职工薪酬结算汇总表**

2020年7月 单位：元

部　门	金　额
加工车间：	
产品生产工人	11 400
车间管理人员	3 420
小　计	14 820
装配车间：	
产品生产工人	6 840
车间管理人员	2 280
小　计	9 120
企业管理部门	5 700
合　计	29 640

借：基本生产成本——150601批A产品——直接材料　7 000
　　　　　　　——150602批A产品——直接材料　6 000
　　　　　　　——150701批B产品——直接材料　10 000
　贷：原材料　23 000

根据以上记账凭证登记相关明细账（见表5-37至表5-39）。

（2）根据职工薪酬结算汇总表，编制职工薪酬费用分配表（见表5-35）。

表5-35 **职工薪酬费用分配表**

2020年7月 金额单位：元

<table>
<tr><th colspan="3">应借科目</th><th rowspan="3">直接计入费用</th><th colspan="6">间接计入费用</th><th rowspan="3">合计</th></tr>
<tr><th rowspan="2">总账科目</th><th rowspan="2">明细科目</th><th rowspan="2">成本或费用项目</th><th colspan="3">加工车间</th><th colspan="3">装配车间</th></tr>
<tr><th>生产工时（小时）</th><th>分配率</th><th>分配额</th><th>生产工时（小时）</th><th>分配率</th><th>分配额</th></tr>
<tr><td rowspan="4">基本生产成本</td><td>150601批A产品</td><td>直接人工</td><td></td><td>1 000</td><td></td><td>2 850</td><td>1 000</td><td></td><td>4 560</td><td>7 410</td></tr>
<tr><td>150602批A产品</td><td>直接人工</td><td></td><td>2 000</td><td></td><td>5 700</td><td></td><td></td><td></td><td>5 700</td></tr>
<tr><td>150701批B产品</td><td>直接人工</td><td></td><td>1 000</td><td></td><td>2 850</td><td>500</td><td></td><td>2 280</td><td>5 130</td></tr>
<tr><td colspan="2">小　计</td><td></td><td>4 000</td><td>2.85</td><td>11 400</td><td>1 500</td><td>4.56</td><td>6 840</td><td>18 240</td></tr>
<tr><td rowspan="3">制造费用</td><td>加工车间</td><td>职工薪酬</td><td>3 420</td><td></td><td></td><td></td><td></td><td></td><td></td><td>3 420</td></tr>
<tr><td>装配车间</td><td>职工薪酬</td><td>2 280</td><td></td><td></td><td></td><td></td><td></td><td></td><td>2 280</td></tr>
<tr><td colspan="2">小　计</td><td>5 700</td><td></td><td></td><td></td><td></td><td></td><td></td><td>5 700</td></tr>
<tr><td>管理费用</td><td colspan="2">职工薪酬</td><td>5 700</td><td></td><td></td><td></td><td></td><td></td><td></td><td>5 700</td></tr>
<tr><td colspan="3">合　计</td><td>11 400</td><td colspan="6">18 240</td><td>29 640</td></tr>
</table>

（3）根据职工薪酬费用分配表编制记账凭证，会计分录如下：

借：基本生产成本——150601批A产品——直接人工　　7 410
　　　　　　　　——150602批A产品——直接人工　　5 700
　　　　　　　　——150701批B产品——直接人工　　5 130
　　制造费用——加工车间——职工薪酬　　3 420
　　　　　　——装配车间——职工薪酬　　2 280
　　管理费用——职工薪酬　　5 700
　　贷：应付职工薪酬　　29 640

根据以上记账凭证登记相关明细账（见表5-37至表5-39）。

2.将制造费用明细账归集的费用分配给各批次产品（见表5-36）。

表5-36　　制造费用分配表

2020年7月　　金额单位：元

应借科目		加工车间			装配车间			合计
总账科目	明细科目	生产工时（小时）	分配率	分配金额	生产工时（小时）	分配率	分配金额	
基本生产成本	150601批A产品	1 000		5 000	1 000		8 000	13 000
	150602批A产品	2 000		10 000				10 000
	150701批B产品	1 000		5 000	500		4 000	9 000
合　计		4 000	5.00	20 000	1 500	8.00	12 000	32 000

（1）根据制造费用分配表编制记账凭证，会计分录如下：

借：基本生产成本——150601批A产品——制造费用　　13 000
　　　　　　　　——150602批A产品——制造费用　　10 000
　　　　　　　　——150701批B产品——制造费用　　9 000
　　贷：制造费用——加工车间　　20 000
　　　　　　　　——装配车间　　12 000

（2）根据以上记账凭证登记相关明细账（见表5-37至表5-39）。

3.计算并结转完工产品成本。

（1）编制记账凭证。

借：库存商品——150601批A产品　　40 910
　　　　　　——150701批B产品　　6 300
　　贷：基本生产成本——150601批A产品　　40 910
　　　　　　　　　　——150701批B产品　　6 300

（2）根据以上记账凭证登记相关明细账（见表5-37至表5-39）。

表5-37　　基本生产成本明细账　　金额单位：元

批号：150601　　开工日期：6月11日　　批量：100件

产品名称：A产品　　完工日期：7月18日　　完工：100件

2020年		凭证		摘要	借方	贷方	余额	直接材料	直接人工	制造费用
月	日	字	号							
6	30	略		期末在产品成本			13 500	8 000	3 400	2 100
7	31	略		领用材料	7 000		20 500	7 000		
7	31	略		分配职工薪酬	7 410		27 910		7 410	
7	31	略		分配结转制造费用	13 000		40 910			13 000
7	31			累计生产成本			40 910	15 000	10 810	15 100
				转出完工产品成本		40 910	0	15 000	10 810	15 100
				该批完工产品总成本			40 910	15 000	10 810	15 100
				完工产品单位成本			409.10	150	108.10	151

表5-38　　基本生产成本明细账　　金额单位：元

批号：150602　　开工日期：6月25日　　批量：200件

产品名称：A产品　　完工日期：　　完工：

2020年		凭证		摘要	借方	贷方	余额	直接材料	直接人工	制造费用
月	日	字	号							
6	30	略		期末在产品成本			20 850	10 000	4 550	6 300
7	31	略		领用材料	6 000		26 850	6 000		
7	31	略		分配职工薪酬	5 700		32 550		5 700	
7	31	略		分配结转制造费用	10 000		42 550			10 000
7	31			累计生产成本			42 550	16 000	10 250	16 300

表 5-39　基本生产成本明细账　金额单位：元

批号：150701　开工日期：7月15日　批量：100件

产品名称：B产品　完工日期：7月31日　完工：10件

2020年 月	日	凭证 字	号	摘要	借方	贷方	余额	直接材料	直接人工	制造费用
7	31	略		领用材料	10 000		10 000	10 000		
7	31	略		分配职工薪酬	5 130		15 130		5 130	
7	31	略		分配结转制造费用	9 000		24 130			9 000
7	31			累计生产成本			24 130	10 000	5 130	9 000
7	31			转出完工产品成本		6 300	17 830	3 000	1 500	1 800
7	31			在产品成本			17 830	7 000	3 630	7 200

注：按计划成本转出完工产品成本。

直接材料 = 10 × 300 = 3 000（元）

直接人工 = 10 × 150 = 1 500（元）

制造费用 = 10 × 180 = 1 800（元）

转出完工产品总成本 = 3 000 + 1 500 + 1 800 = 6 300（元）

【同步训练5-2】某企业根据客户订单小批生产A产品、B产品、C产品，采用分批法计算产品成本。该企业设有两个生产车间，原材料在一车间生产开始时一次性投入。2020年有关成本资料如下：

（1）产品投产及完工情况（见表5-40）。

表 5-40　产品投产及完工情况表

产品批号	产品名称	开工日期	投产量（件）	完工产量（件）		本月生产工时（小时）	
				7月份	8月份	一车间	二车间
150701	A产品	7月10日	20	10	10	3 000	1 600
150801	B产品	8月6日	15		15	1 500	2 000
150802	C产品	8月14日	10			1 000	1 500

（2）2020年7月份生产成本（见表5-41）。

表 5-41　7月份生产成本　金额单位：元

产品批号	产品名称	直接材料	直接人工	制造费用	合计
150701	A产品	15 000	18 900	6 100	40 000

（3）2020年8月份生产成本（见表5-42）。

生产车间的制造费用按生产工时比例在各批产品之间分配。

表5-42　　8月份生产成本　　单位：元

产品批号	产品名称	直接材料	直接人工		制造费用	
			一车间	二车间	一车间	二车间
150701	A产品	—	9 900	4 200		
150801	B产品	41 000	4 900	5 100		
150802	C产品	9 500	3 400	3 700		
合计		50 500	18 200	13 000	5 500	6 120

（4）企业对批内跨月陆续完工的产品，月末按计划成本转出，待该批产品全部完工后再重新计算产品的实际总成本和单位成本。150701批A产品的计划单位成本为：直接材料750元，直接人工950元，制造费用300元。

要求：根据上述资料采用分批法计算产品成本，并进行相关账务处理。

参考答案

五、简化分批法

在小批或单件生产的企业或车间，在同一月份内投产的产品批数较多的情况下，如果将各种间接计入费用在各批产品之间按月进行分配，工作极为繁重。在投产批数繁多而且月末未完工批数较多的企业，通常采用简化的分批法来计算完工产品成本。采用这种方法，月末只向完工批次产品分配间接计入费用，对于未完工批次的在产品，不分配间接计入费用，不计算在产品成本。

（一）简化分批法的特点

在简化分批法下，每月发生的人工费用和制造费用等间接计入费用不是按月在各批产品之间进行分配的，而是将其分别累计起来，待产品完工时，按照完工产品累计生产工时的比例在各批完工产品之间分配的。因此，这种方法也称为“不分批计算在产品成本的分批法”或“累计间接费用分配法”。

（二）简化分批法的核算程序

采用简化分批法计算产品成本，需要按以下步骤进行：

1.设置基本生产成本二级账，并按产品批别设置基本生产成本明细账

在简化分批法下，必须设置基本生产成本二级账，账内按成本项目登记所有批次产品发生的各项费用以及累计的生产工时；同时应按照产品批别设置产品成本明细账，但在各批产品完工之前，各产品成本明细账内只需登记直接计入费用和生产工时。

2.计算累计间接费用分配率

在有完工产品的月份，根据基本生产成本二级账的累计间接计入费用和累计生产工时的记录，分别计算各项累计间接计入费用分配率。累计间接计入费用分配率的计算公式如下：

$$\text{全部产品某项累计间接计入费用分配率}=\frac{\text{期初结存该项全部产品间接计入费用}+\text{本月发生该项全部产品间接计入费用}}{\text{期初结存全部在产品累计生产工时}+\text{本月发生全部生产工时}}$$

$$\text{某批完工产品应负担的某项间接计入费用}=\text{该批完工产品累计生产工时}\times\text{全部产品该项累计间接计入费用分配率}$$

3.计算完工产品应分配的间接计入费用

计算完工产品应分配的间接计入费用时，应先在各完工批次基本生产成本明细账中计算并登记，然后将所有完工批次基本生产成本明细账中的直接计入费用、生产工时以及各项间接计入费用分别汇总，再记入基本生产成本二级账的相应专栏。

以上程序如图5-2所示。

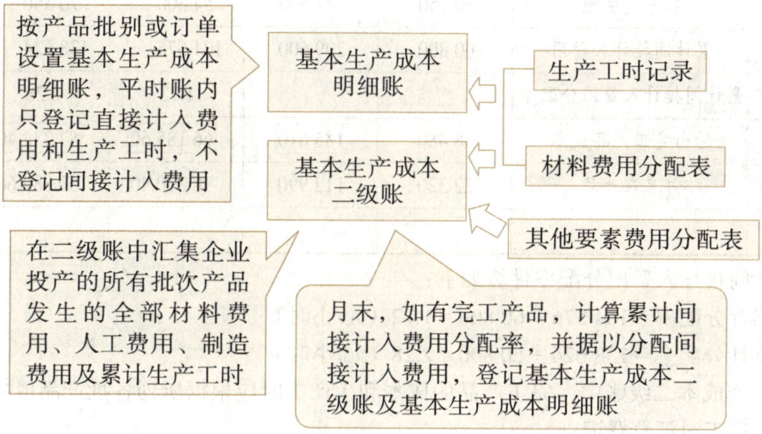

图5-2　简化分批法的核算程序

在简化分批法下，各批产品之间分配间接计入费用以及完工产品与月末在产品之间分配费用，是利用累计间接计入费用分配率，待产品完工时合并在一起进行的，即各项累计间接计入费用分配率，既是在各批完工产品之间分配费用的依据，也是在完工批别与月末在产品批别之间，以及某批产品的完工产品与月末在产品之间分配各项费用的依据。因此，在各月间接计入费用水平相差悬殊以及月末未完工产品的批数不多的情况下，不宜采用简化分批法，否则会影响计算结果的准确性。

（三）简化分批法的运用

【做中学5-3】假定某工业企业根据客户订单小批生产，产品批数多，企业采用简化分批法计算产品成本。该企业9月份生产情况见表5-43。

表5-43　产品投产及完工情况表

产品批号	产品名称	开工日期	投产量（件）	本月完工产量（件）	生产工时（小时）	
					完工产品	在产品
150701	A产品	7月23日	5	5	25 200	—
150801	B产品	8月17日	10	7	13 280	3 550
150802	C产品	8月26日	9	—	—	12 120
150901	D产品	9月18日	4	—	—	6 650

各批次产品原材料均为开工时一次性投入。

该企业设立的基本生产成本二级账见表5-44。

表5-44 基本生产成本二级账 金额单位：元

2020年		凭证		摘要	生产工时	直接材料	直接人工	制造费用	合计
月	日	字	号						
8	31	略		月末在产品	30 650	218 000	50 276	68 244	336 520
9	30	略		本月发生额	30 150	81 600	54 300	70 380	206 280
9	30	略		累计间接计入费用	60 800	299 600	104 576	138 624	542 800
9	30			累计间接计入费用分配率			1.72	2.28	
9	30	略		转出完工产品成本	38 480	186 610	66 185.60	87 734.40	340 530
9	30			月末在产品	22 320	112 990	38 390.40	50 889.60	202 270

注：①累计间接计入费用分配率计算如下：

直接人工累计分配率 = 104 576 ÷ 60 800 = 1.72（元/小时）

制造费用累计分配率 = 138 624 ÷ 60 800 = 2.28（元/小时）

②在基本生产成本二级账中，完工产品的成本和生产工时应根据所列各批产品成本明细账中完工产品的成本和生产工时汇总登记：

直接材料 = 129 700 + 56 910 = 186 610（元）

直接人工 = 43 344 + 22 841.60 = 66 185.60（元）

制造费用 = 57 456 + 30 278.40 = 87 734.40（元）

完工产品总成本 = 186 610 + 66 185.60 + 87 734.40 = 340 530（元）

该企业各批产品成本明细账见表5-45至表5-48。

表5-45 基本生产成本明细账 金额单位：元

批号：150701 开工日期：7月23日 批量：5件

产品名称：A产品 完工日期：9月26日 完工：5件

2020年		凭证		摘要	生产工时	直接材料	直接人工	制造费用	合计
月	日	字	号						
7	31	略		本月发生额	9 560	64 800			
8	31	略		本月发生额	5 840	36 700			
9	30	略		本月发生额	9 800	28 200			
9	30			累计生产成本及费用分配率	25 200	129 700	1.72	2.28	
9	30	略		转出完工产品成本	25 200	129 700	43 344	57 456	230 500
				完工产品单位成本		25 940	8 668.80	11 491.20	46 100

注：转出完工产品成本计算如下：

直接人工 = 25 200 × 1.72 = 43 344（元）

制造费用 = 25 200 × 2.28 = 57 456（元）

表 5-46　　　　　　　　　　**基本生产成本明细账**　　　　　　　　　　金额单位：元

批号：150801　　　　　　　　开工日期：8 月 17 日　　　　　　　　批量：10 件

产品名称：B 产品　　　　　　完工日期：9 月 30 日　　　　　　　　完工：7 件

2020 年		凭证		摘　要	生产工时	直接材料	直接人工	制造费用	合　计
月	日	字	号						
8	31	略		本月发生额	7 410	74 420			
9	30	略		本月发生额	9 420	6 880			
9	30			累计生产成本及费用分配率	16 830	81 300	1.72	2.28	
9	30	略		转出完工产品成本	13 280	56 910	22 841.60	30 278.40	110 030
9	30			月末在产品	3 550	24 390			

注：转出完工产品成本计算如下：

直接材料 = 81 300 ÷ 10 × 7 = 56 910（元）

直接人工 = 13 280 × 1.72 = 22 841.60（元）

制造费用 = 13 280 × 2.28 = 30 278.40（元）

表 5-47　　　　　　　　　　**基本生产成本明细账**　　　　　　　　　　金额单位：元

批号：150802　　　　　　　　开工日期：8 月 26 日　　　　　　　　批量：9 件

产品名称：C 产品　　　　　　完工日期：　　　　　　　　　　　　　完工：

2020 年		凭证		摘　要	生产工时	直接材料	直接人工	制造费用	合　计
月	日	字	号						
8	31	略		本月发生额	7 840	42 080			
9	30	略		本月发生额	4 280	8 790			

表 5-48　　　　　　　　　　**基本生产成本明细账**　　　　　　　　　　金额单位：元

批号：150901　　　　　　　　开工日期：9 月 18 日　　　　　　　　批量：4 件

产品名称：D 产品　　　　　　完工日期：　　　　　　　　　　　　　完工：

2020 年		凭证		摘　要	生产工时	直接材料	直接人工	制造费用	合　计
月	日	字	号						
9	30	略		本月发生额	6 650	37 730			

【同步训练 5-3】某公司属于小批生产企业，采用简化分批法计算产品成本。2020 年生产情况如下：

（1）产品投产及完工情况（见表 5-49）。

（2）2020 年 5 月初在产品成本（见表 5-50）。

（3）2020 年 5 月发生的生产成本（见表 5-51）。

参考答案

表 5-49　　产品投产及完工情况表

产品批号	产品名称	投产量（件）	开工日期	完工日期	生产工时（小时）	
					5月初累计工时	5月份工时
150201	W1产品	20	2月	5月	2 500	800
150301	W2产品	15	3月	5月	1 600	800
150401	W1产品	10	4月	7月	800	1 600

表 5-50　　2020年5月初在产品成本　　金额单位：元

产品批号	产品名称	直接材料	直接人工	制造费用	合　计
150201	W1产品	6 000			
150301	W2产品	4 000			
150401	W1产品	1 000			
合　计		11 000	2 000	2 600	15 600

表 5-51　　2020年5月发生的生产成本　　金额单位：元

产品批号	产品名称	直接材料	直接人工	制造费用	合　计
150201	W1产品	300			
150301	W2产品	650			
150401	W1产品	500			
合　计		1 450	1 807	2 017	5 274

要求：根据以上资料计算完工产品成本并进行相关账务处理。

任务三　产品成本计算的分步法

一、分步法的特点

微课：分步法的特点

分步法是按产品的生产步骤归集生产费用，计算产品成本的一种方法。分步法的主要特点如下：

（一）以每种产品的产成品及各加工步骤的半成品为成本核算对象，设置产品成本明细账，归集生产成本

在分步法下，不仅要计算出每一种最终产成品的成本，而且还要计算出每一加工步骤半成品的成本。因此，企业不仅要对各种产成品设置明细账，而且要对每种产品的各个加工步骤的半成品分别设置产品成本明细账用以归集生产成本。在实际工作中，企业通常将不同的加工步骤分在不同的生产车间进行，在分步骤计算产品成本时，一般按生

产车间设置生产成本明细账归集生产成本；但产品成本计算所划分的生产步骤，也可能与生产工艺上的加工步骤不完全一致，根据实际需要和管理要求，可以将两个或两个以上车间合并在一起计算成本，如果生产车间很大，一个生产车间也可以分为若干步骤来计算成本。

（二）产品成本计算按期在月末进行

采用分步法计算产品成本，以产品及其所经过的各个生产步骤为成本核算对象，而产品又是大量大批重复生产，每月月末都会有大量的完工产品，因此，每月月末都要计算产品成本。

（三）每月月末要将生产成本在完工产品与月末在产品之间进行分配

在多步骤大量大批生产的情况下，每月月末不仅有完工产品，而且一般都会有在产品，因此，每月月末就需要将各产品成本明细账中归集的生产成本在完工产品与月末在产品之间进行分配。不仅在最终完工产品中存在分配完工产品与在产品成本的问题，而且在每一步骤也需要在本步骤完工的半成品与在产品之间进行费用的分配。

（四）在生产的各步骤之间进行成本的结转

由于在大量大批多步骤生产的企业中，产品生产是分步骤进行的，上步骤生产的半成品是下一步骤加工的对象，直到生产出产成品为止。为了计算各种产品的完工产品成本，必须采取一定的方法在各个生产步骤之间进行成本结转，这是分步法的一个重要特点。

二、分步法的适用范围

分步法主要适用于大量、大批、多步骤生产的企业，在这些企业中，产品生产可以分若干生产步骤进行，如纺织企业的生产可分为纺纱、织布等步骤，造纸企业的生产可以分为制浆和制纸等步骤，机械制造企业的生产可分为铸造、加工、装配等步骤。

三、分步法的核算程序

由于不同企业多步骤生产的加工方式不同，产品成本计算的分步法又可分为逐步结转分步法和平行结转分步法两类。

（一）逐步结转分步法

逐步结转分步法，是按产品加工的先后顺序，随着各步骤半成品的实物向下一步骤转移，将半成品的成本也逐步从上一步骤向下一步骤结转的一种成本结转方法。逐步结转分步法主要适用于连续式多步骤生产的企业。在连续式复杂生产的企业中，生产步骤可以间断，生产工艺是由连续的若干生产步骤所组成的。除最后一个生产步骤外，每一步骤都生产出不同的半成品，这些半成品既可以作为下一生产步骤加工的对象，也可以对外出售。如果对外出售就必须计算出该半成品的成本，即使半成品不对外出售，出于成本管理的需要，很多企业也要求提供各步骤半成品的成本资料，为此，企业就需要采用分步法来计算产品成本。

1.逐步结转分步法的计算程序

由于采用逐步结转分步法计算产品成本时，半成品的成本要随着半成品实物的转移而转移，从上一步骤向下一步骤结转，因而，其计算程序要受到实物流转程序的制约。

（1）半成品不通过仓库收发。半成品不通过仓库收发，而直接交由下一生产步骤继续加工，在计算产品成本时，首先计算第一加工步骤的半成品成本，然后，随着半成品实物的转移，将其成本结转至第二加工步骤产品成本明细账中，再加上第二加工步骤所发生的费用，计算第二加工步骤的半成品成本，并依次逐步累计结转，直到最后步骤计算出产成品成本为止。具体程序如图5-3所示。

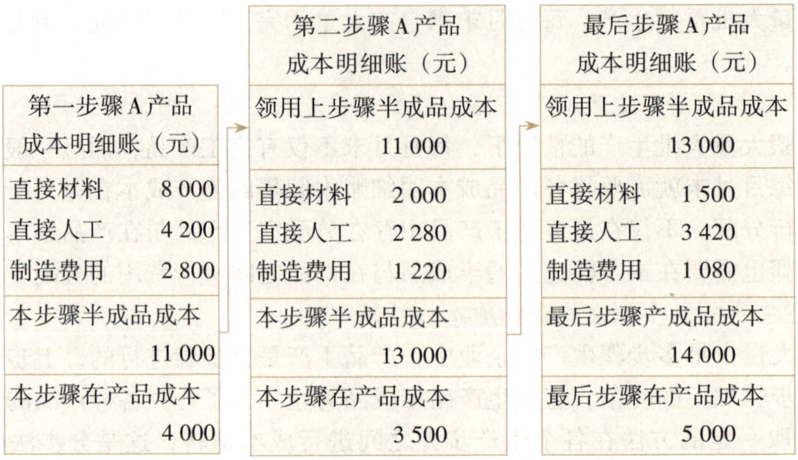

图5-3 逐步结转分步法——综合结转法成本计算程序（半成品不通过仓库收发）

（2）半成品通过仓库收发。每一步骤加工完成的半成品，均交半成品仓库保管，下一步骤从半成品仓库领取半成品继续加工。在计算产品成本时，还需增设“自制半成品”明细账，用来核算各步骤半成品的收、发、存情况。具体程序如图5-4所示。

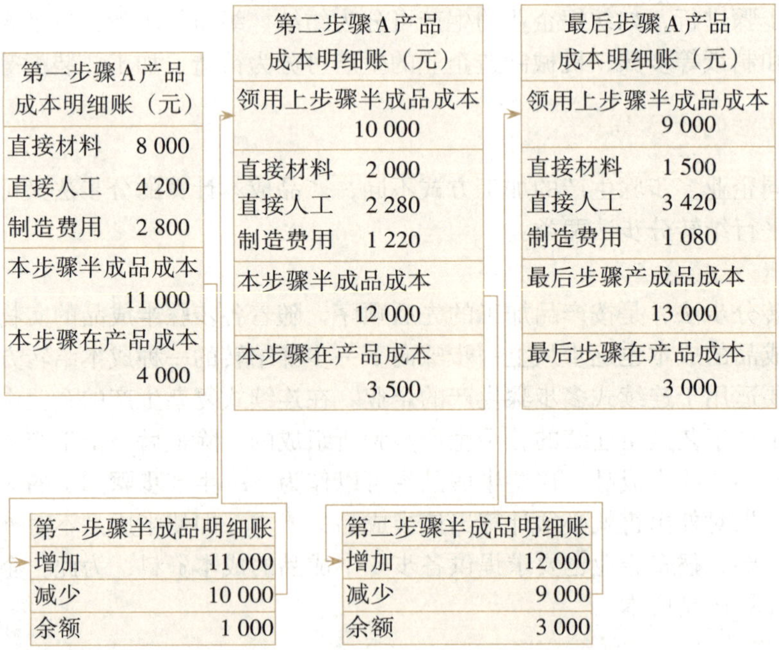

图5-4 逐步结转分步法——综合结转法成本计算程序（半成品通过仓库收发）

由以上成本计算程序可以看出，就每一步骤来看，都是采用品种法计算产品成本，将各步骤的品种法连接起来就成了分步法。

2.逐步结转分步法半成品成本的结转方式

逐步结转分步法，按照半成品成本在下一步骤成本明细账中反映的方式不同，又可分为综合结转和分项结转两种方法。

微课：逐步综合结转分步法

（1）综合结转法。综合结转法，是将各生产步骤耗用上一步骤的半成品成本，以一个合计金额综合计入各该步骤产品成本明细账中的“直接材料”或专设的“半成品”成本项目。如果半成品通过仓库收发，由于各月所生产的半成品的单位成本不同，发出半成品的成本可以用先进先出法或加权平均法计算。

【做中学5-4】某公司W产品的生产分三个步骤在三个生产车间内进行，一车间投入原材料加工成A半成品，二车间领用A半成品加工成B半成品，三车间领用B半成品加工成W产品。各步骤加工完成的半成品直接移送下一生产车间继续加工，原材料在一车间生产开始时一次性投入，各步骤的在产品在本步骤的完工程度均为50%。企业采用综合结转分步法计算产品成本。2020年4月份有关成本资料如下：

（1）产量资料（见表5-52）。

表5-52　产量资料

2020年4月　单位：件

生产车间	月初在产品	本月投产量	本月完工产品	月末在产品
一车间（A半成品）	1	13	12	2
二车间（B半成品）	2	12	10	4
三车间（W产品）	1	10	9	2

（2）月初在产品成本资料（见表5-53）。

表5-53　月初在产品成本

2020年4月　单位：元

生产车间	直接材料	半成品	燃料和动力	直接人工	制造费用	合　计
一车间（A半成品）	100	—	10	40	30	180
二车间（B半成品）	—	480	36	70	50	636
三车间（W产品）	—	359	20	30	20	429

（3）本月生产费用资料（见表5-54）。

表5-54　本月生产费用

2020年4月　单位：元

生产车间	直接材料	燃料和动力	直接人工	制造费用	合　计
一车间（A半成品）	1 300	900	1 000	750	3 950
二车间（B半成品）	—	684	770	550	2 004
三车间（W产品）	—	1 200	570	380	2 150

根据上述资料设置并登记各步骤生产成本明细账（见表5-55至表5-57），计算各步骤产品成本（见表5-58至表5-60）。

表5-55　　第一车间基本生产成本明细账

产品名称：A半成品　　单位：元

2020年 月	日	凭证 字	号	摘要	借方	贷方	余额	直接材料	燃料和动力	直接人工	制造费用
3	31	略		在产品成本			180	100	10	40	30
4	30	略		本月生产成本	3 950		4 130	1 300	900	1 000	750
4	30			累计生产成本			4 130	1 400	910	1 040	780
4	30	略		转出完工产品成本		3 720	410	1 200	840	960	720
4	30			在产品成本			410	200	70	80	60

根据以上明细账编制记账凭证，会计分录如下：

借：基本生产成本——B半成品　　3 720

　　贷：基本生产成本——A半成品　　3 720

根据以上记账凭证登记基本生产成本明细账（见表5-55、表5-56）。

表5-56　　第二车间基本生产成本明细账

产品名称：B半成品　　单位：元

2020年 月	日	凭证 字	号	摘要	借方	贷方	余额	半成品	燃料和动力	直接人工	制造费用
3	31	略		在产品成本			636	480	36	70	50
4	30	略		转入上一步骤半成品	3 720		4 356	3 720			
4	30	略		本月生产成本	2 004		6 360		684	770	550
4	30			累计生产成本			6 360	4 200	720	840	600
4	30	略		转出完工产品成本		4 800	1 560	3 000	600	700	500
4	30			在产品成本			1 560	1 200	120	140	100

根据以上明细账编制记账凭证，会计分录如下：

借：基本生产成本——W产品 4 800

　　贷：基本生产成本——B半成品 4 800

根据以上记账凭证登记基本生产成本明细账（见表5-56、表5-57）。

表5-57 第三车间基本生产成本明细账

产品名称：W产品　　　　金额单位：元

2020年 月	日	凭证 字	号	摘要	借方	贷方	余额	半成品	燃料和动力	直接人工	制造费用
3	31	略		在产品成本			429	359	20	30	20
4	30	略		转入上一步骤半成品	4 800		5 229	4 800			
4	30	略		本月生产成本	2 150		7 379		1 200	570	380
4	30			累计生产成本			7 379	5 159	1 220	600	400
4	30	略		转出完工产品成本		6 219	1 160	4 221	1 098	540	360
4	30			在产品成本			1 160	938	122	60	40

表5-58 完工产品成本计算单

产品名称：A半成品　　2020年4月　　金额单位：元

成本项目		直接材料	燃料和动力	直接人工	制造费用	合　计
生产成本合计		1 400	910	1 040	780	4 130
完工产品数（件）		12	12	12	12	
在产品	数量（件）	2	2	2	2	
	投料程度或完工程度（%）	100	50	50	50	
	约当产量（件）	2	1	1	1	
约当总产量（件）		14	13	13	13	
单位成本		100	70	80	60	310
在产品成本		200	70	80	60	410
完工产品成本（A半成品）		1 200	840	960	720	3 720

表 5-59　　完工产品成本计算单

产品名称：B 半成品　　2020 年 4 月　　金额单位：元

成本项目		半成品	燃料和动力	直接人工	制造费用	合　计
生产成本合计		4 200	720	840	600	6 360
完工产品数（件）		10	10	10	10	10
在产品	数量（件）	4	4	4	4	4
	投料程度或完工程度（%）	100	50	50	50	
	约当产量（件）	4	2	2	2	
约当总产量（件）		14	12	12	12	
单位成本		300	60	70	50	480
在产品成本		1 200	120	140	100	1 560
完工产品成本（B 半成品）		3 000	600	700	500	4 800

表 5-60　　完工产品成本计算单

产品名称：W 产品　　2020 年 4 月　　金额单位：元

成本项目		半成品	燃料和动力	直接人工	制造费用	合　计
生产成本合计		5 159	1 220	600	400	7 379
完工产品数（件）		9	9	9	9	9
在产品	数量（件）	2	2	2	2	2
	投料程度或完工程度（%）	100	50	50	50	—
	约当产量（件）	2	1	1	1	—
约当总产量（件）		11	10	10	10	—
单位成本		469	122	60	40	691
在产品成本		938	122	60	40	1 160
完工产品成本（W 产品）		4 221	1 098	540	360	6 219

根据以上完工产品成本计算单编制记账凭证，分录如下：

借：库存商品——W 产品　　6 219

　　贷：基本生产成本——W 产品　　6 219

根据以上记账凭证登记基本生产成本明细账（见表 5-57）。

由上述实例可以看出，在综合结转分步法下，各个生产步骤领用上一步骤的半成品就相当于领用原材料，由于各步骤所耗上一步骤半成品的成本是以“半成品”或“直接材料”项目综合反映的，除第一生产步骤外，其他步骤成本计算单中都包括耗用上一步骤的半成品成本项目，而“半成品”项目反映的是半成品的综合成本，即包含上一步骤发生的直接材料、直接人工、制造费用等。因此，这样计算出来的产成品成本不能提供按原始成本项目反映的成本资料。

【做中学5-5】D产品由三个步骤加工完成，上一生产步骤完工半成品直接移送下一生产步骤继续加工，其各步骤成本逐步综合结转的结果见表5-61。

表5-61　D产品成本项目明细表　单位：元

成本项目 生产步骤	半成品	直接材料	燃料和动力	直接人工	制造费用	合　计
第一步骤半成品成本	—	40 000	3 000	11 400	7 600	62 000
第二步骤半成品成本	62 000	—	2 190	6 700	3 000	73 890
第三步骤产成品成本	73 890	—	2 230	2 400	3 580	82 100
原始成本项目金额合计	—	40 000	7 420	20 500	14 180	82 100

由表5-61的结果可以看出，第一步骤完工半成品成本62 000元转为第二步骤的半成品费用，第二步骤完工半成品成本73 890元转为第三步骤的半成品费用。第三步骤产成品成本82 100元中，半成品费用占90%（73 890 ÷ 82 100 × 100%），而燃料和动力、直接人工及制造费用仅占10%（（2 230 + 2 400 + 3 580） ÷ 82 100 × 100%）。但是，企业实际完工产品的成本构成为：直接材料40 000元、燃料和动力7 420元、直接人工20 500元、制造费用14 180元。因此，如果企业管理上要求从整个企业的角度来考核和分析产品成本的构成和水平时，还应将逐步综合结转计算出的产成品成本进行成本还原，即将产成品成本还原为按原始成本项目反映的成本。

成本还原，就是从最后一个生产步骤起，把各生产步骤所耗上一生产步骤半成品的综合成本，按照上一生产步骤所产半成品成本的结构，逐步分解还原，计算出按照原始成本项目反映的产成品成本。

【动脑筋】为什么要进行成本还原？

成本还原的方法一般有两种：系数还原法和成本项目比重还原法。系数还原法，即按各步骤耗用半成品总成本占上一步骤完工半成品总成本的比重还原的方法；成本项目比重还原法，即按半成品各成本项目占全部半成品成本的比重还原的方法。

【做中学5-6】沿用【做中学5-4】的资料，半成品及产成品成本资料见表5-62。

表5-62　半成品及产成品成本资料　单位：元

产品名称	直接材料	半成品	燃料和动力	直接人工	制造费用	合　计
A半成品	1 200	—	840	960	720	3 720
B半成品	—	3 000	600	700	500	4 800
W产品	—	4 221	1 098	540	360	6 219

要求：进行成本还原。

解析：(1) 采用系数还原法进行成本还原（见表5-63）。

表5-63　　产品成本还原计算表

2020年4月　　金额单位：元

摘　要	还原分配率	半成品	直接材料	燃料和动力	直接人工	制造费用	合　计
W产品成本	—	4 221	—	1 098	540	360	6 219
B半成品成本	—	3 000	—	600	700	500	4 800
第一次成本还原	0.879375	2 638.13	—	527.62	615.56	439.69	4 221
A半成品成本	—	—	1 200	840	960	720	3 720
第二次成本还原	0.709175	−2 638.13	851.01	595.71	680.81	510.60	2 638.13
还原后产品总成本	—	—	851.01	2 221.33	1 836.37	1 310.29	6 219
还原后单位成本	—	—	94.56	246.81	204.04	145.59	691

①W产品耗用第二步骤B半成品成本还原。

成本还原分配率＝4 221÷4 800＝0.879375

W产品所耗B半成品成本中的半成品＝3 000×0.879375＝2 638.13（元）

W产品所耗B半成品成本中的燃料和动力＝600×0.879375＝527.62（元）

W产品所耗B半成品成本中的直接人工＝700×0.879375＝615.56（元）

W产品所耗B半成品成本中的制造费用＝500×0.879375＝439.69（元）

②W产品耗用第一步骤A半成品成本还原。

成本还原分配率＝2 638.13÷3 720＝0.709175

W产品所耗A半成品成本中的直接材料＝1 200×0.709175＝851.01（元）

W产品所耗A半成品成本中的燃料和动力＝840×0.709175＝595.71（元）

W产品所耗A半成品成本中的直接人工＝960×0.709175＝680.81（元）

W产品所耗A半成品成本中的制造费用＝720×0.709175＝510.60（元）

③W产品成本还原后总成本。

直接材料＝851.01元

燃料和动力＝1 098＋527.62＋595.71＝2 221.33（元）

直接人工＝540＋615.56＋680.81＝1 836.37（元）

制造费用＝360＋439.69＋510.60＝1 310.29（元）

总成本＝851.01＋2 221.33＋1 836.37＋1 310.29＝6 219（元）

（2）采用项目比重还原法进行成本还原。

①W产品耗用第二步骤B半成品成本4 221元的还原。

W产品所耗B半成品成本中的半成品＝4 221×3 000÷4 800＝2 638.13（元）

W产品所耗B半成品成本中的燃料和动力＝4 221×600÷4 800＝527.62（元）

W产品所耗B半成品成本中的直接人工＝4 221×700÷4 800＝615.56（元）

W产品所耗B半成品成本中的制造费用＝4 221×500÷4 800＝439.69（元）

②W产品耗用第一步骤A半成品成本2 638.13元的还原。

W产品所耗A半成品成本中的直接材料＝2 638.13×1 200÷3 720＝851.01（元）

W产品所耗A半成品成本中的燃料和动力＝2 638.13×840÷3 720＝595.71（元）

W产品所耗A半成品成本中的直接人工＝2 638.13×960÷3 720＝680.81（元）

W产品所耗A半成品成本中的制造费用＝2 638.13×720÷3 720＝510.60（元）

③W产品成本还原后总成本。

直接材料＝851.01元

燃料和动力＝1 098＋527.62＋595.71＝2 221.33（元）

直接人工＝540＋615.56＋680.81＝1 836.37（元）

制造费用＝360＋439.69＋510.60＝1 310.29（元）

总成本＝851.01＋2 221.33＋1 836.37＋1 310.29＝6 219（元）

采用综合结转分步法结转半成品成本，可以在各生产步骤的产品成本明细账中反映该步骤完工产品所耗半成品成本和本步骤加工费用水平，有利于各生产步骤的成本管理。但成本还原工作量较大。因此，综合结转法只适用于管理上要求计算各步骤完工产品所耗半成品成本，但又不要求进行成本还原的企业。

【同步训练5-4】某企业生产M产品需连续经过两个加工步骤，第一步骤生产的半成品交半成品仓库验收，第二步骤按需要量向半成品仓库领用，半成品成本按先进先出法计价。各步骤完工产品与月末在产品之间费用的分配采用约当产量比例法。原材料在第一步骤生产开始时一次性投入，各步骤的在产品在本步骤的完工程度均为50%。2020年6月份有关成本资料如下：

参考答案

（1）产量资料（见表5-64）。

表5-64　产量资料

2020年6月　单位：件

生产步骤	月初在产品	本月投产量	本月完工产品	月末在产品
第一步骤（M半成品）	180	420	500	100
第二步骤（M产品）	200	700	600	300

（2）月初在产品成本资料（见表5-65）。

表5-65　月初在产品成本

2020年6月　单位：元

生产步骤	直接材料	半成品	直接人工	制造费用	合　计
第一步骤（M半成品）	1 900	—	1 100	2 300	5 300
第二步骤（M产品）	—	6 300	1 200	2 550	10 050

（3）月初库存M半成品400件，其实际成本为11 600元。

（4）本月生产费用资料（见表5-66）。

表 5-66 本月生产费用

2020 年 6 月

单位：元

生产步骤	直接材料	直接人工	制造费用	合　计
第一步骤（M 半成品）	6 260	3 025	1 495	10 780
第二步骤（M 产品）	—	4 050	8 700	12 750

要求：

（1）根据以上资料采用综合结转分步法计算产品成本并进行相关账务处理。

（2）对完工产品成本进行成本还原。

（2）分项结转法。分项结转，是将各生产步骤所耗上一步骤半成品成本，按照成本项目分项转入各该步骤产品成本明细账相应的成本项目中。如果半成品通过仓库收发，在自制半成品明细账中登记半成品成本时，也要按照成本项目分别登记。分项结转的成本计算程序如图 5-5 所示。

第一步骤 A 产品成本明细账（元）		
本步骤费用	直接材料	8 000
	直接人工	4 200
	制造费用	2 800
	合计	15 000
完工半成品	直接材料	7 200
	直接人工	3 500
	制造费用	2 300
	合计	13 000
月末在产品	直接材料	800
	直接人工	700
	制造费用	500
	合计	2 000

第二步骤 A 产品成本明细账（元）		
上步骤转入	直接材料	7 200
	直接人工	3 500
	制造费用	2 300
	合计	13 000
本步骤费用	直接材料	0
	直接人工	1 600
	制造费用	2 400
	合计	4 000
完工半成品	直接材料	6 000
	直接人工	4 600
	制造费用	4 300
	合计	14 900
月末在产品	直接材料	1 200
	直接人工	500
	制造费用	400
	合计	2 100

最后步骤 A 产品成本明细账（元）		
上步骤转入	直接材料	6 000
	直接人工	4 600
	制造费用	4 300
	合计	14 900
本步骤费用	直接材料	0
	直接人工	1 400
	制造费用	1 700
	合计	3 100
完工产品	直接材料	5 500
	直接人工	5 400
	制造费用	5 400
	合计	16 300
月末在产品	直接材料	500
	直接人工	600
	制造费用	600
	合计	1 700

图 5-5 逐步结转分步法——分项结转法成本计算程序（半成品不通过仓库收发）

采用分项结转法结转半成品成本，可以直接、准确地提供按原始成本项目反映的企业产品成本资料，便于从整个企业的角度来考核和分析产品成本计划的执行情况，不需要进行成本还原。但是，这一方法的成本结转工作比较复杂，并且在各步骤完工产品成本中看不出所耗上一步骤半成品成本是多少，本步骤加工费用是多少，不便于进行各步骤完工产品的成本分析。因此，分项结转法一般适用于管理上只要求按原始成本项目计算产品成本，而不要求计算各步骤完工产品所耗半成品成本和本步骤加工费用的企业。

【请注意】半成品成本可以按实际成本结转，也可以按计划成本结转。如果半成品成本按计划成本结转，半成品的日常收发均按计划单位成本核算，在半成品实际成本计算出来以后，再计算半成品成本差异率，调整半成品成本差异。

【动脑筋】综合结转法与分项结转法有什么不同？

（二）平行结转分步法

平行结转分步法，是指在计算各步骤成本时，不计算各步骤所产半成品成本，也不计算各步骤所耗上一步骤的半成品成本，而只计算本步骤发生的各项生产费用，以及这些费用应计入产成品成本中的“份额”，并将相同产品各步骤成本明细账中的这些“份额”平行结转、汇总，计算出产成品成本的一种方法。这种方法也称为不计算半成品成本分步法。平行结转分步法的成本计算程序如图5-6所示。

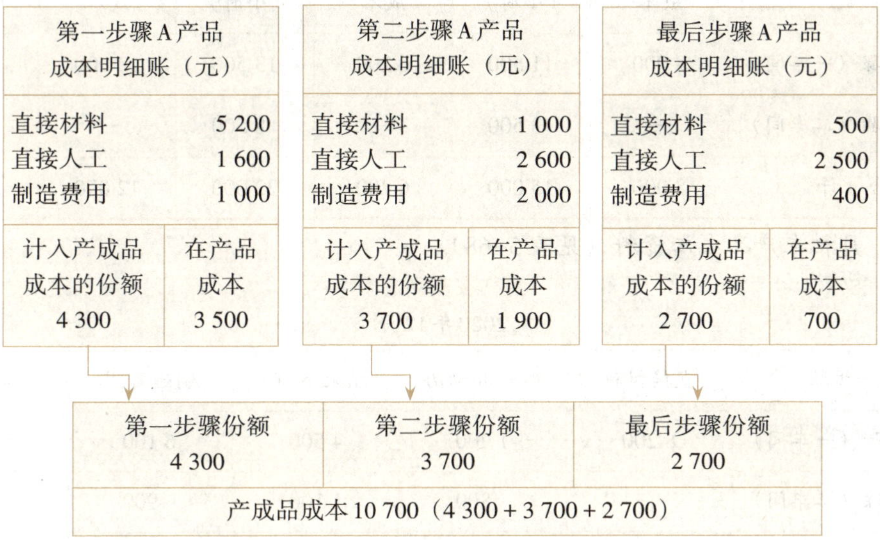

图5-6　平行结转分步法的成本计算程序

从图5-6所列成本计算程序可以看出，平行结转分步法有以下特点：

（1）各步骤的产品生产成本不随半成品实物的转移而结转，各步骤只汇集本步骤发生的生产费用，各生产步骤均不计算本步骤的半成品成本，尽管半成品实物转入下一生产步骤继续加工，但其成本并不结转到下一生产步骤的成本明细账中。

（2）不论半成品是在各生产步骤之间直接转移，还是通过半成品仓库收发，都不通过“自制半成品”科目进行核算。

（3）每一个生产步骤的生产成本都要在完工产品与月末在产品之间进行分配。这里的完工产品是指企业最终完成的产成品，在产品是指各步骤尚未加工完成的在产品和各步骤已完工但尚未最终完成的产品，包括：①尚在本步骤加工中的在产品，即狭义的在产品；②本步骤已完工转入半成品仓库的半成品；③已转入后面各加工步骤进一步加工、尚未最后完工的在产品。这是就整个企业而言的广义的在产品，因此，这里的在产品成本是指广义在产品的成本。

（4）将各步骤生产成本中应由最终完成的产成品负担的“份额”，从各步骤生产成本明细账中转出，平行汇总计算产成品的成本。

【做中学5-7】某企业属于多步骤生产的企业，有两个基本生产车间，第一车间生产完工的A半成品交给第二车间继续加工成A产成品。企业采用平行结转分步法计算产品成本。企业生产用原材料在第一车间开工时一次性投入。生产成本在完工产品与在产品之间的分配采用定额比例法。该企业2020年12月份有关资料如下：

（1）A产品定额资料（见表5-67）。

表5-67 产品定额资料

2020年12月 金额单位：元

生产步骤	月初在产品		本月投产		本月完工产品	
	定额材料成本	定额工时（小时）	定额材料成本	定额工时（小时）	定额材料成本	定额工时（小时）
第一步骤（一车间）	8 000	11 500	6 200	13 500	12 000	20 000
第二步骤（二车间）	—	3 500	—	8 500	—	9 600
合　计	8 000	15 000	6 200	22 000	12 000	29 600

（2）月初在产品成本资料（见表5-68）。

表5-68 月初在产品成本

2020年12月 单位：元

生产步骤	直接材料	燃料和动力	直接人工	制造费用	合　计
第一步骤（一车间）	8 200	1 200	4 500	6 100	20 000
第二步骤（二车间）	—	800	1 100	900	2 800

（3）本月生产费用资料（见表5-69）。

表5-69 本月生产费用

2020年12月 单位：元

生产步骤	直接材料	燃料和动力	直接人工	制造费用	合　计
第一步骤（一车间）	6 284	1 000	3 000	4 200	14 484
第二步骤（二车间）	—	640	3 700	6 300	10 640

（4）本月生产完工A产品400件。

要求：根据上述资料设置并登记各步骤生产成本明细账（见表5-70和表5-71）。计算各步骤产品成本（见表5-72、表5-73）。

表 5-70　　第一车间基本生产成本明细账

产品名称：A 产品　　单位：元

2020年 月	日	凭证 字	号	摘要	借方	贷方	余额	直接材料	燃料和动力	直接人工	制造费用
11	30	略		在产品成本			20 000	8 200	1 200	4 500	6 100
12	31	略		本月生产成本	14 484		34 484	6 284	1 000	3 000	4 200
12	31			累计生产成本			34 484	14 484	2 200	7 500	10 300
12	31	略		转出完工产品成本		28 240	6 244	12 240	1 760	6 000	8 240
12	31			在产品成本			6 244	2 244	440	1 500	2 060

表 5-71　　第二车间基本生产成本明细账

产品名称：A 产品　　单位：元

2020年 月	日	凭证 字	号	摘要	借方	贷方	余额	直接材料	燃料和动力	直接人工	制造费用
11	30	略		在产品成本			2 800		800	1 100	900
12	31	略		本月生产成本	10 640		13 440		640	3 700	6 300
12	31			累计生产成本			13 440		1 440	4 800	7 200
12	31	略		转出完工产品成本		10 752	2 688		1 152	3 840	5 760
12	31			在产品成本			2 688		288	960	1 440

表 5-72 第一车间成本计算单

产品名称：A 产品 2020 年 12 月 金额单位：元

项目	直接材料	生产工时	燃料和动力	直接人工	制造费用	合计
生产成本合计	14 484		2 200	7 500	10 300	34 484
月末在产品定额材料成本	2 200					
完工产品定额材料成本	12 000					
月末在产品定额工时（小时）		5 000				
完工产品定额工时（小时）		20 000				
费用分配率	1.02		0.088	0.3	0.412	
在产品成本	2 244		440	1 500	2 060	6 244
完工产品成本	12 240		1 760	6 000	8 240	28 240

注：①月末在产品定额材料成本 = 8 000 + 6 200−12 000 = 2 200（元）

月末在产品定额工时 = 11 500 + 13 500−20 000 = 5 000（小时）

②直接材料分配率 = 14 484 ÷（12 000 + 2 200）= 1.02

在产品直接材料成本 = 2 200 × 1.02 = 2 244（元）

完工产品直接材料成本 = 14 484−2 244 = 12 240（元）

③燃料和动力分配率 = 2 200 ÷（20 000 + 5 000）= 0.088（元/小时）

在产品燃料和动力成本 = 5 000 × 0.088 = 440（元）

完工产品燃料和动力成本 = 2 200−440 = 1 760（元）

④直接人工分配率 = 7 500 ÷（20 000 + 5 000）= 0.3（元/小时）

在产品直接人工成本 = 5 000 × 0.3 = 1 500（元）

完工产品直接人工成本 = 7 500−1 500 = 6 000（元）

⑤制造费用分配率 = 10 300 ÷（20 000 + 5 000）= 0.412（元/小时）

在产品制造费用成本 = 5 000 × 0.412 = 2 060（元）

完工产品制造费用成本 = 10 300−2 060 = 8 240（元）

表 5-73 第二车间成本计算单

产品名称：A 产品 2020 年 12 月 金额单位：元

项目	直接材料	生产工时	燃料和动力	直接人工	制造费用	合计
生产成本合计			1 440	4 800	7 200	13 440
月末在产品定额工时（小时）		2 400				
完工产品定额工时（小时）		9 600				
费用分配率			0.12	0.4	0.6	
在产品成本			288	960	1 440	2 688
完工产品成本			1 152	3 840	5 760	10 752

注：①月末在产品定额工时 = 3 500 + 8 500−9 600 = 2 400（小时）

②燃料和动力分配率 = 1 440 ÷（9 600 + 2 400）= 0.12（元/小时）

在产品燃料和动力成本 = 2 400 × 0.12 = 288（元）

完工产品燃料和动力成本 = 1 440−288 = 1 152（元）

③直接人工费用分配率 = 4 800 ÷（9 600 + 2 400）= 0.4（元/小时）

在产品直接人工成本＝2 400×0.4＝960（元）

完工产品直接人工成本＝4 800−960＝3 840（元）

④制造费用分配率＝7 200÷（9 600＋2 400）＝0.6（元/小时）

在产品制造费用成本＝2 400×0.6＝1 440（元）

完工产品制造费用成本＝7200−1 440＝5 760（元）

根据以上成本计算单编制完工产品成本汇总表（见表5-74）。

表5-74　　完工产品成本汇总表

产品名称：A产品　　2020年12月　　单位：元

项目		直接材料	燃料和动力	直接人工	制造费用	合计
应转入完工产品成本的“份额”	第一车间	12 240	1 760	6 000	8 240	28 240
	第二车间	—	1 152	3 840	5 760	10 752
完工产品总成本		12 240	2 912	9 840	14 000	38 992
单位成本（完工产品400件）		30.6	7.28	24.6	35	97.48

根据完工产品成本汇总表编制记账凭证，结转完工产品成本，会计分录如下：

借：库存商品——A产品　　38 992

　　贷：基本生产成本——第一车间　　28 240

　　　　　　　　　　——第二车间　　10 752

根据以上记账凭证登记基本生产成本明细账（见表5-70和表5-71）。

【同步训练5-5】某企业生产的S产品顺序经过第一、第二和第三基本生产车间的加工，原材料在第一生产车间开工时一次性投入，各生产车间直接人工和制造费用的发生比较均衡。因企业不对外出售半成品，无须计算各步骤半成品成本，企业确定采用平行结转分步法计算产品成本。该企业2020年2月有关成本资料如下：

（1）产量资料（见表5-75）。

表5-75　　产量资料

2020年2月　　数量单位：件

生产车间	月初在产品	本月投产量	本月完工产品	月末在产品	
				数量	完工程度
第一车间	10	110	100	20	50%
第二车间	20	100	100	20	50%
第三车间	40	100	110	30	其中20件尚未开始加工，10件的完工程度为50%

注：企业在产品成本按约当产量比例法计算。

（2）月初在产品成本资料（见表5-76）。

表5-76　　月初在产品成本

2020年2月　　单位：元

生产车间	直接材料	直接人工	制造费用	合计
第一车间	140 000	65 000	52 000	257 000
第二车间	—	80 000	60 000	140 000
第三车间	—	16 000	12 000	28 000

（3）本月生产费用资料（见表5-77）。

表5-77 本月生产费用

2020年2月 单位：元

生产车间	直接材料	直接人工	制造费用	合计
第一车间	220 000	105 000	84 000	409 000
第二车间	—	160 000	120 000	280 000
第三车间	—	168 000	126 000	294 000

要求：根据以上资料采用平行结转分步法计算产品成本并进行相关账务处理。

参考答案

思政园地

【案例】“你挑着担，我牵着马，迎来日出，送走晚霞，踏平坎坷成大道，斗罢艰险又出发……”听到这熟悉的旋律，你是否回到了电视剧《西游记》的剧情中？

《西游记》1982年开拍，1986年在央视首播前11集，1988年后25集播出。一经播出，轰动全国，造就了89.4%的收视率神话。那时，很多孩子每天放学后飞奔回家，迫不及待地打开电视机，等着孙大圣出来降妖除魔；每当片头曲《云宫迅音》的节奏响起，大概每个人眼前都会浮现出天地炸裂、东海之水澎湃、美猴王腾云驾雾的画面……为什么这一版《西游记》能“霸屏”30余年，给一代又一代人带去童年欢乐，甚至沉淀成为我们的集体记忆？近日，《西游记》导演杨洁与摄像师王崇秋合著的《敢问路在何方：我们的西游记》出版，详尽地讲述了当年拍摄的幕后故事。

1982年，《西游记》开拍后，一个摄影师、一台摄像机，寒来暑往拍了整整6年。这期间，演员不足、经费不足、技术不足……整个剧组仿佛用6年的时间走了一条真正的取经之路。为了找到符合剧组要求的场景，团队跑了26个省、市、自治区，跋涉几千千米，光布景的美术设计图就画了几千张。众多特技，靠人工、人力，乃至冒险完成，如“大战红孩儿”一集，红孩儿放火烧孙悟空的画面，是六小龄童裹上石棉衣被真的火烧；吊威亚的钢丝太细，六小龄童、马德华等都曾从空中摔下来过，每一帧腾云驾雾的场景，都是演员们拿命换来的……也许，这些细节能够说清，这部道具、特效都略显粗糙的《西游记》，为何能在人们心中留下如此深刻的印象。

《诗经》有言：“如切如磋，如琢如磨。”一部能够叫得响、传得开、留得住的经典作品，离不开切磋琢磨的细功夫。曹雪芹著《红楼梦》“披阅十载、增删五次”，才“字字看来皆是血，十年辛苦不寻常”；柳青在皇甫村扎根14年，深入了解农民生活，才创作出鸿篇巨制《创业史》；京剧大师李少春每次演出前吊嗓子时，都要仔细把剧场每一个座位走一遍看一遍，心里要知道每一个观众在怎样的角度看他、能不能看明白听清楚；焦菊隐先生20世纪50年代导演的《龙须沟》，带着全组演员观察生活近一年……古往今来，文艺精品无不是厚积薄发、千锤百炼的结晶。“工匠精神”，往往意味着吃苦的决心、刻苦的努力、艰苦的付出和不苦尽不轻易甘来的过程，正如杨洁所说，“以唐僧取经的精神来取完我们的‘真经’”。岁月是一张滤网，是成为经典还是流于泛泛，观众最终会给出准确的选择。

“凡作传世之文者，必先有可以传世之心。”我们怀念过往经典，其实是在怀念那份做事、做人的匠心。这种匠心，不仅体现在文艺创作中，我们身边又何尝没有。最近，山西省晋中市紧急医疗救援中心的120调度员们，一不小心成了“网红”——他们为提高救护速度，从2007年起，坚持十几年自己“踩点”亲手绘制地图，通过这种“笨功夫”来熟悉城市中每一个小区、每一栋楼的位置，防止救护车因道路问题“减速”，这些一笔一画、井井有条的地图传到网上后，被数以万计的网友点赞。这样的事例还有很多，如纪录片《我在故宫修文物》，讲述的正是一群用一辈子时间修复文物的普通人，在脆弱而又珍贵的文物面前，他们用静心、细心、耐心日复一日地描画、纺织、修补、临摹，让人们看到工匠精神对守护传统文化的意义……为什么我们会被此深深打动？这些普通人，在他们的岗位上兢兢业业，对工作专注倾心，对细节追求完美，对技艺不断磨砺。也许没有鲜花和掌声，但这样的工作状态和精神品质，让他们身上散发着光芒。

（资料来源：郝思斯．“工匠精神”何以动人［EB/OL］．http：//www.qstheory.cn/llwx/201811/09/c_1123686867.htm）

【点评】“工匠精神”不仅是一种工作态度，也是一种人生态度，代表着一种时代的精神气质：坚定、踏实、严谨、专注、坚持、敬业、精益求精……如果人人都能将这样的品质在内心沉淀，有干一行爱一行、爱一行钻一行的韧劲，有对工作只管付出不求回报的奉献精神，定能在平凡的岗位上书写不平凡的人生。

项目小结

本项目主要知识点归纳总结见表5-78。

表5-78　主要知识点归纳总结

主要知识点		内　容
品种法	概念	品种法是以产品品种为成本核算对象，按照产品品种设置明细账、归集生产成本、计算产品成本的一种成本核算方法
	特点	（1）以产品品种作为成本核算对象，按照每一种产品设置产品成本明细账，产品成本明细账要按规定的成本项目设置专栏 （2）成本计算通常定期按月进行 （3）月末在产品成本的计算：在大量大批多步骤生产的情况下，如果月末在产品数量较多，就需要采用适当的方法将生产成本在完工产品和在产品之间进行分配
	适用范围	品种法主要适用于大量大批单步骤生产的企业，如发电、采掘等企业；在大量大批多步骤生产的企业中，如果企业规模较小，管理上不要求分步骤计算成本时，也可以采用品种法计算产品成本。此外，企业的辅助生产部门一般也采用品种法计算产品成本或劳务成本

续表

主要知识点	内容		
分批法	概念		产品成本计算的分批法，是以产品批别为成本核算对象，按产品批别归集生产成本、计算产品成本的一种方法
	特点		（1）以产品的批别或订单作为成本核算对象，按产品批别设置产品成本明细账，归集生产成本 （2）产品的成本计算期与产品的生产周期一致，与会计报告期不一致 （3）生产成本一般不需要在月末完工产品与在产品之间进行分配
	适用范围		根据购买者订单生产的企业；产品种类经常变动的小规模制造厂；专门从事修理业务的工厂；新产品试制车间
	简化分批法		在简化分批法下，每月发生的人工费用和制造费用等间接计入费用，不是按月在各批产品之间进行分配的，而是将其分别累计起来，待产品完工时，按照完工产品累计生产工时的比例，在各批完工产品之间分配的。 在简化分批法下，必须设置基本生产成本二级账，账内按成本项目登记全部产品发生的各项费用以及累计的生产工时；同时应按照产品批别设置产品成本明细账，但在各批产品完工之前，各产品成本明细账内只需登记直接计入费用和生产工时。在有完工产品的月份，根据基本生产成本二级账的累计间接计入费用和累计生产工时的记录，分别计算各项累计间接计入费用分配率，计算完工产品应分配的间接计入费用
分步法	概念		分步法是按产品的生产步骤归集生产费用，计算产品成本的一种方法
	特点		（1）以每种产品的产成品及各加工步骤的半成品为成本核算对象，设置基本生产成本明细账，归集生产成本 （2）产品成本核算按期在月末进行 （3）每月末要将生产成本在完工产品与月末在产品之间进行分配 （4）在生产的各步骤之间进行成本的结转
	适用范围		分步法主要适用于大量、大批、多步骤生产的企业
	逐步结转分步法	概念	逐步结转分步法，是按产品加工的先后顺序，随着各步骤半成品的实物向下一步骤转移，将半成品的成本也逐步从上一步骤向下一步骤结转的一种成本结转方法
		半成品成本结转的方式	综合结转：将各生产步骤耗用上一步骤的半成品成本，以一个合计金额综合计入各该步骤的产品成本明细账中的“直接材料”或专设的“半成品”成本项目中。需要进行成本还原
			分项结转：将各生产步骤所耗上一步骤的半成品成本，按照成本项目分项转入各该步骤产品成本明细账相应的成本项目中

续表

主要知识点	内　容		
分步法	平行结转分步法	概念	平行结转分步法是指在计算各步骤成本时，不计算各步骤所产半成品成本，也不计算各步骤所耗上一步骤的半成品成本，而只计算本步骤发生的各项生产费用以及这些费用应计入产成品成本中的“份额”，并将相同产品各步骤成本明细账中的这些“份额”平行结转、汇总，计算出产成品成本的一种方法
		特点	(1) 各步骤的产品生产成本不随半成品实物的转移而结转，各步骤只汇集本步骤发生的生产费用，各生产步骤均不计算本步骤的半成品成本，尽管半成品实物转入下一生产步骤继续加工，但其成本并不结转到下一生产步骤的成本明细账中 (2) 不论半成品是在各生产步骤之间直接转移，还是通过半成品仓库收发，都不通过“自制半成品”科目进行核算 (3) 每一生产步骤的生产成本要在完工产品与月末在产品之间进行分配。这里的完工产品是指企业最终完成的产成品，在产品是指各步骤尚未加工完成的在产品和各步骤已完工但尚未最终完成的产品 (4) 将各步骤生产成本中应由最终完成的产成品负担的“份额”，从各步骤生产成本明细账中转出，平行汇总计算产成品的成本

项目六

产品成本计算的辅助方法

学习目标

【知识目标】

1. 了解分类法、定额法的特点和使用范围
2. 理解分类法、定额法的基本原理
3. 掌握各种定额差异的形成原因及计算方法
4. 掌握分类法、定额法的应用

【技能目标】

1. 会根据企业生产的特点，选择与之相适应的成本计算辅助方法
2. 会运用分类法计算产品成本
3. 会计算联产品、主副产品、等级产品的成本
4. 会运用定额法计算产品的定额成本、脱离定额差异
5. 会运用定额法计算产品的实际成本

【态度目标】

1. 根据企业生产经营特点及管理要求，针对具体问题进行具体分析，选择相应的成本核算方法
2. 树立节约观念，分析定额成本的影响因素，促进企业科学制定定额，加强成本的事前、事中监管，变被动为主动

工作情境与工作任务

在产品品种、规格繁多，但加工工艺基本相同的企业，为了简化成本计算，通常采用分类法计算产品成本。在定额管理工作比较好的企业，为配合企业成本管理，企业可采用定额法计算产品成本。分类法和定额法是成本计算的辅助方法。

任务一 产品成本计算的分类法

一、分类法的概念

微课：分类法的概念和计算程序

分类法是指以产品类别作为成本核算对象，归集生产费用，计算各类产品的总成本，然后再按一定的标准和方法分配计算类内各种产品成本的一种方法。

在一些工业企业中，生产的产品品种、规格繁多，如按产品的品种、规格归集生产费用，计算产品成本，则成本计算工作极为繁重。在这种情况下，对不同品种、规格的产品按一定的标准进行分类，先计算出每一类产品的总成本，再按一定的分配方法计算类内的各种产品的成本，就可以简化成本计算工作。

【动脑筋】分类法是不是一种独立的成本核算方法？

二、分类法的计算程序

（一）按一定标准进行分类

对种类、规格繁多的产品按一定标准进行分类。

对产品进行分类，一般是将同类产品归为一类。同类产品是指使用的原材料和工艺过程大体相同，生产的产品结构、性质和用途大体相同，但规格型号不一的产品，如灯泡、服装、鞋帽、电子元件等，都可以按不同类型的产品进行归类。

（二）归集生产费用，计算各类产品的成本

按产品类别设置产品成本明细账，归集生产费用，计算各类产品的成本。

如果期末某类产品既有完工产品又有在产品，要采用一定方法将本类产品的生产费用在完工产品与在产品之间进行分配。

（三）选择合理的分配标准进行分配

选择合理的分配标准分别将每类产品的完工产品成本在类内的各种产品之间进行分配，计算每类产品中各种完工产品的总成本和单位成本。

分类法的具体核算程序如图6-1所示。

【请注意】期末在产品成本继续留在每类产品的成本明细账中，不必向每种产品进行分配。

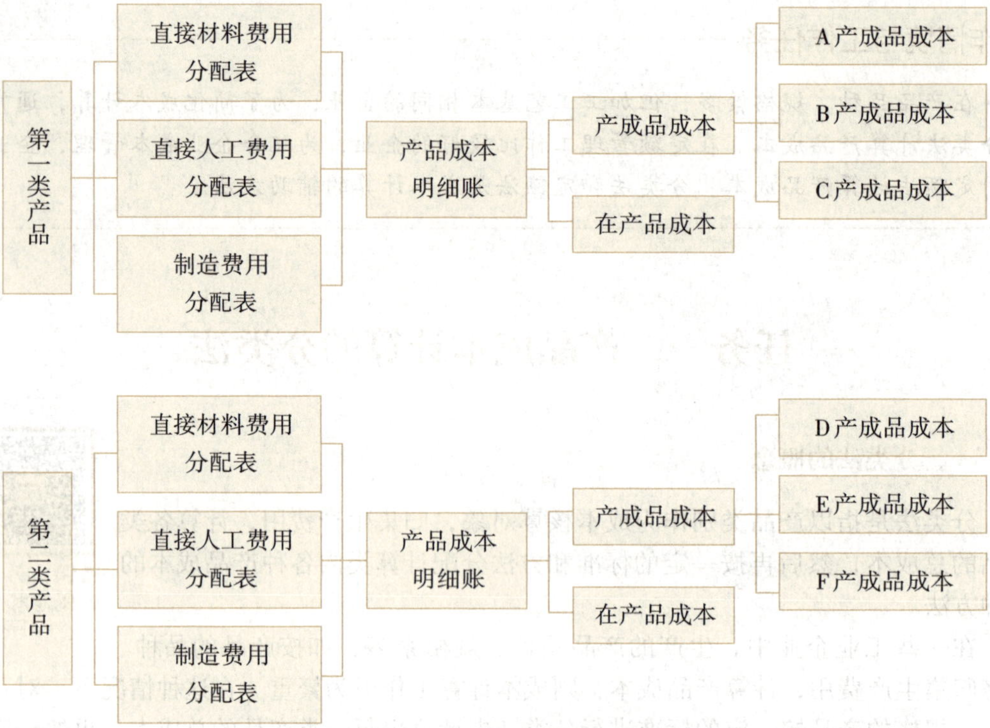

图6-1 分类法的核算程序图

三、系数分配法

分类法的分配标准一般有定额消耗量、定额费用、售价以及产品的体积、长度和重量等。在选择费用的分配标准时，主要考虑与产品生产耗费的关系，即应选择与产品各项耗费有密切联系的分配标准。在类内产品之间分配费用时，各成本项目可以按同一分配标准进行分配，也可以根据成本项目的性质分别按不同的分配标准进行分配。例如，直接材料费用可以按定额消耗量或定额费用比例进行分配，直接人工等其他费用可以按定额工时比例进行分配等。

在实际工作中，为了简化分配工作，通常采用“系数分配法”将类内完工产品成本在各种产品之间进行分配。“系数分配法”又称“标准产量法”，即：在同类产品中选择一种产销量大、生产正常、售价稳定的产品作为标准产品，并将其系数定为“1”，其他各种产品的费用分配标准与标准产品的费用分配标准相比，其比率即为其他各种产品的系数；然后，根据各种产品的实际产量，按系数折算为标准产品产量（即总系数）；最后，按照类内总系数向各种产品分配费用。

其计算公式如下：

单位产品系数 = 该产品的分配标准 × 标准产品分配标准

某种产品总系数 = 该种产品的实际产量 × 该产品单位产品系数

费用分配率 = 该类别完工产品的总成本（分成本项目）÷ 各种产品总系数之和

下面介绍分类法下类内各种产品成本的分配方法。

【做中学6-1】某企业生产A、B、C三种产品，所用原材料和生产工艺相似，合为一类（第一类产品）计算成本。该类产品的直接材料费用按照各种产品的原材料费用系数进行分配，原材料费用系数按原材料费用定额确定。因A产品产销量大、生产正常、售价稳定，规定为标准产品。该类产品的直接人工费用和制造费用均按各种产品的定额工时比例分配。其工时定额分别为：A产品3小时，B产品4小时，C产品1.5小时。该月产量分别为：A产品1 000件，B产品400件，C产品800件。

该类别中各种产品直接材料费用定额见表6-1，产品成本明细账见表6-2。

表6-1　各种产品直接材料费用定额表

产品类别：第一类　金额单位：元

项　目	原材料名称	单位产品消耗定额（千克）	计划单价	直接材料费用定额
A产品	甲材料	200	0.5	100
	乙材料	40	1.0	40
	丙材料	50	1.2	60
	合计			200
B产品	甲材料	150	0.5	75
	乙材料	55	1.0	55
	丙材料	100	1.2	120
	合计			250
C产品	甲材料	120	0.5	60
	乙材料	30	1.0	30
	丙材料	50	1.2	60
	合计			150

表6-2　产品成本明细账

产品类别：第一类　单位：元

项　目	直接材料	直接人工	制造费用	合　计
期初在产品成本	20 950	8 000	12 000	40 950
本月生产费用	696 300	59 430	87 145	842 875
生产费用累计	717 250	67 430	99 145	883 825
产成品成本	630 000	58 000	87 000	775 000
期末在产品成本	87 250	9 430	12 145	108 825

（1）根据各种产品直接材料费用定额表编制各种产品直接材料费用系数计算表，见表6-3。

表6-3　各种产品直接材料费用系数计算表

产品类别：第一类　　金额单位：元

项　目	单位产品直接材料费用定额	直接材料费用系数
A产品（标准产品）	200	1
B产品	250	1.25
C产品	150	0.75

注：B产品的直接材料费用系数 = 250 ÷ 200 = 1.25
C产品的直接材料费用系数 = 150 ÷ 200 = 0.75

（2）根据各种产品的产量、直接材料费用系数计算表，以及该类产品成本明细账中产成品成本资料，编制该类别中各种产成品成本计算表（见表6-4）。

表6-4　同类别各种产成品成本计算表

产品类别：第一类　　金额单位：元

项　目	产量（件）	直接材料费用系数	直接材料费用总系数	工时消耗定额	定额工时（小时）	直接材料	直接人工	制造费用	成本合计	单位成本
分配率						300	10	15		
A产品	1 000	1	1 000	3	3 000	300 000	30 000	45 000	375 000	375
B产品	400	1.25	500	4	1 600	150 000	16 000	24 000	190 000	475
C产品	800	0.75	600	1.5	1 200	180 000	12 000	18 000	210 000	262.5
合计			2 100		5 800	630 000	58 000	87 000	775 000	

注：A产品直接材料费用总系数 = 1 000 × 1 = 1 000
B产品直接材料费用总系数 = 400 × 1.25 = 500
C产品直接材料费用总系数 = 800 × 0.75 = 600
A产品定额工时 = 1 000 × 3 = 3 000（小时）
B产品定额工时 = 400 × 4 = 1 600（小时）
C产品定额工时 = 800 × 1.5 = 1 200（小时）
直接材料费用分配率 = 630 000 ÷ 2 100 = 300
直接人工费用分配率 = 58 000 ÷ 5 800 = 10（元/小时）
制造费用分配率 = 87 000 ÷ 5 800 = 15（元/小时）

【同步训练6-1】某企业生产子类产品采用分类法进行成本计算，子类产品分为A、B、C三个品种。假设以A产品为标准产品，类内费用分配的方法为：原材料费用系数按原材料定额费用为标准，其他费用系数按定额工时比例为标准。子类完工产品总成本为480 920元，其中：直接材料为269 700元，直接人工为96 760元，制造费用为114 460元。产量及定额资料见表6-5。

参考答案

要求：计算子类产品中A、B、C各产成品的总成本和单位成本。

表6-5　产量及定额资料

产品名称	产量（件）	单位产品原材料费用定额（元）	单位产品工时定额（小时）
A	400	240	20
B	600	312	15
C	320	216	22

四、联产品、副产品及等级产品的成本计算

（一）联产品的成本计算

联产品是指使用同种原材料，经过同一加工过程而同时生产出来的具有同等地位的两种或两种以上的主要产品。如炼油厂对原油经过催化，可以生产出汽油、柴油、煤油等联产品；奶品厂对原奶经过加工同时生产出牛奶、奶油等联产品。

联产品由于所用的原材料及生产过程相同，因此只能将其划分为一类产品，采用分类法计算各联产品的成本。各种联产品是在同一生产过程中被同时生产出来的，因此，不可能分别按每种产品归集生产费用直接计算其产品成本，只能把联合生产过程发生的费用归集在一起计算出联产品共同的成本，我们称之为“联合成本”。各种联产品在生产过程中的某个步骤必然会发生分离，分离时的生产步骤称为“分离点”，也就是各种联产品可以辨认的生产分界点。联产品分离后再采用一定的分配方法，将“联合成本”在各联产品之间进行分配，计算出各联产品的成本。分离后的联产品有的可以直接出售，有的则需进一步加工后再出售。我们把分离后需进一步加工的联产品继续发生的成本称为“可归属成本”。

联产品联合成本的分配是计算联产品成本的关键，可以按各联产品的产量比例、售价比例或定额成本比例进行分配。

【做中学6-2】某公司用某种原料同时生产出A、B两种联产品，本月共生产出A产品20 000千克、B产品10 000千克，假定无期初和月末在产品。该月生产这些联产品的联合成本为：直接材料300 000元，直接人工180 000元，制造费用120 000元。

要求：根据以上资料用产量比例分配法分别计算A、B产品的成本。

解析：联产品成本计算单见表6-6。

表6-6　联产品成本计算单

产品名称：A产品、B产品　　　　金额单位：元

项　目	产量（千克）	直接材料	直接人工	制造费用	总成本	单位成本
分配率	—	10	6	4	—	—
A产品	20 000	200 000	120 000	80 000	400 000	20
B产品	10 000	100 000	60 000	40 000	200 000	20
合　计	30 000	300 000	180 000	120 000	600 000	—

直接材料费用分配率＝300 000÷30 000＝10（元/千克）

直接人工费用分配率 = 180 000 ÷ 30 000 = 6（元/千克）

制造费用分配率 = 120 000 ÷ 30 000 = 4（元/千克）

（二）副产品的成本计算

副产品是指在同一生产过程中，使用同种原料，在生产主要产品的同时附带生产出来的非主要产品。如在原油加工过程中产生的沥青，制皂过程中产生的甘油，面粉生产中产生的麸皮等。副产品与我们前面所学到的联产品都是投入相同的原材料，经过同一生产环节而产生的。但副产品是随主要产品附带生产出来的，不是企业生产活动的主要目的，价值一般较小。联产品和副产品也不是一成不变的。随着技术的进步和生产的发展，某些副产品的用途扩大、经济价值提高，副产品可能转作联产品；而一些联产品也可能会因其价值降低而转为副产品。

由于副产品的价值较低，在计算成本时，通常只将副产品按一定标准作价从联合成本中扣除，如在总成本中扣除副产品承担的原材料费用；也可以副产品的销售价格作为计算依据，用销售价格扣除销售税费和正常的利润后，作为副产品应负担的成本从联合成本中扣除。副产品价值不大的，可以不承担联合成本，联合成本全部由主产品负担。

【做中学6-3】某公司在生产A产品的同时，生产出B副产品。假定本期发生费用500 000元，其中：直接材料350 000元，直接人工100 000元，制造费用50 000元。B副产品产量为2 000件，单位售价为16元，单位销售税费为4元，单位正常利润为2元。假定副产品成本从各联合成本项目中减除，则成本计算情况见表6-7。

表6-7 副产品成本计算单 金额单位：元

成本项目	总成本	成本项目比重（%）	B副产品应负担成本	A产品应负担成本
直接材料	350 000	70	14 000	336 000
直接人工	100 000	20	4 000	96 000
制造费用	50 000	10	2 000	48 000
合　计	500 000	100	20 000	480 000

B副产品应负担成本 = 2 000 ×（16 − 4 − 2）= 20 000（元）

B副产品负担的直接材料 = 20 000 × 70% = 14 000（元）

B副产品负担的直接人工 = 20 000 × 20% = 4 000（元）

B副产品负担的制造费用 = 20 000 × 10% = 2 000（元）

（三）等级产品的成本计算

等级产品是指使用同种原料，经过同一生产过程而生产出来的品种相同但品级或质量不同的产品。如纺织品、搪瓷器皿等产品常有等级品的产生。等级产品与联产品、副产品的相同之处在于都是使用同种原材料，经过同一生产过程而产生出来的。它们的不同之处在于联产品、副产品是不同种产品；而等级产品是同种产品，但在产品质量上存在差异，因而按不同等级确定不同的销售价格。等级产品也不同于次品。两者之间的根本区别在于等级产品是合格品，而次品是非合格品。

各等级的产品，因为经过相同的生产过程，使用了相同的原料，所以它们的成本应该是相同的，即等级低的产品应该和等级高的产品单位成本相同。但是等级低的产品由于售价低于等级高的产品而导致利润减少，因此，企业应从生产、技术、管理等方面采取改进措施，提高产品质量。如果不同等级产品售价相差较大，通常按等级品的单位售价比例确定系数，再按系数的比例计算出不同等级产品应负担的联合成本。这种做法符合收入与成本费用配比的要求。

【做中学6-4】某公司本期生产A产品980件，其中一级品800件，二级品100件，三级品80件；其单位售价分别为500元、400元、300元，本期全部等级产品的联合成本为371 200元。现以一级品为标准产品，以单位售价比例确定系数，则成本计算情况见表6-8。

表6-8　等级产品成本计算单　金额单位：元

产品等级	产量（件）	单位售价	系数	总系数	分配率	各产品应负担成本	单位成本
一级	800	500	1	800		320 000	400
二级	100	400	0.8	80	400	32 000	320
三级	80	300	0.6	48		19 200	240
合计	980	—	—	928	—	371 200	—

注：分配率＝371 200÷928＝400

一级品应负担的成本＝800×400＝320 000（元）

二级品应负担的成本＝80×400＝32 000（元）

三级品应负担的成本＝48×400＝19 200（元）

【同步训练6-2】某公司本期生产完工产品6 200件，总成本为200 000元，其中：直接材料费用为120 000元，直接人工费用为60 000元，制造费用为20 000元。由于所用材料的质量有所不同，完工产品中有一等品2 000件，单位售价为100元；二等品3 000件，单位售价为80元；三等品1 200件，单位售价为50元。以售价作为分配标准，以一等品为标准产品，采用系数法分配联合成本。

参考答案

要求：计算本期各等级产品的总成本和单位成本。

五、分类法的优缺点、应用条件和适用范围

（一）分类法的优缺点

分类法能够简化成本的计算工作，并且可以按产品的类别提供成本信息。但分类法类内各种产品成本的分配计算结果具有一定的假定性，若存在产品分类不合理、类距不合理、分类标准不符合实际等情况，会影响到成本计算结果的准确性、合理性。

（二）分类法的应用条件

对产品进行合理的分类和为各类产品选择适当的类内产品成本分配标准是分类法得

以恰当应用的前提条件，在产品的分类上应以所耗原材料是否相同和工艺技术过程是否相近为标准。在对产品进行分类时，类距既不能定得过小，使成本计算工作复杂化；又不能定得过大，造成成本计算的“大锅烩”，影响了成本计算的准确性。在产品的结构、所耗用材料和工艺技术发生较大变动时，要及时修订分配系数，或另选分配标准，以保证成本计算的准确性。

（三）分类法的适用范围

分类法适用于产品品种多、规格繁杂，并且可以按照一定的标准对产品进行分类的企业，如食品厂、制鞋厂，也适用于工业企业的联产品、副产品及某些等级产品的成本计算。

任务二　产品成本计算的定额法

一、定额法的概念、特点与计算程序

（一）定额法的概念

定额法是以事先制定的产品定额成本为标准，在生产费用发生时，提供实际发生的费用脱离定额耗费的差异额，把产品成本的计划、控制、核算和分析结合在一起，以便加强成本管理而采用的一种成本计算和管理的辅助方法。

在定额法下，产品实际成本的计算公式为：

产品实际成本＝产品定额成本±脱离定额差异±材料成本差异±定额变动差异

【动脑筋】为什么说定额法是成本计算的辅助方法？

（二）定额法的特点

（1）定额法是以产品的定额成本为基础计算产品的实际成本，因此，要事先制定产品消耗定额、费用定额、工时定额等，并计算出定额成本，作为控制实际成本的目标。

（2）设置定额凭证和差异凭证两类凭证，在生产费用发生的当时，将符合定额的费用和发生的差异分别通过定额凭证和差异凭证进行核算并予以汇总，以加强对成本差异的日常核算、分析和控制。

（3）月末，在定额成本的基础上，加减各种成本差异，计算产品的实际成本，为成本的定期考核和分析提供依据。

（三）定额法的计算程序

1.制定产品定额成本

根据企业现行消耗定额、费用定额等，按产品的品种和规定的成本项目，分别制定产品的定额成本，并编制各种产品的定额成本表。

2.按产品成本核算对象设置产品成本明细账

成本明细账按成本项目设置“月初在产品成本”“月初在产品定额变动”“本月生产费用”等专栏，各专栏可根据本栏目情况分别设置小栏目，如完工产品成本中可设置“定额成本”“脱离定额差异”“材料成本差异”“定额变动差异”“实际成本”等专栏。

3.调整月初在产品的定额成本

在定额成本修订的当月，调整月初在产品的定额成本，计算月初在产品定额变动差异。

4.核算脱离定额差异

在生产费用发生时，按成本项目将符合定额的费用和脱离定额的差异分别核算，并予以汇总。

5.在本月完工产品和月末在产品之间分配成本差异

6.计算本月完工产品的实际总成本和单位成本

二、产品定额成本的制定

采用定额法计算产品成本，首先要制定产品的原材料、动力、工时等消耗定额，并根据各种消耗定额和原材料的计划单价、计划直接人工费用率、计件工资单价、计划制造费用率等资料计算产品的各种费用定额和单位定额成本。

定额成本是目标成本的一种，它是根据现行定额和计划单位成本制定的。在制定时，要分成本项目进行。其计算公式如下：

$$\text{原材料费用定额} = \text{产品原材料消耗定额} \times \text{原材料计划单价}$$

$$\text{直接人工费用定额} = \text{产品生产工时定额} \times \text{计划直接人工费用率}$$

$$\text{制造费用定额} = \text{产品生产工时定额} \times \text{计划制造费用率}$$

其中，计划直接人工费用率、计划制造费用率可用下列公式计算：

$$\begin{matrix}\text{计划直接}\\\text{人工费用率}\end{matrix} = \begin{matrix}\text{预计某车间全年}\\\text{生产工人工资总额}\end{matrix} \div \begin{matrix}\text{预计该车间全年}\\\text{定额工时总数}\end{matrix}$$

$$\text{计划制造费用率} = \text{预计某车间全年制造费用总额} \div \text{预计该车间全年定额工时总数}$$

定额成本一般是通过编制定额成本计算表的方式确定的。受产品的结构、产品零部件的多少等因素的影响，定额成本计算表的编制方法也不一样。

当产品的零部件较少时，一般先计算零件的定额成本，然后计算部件的定额成本，最后汇总计算出产品的定额成本。当产品的零部件较多时，为了简化计算工作，可以不计算零件的定额成本，而是根据记录各种零件的原材料消耗定额和工时定额的零件定额卡，以及原材料的计划单价、计划直接人工费用率、计划制造费用率计算部件的定额成本，然后汇总计算产品的定额成本。需要指出的是，编制定额成本计算表所采用的成本项目和成本核算方法，应与编制计划成本、计算实际成本时所采用的成本项目及计算方法保持一致，以便于成本分析与考核工作的开展。

表6-9至表6-12分别是零件定额卡、部件定额卡和产品消耗定额计算表，以及根据这些表格汇总的产品定额成本计算表。

表6-9 A1零件定额卡

零件编号：A1 20××年×月 金额单位：元

材料名称	计量单位	材料定额	材料计划单位成本		材料定额成本	
A1	千克	20	30		600	
工序	工时定额（小时）	累计工时定额（小时）	直接人工费用率	制造费用率	直接人工定额	制造费用定额
1	3	3	0.5	0.6	1.5	1.8
2	5	8	0.5	0.6	2.5	3
3	6	14	0.5	0.6	3	3.6
合　计	14	—	—	—	7	8.4

表6-10 A部件定额卡

部件编号：A 20××年×月 金额单位：元

零件名称	需要数量（件）	材料定额成本	直接人工定额成本	制造费用定额成本	定额成本合计
A1	1	600	7	8.4	615.4
A2	1	150	10	11.2	171.2
A3	3	100	15	20	135
合　计		850	32	39.6	921.6

表6-11 甲产品消耗定额计算表

产品名称：甲产品 20××年×月 单位：元

部件名称	材料定额成本	直接人工定额成本	制造费用定额成本	定额成本合计
A	850	32	39.6	921.6
B	1 050	26	18	1 094
合　计	1 900	58	57.6	2 015.6

表6-12 X企业产品定额成本计算表

20××年×月 单位：元、小时

产品名称	直接材料定额成本	工时消耗定额	直接人工		制造费用		定额成本合计
			直接人工费用率	直接人工定额	制造费用率	制造费用定额	
甲产品	1 900		0.5	58	0.6	57.6	2 015.6
乙产品							

【动脑筋】定额成本与计划成本有区别吗？

三、脱离定额差异计算

发生生产费用时，应计算实际生产费用与定额成本的差异。脱离定额差异，是指在生产过程中，各项生产费用的实际支出脱离现行定额或预算的数额。脱离定额差异的核算，就是在发生生产费用时，分别编制定额凭证和差异凭证；差异凭证填制以后，在有关的费用分配表和明细分类账中分别予以登记。这样，就能及时、正确地核算和分析生产费用脱离定额的差异，控制生产费用支出。

（一）直接材料脱离定额差异（量差）的计算

直接材料脱离定额差异是产品生产过程中实际用料脱离现行定额而形成的成本差异，包括材料耗用量差异（量差）和材料价格差异（价差），这里仅指材料耗用量差异。其计算公式如下：

$$\frac{\text{直接材料费用}}{\text{脱离定额差异}} = \sum\left(\frac{\text{材料实际}}{\text{耗用量}} - \frac{\text{材料定额}}{\text{耗用量}}\right) \times \frac{\text{该材料的}}{\text{计划单价}}$$

在实际工作中，一般采用限额法、切割核算法和盘存法等方法计算直接材料脱离定额差异。

1.限额法

限额法也叫差异凭证法，是指原材料的领用实行限额领料制度，以控制用料的一种方法。凡符合定额的原材料应根据限额领料单这种定额凭证领用。产量增加追加的定额，办理追加限额手续。凡是超定额领料，都应另填专设的超额领料单这种差异凭证。在差异凭证中，应填写差异的数量、金额以及发生的原因（超额材料领料单、代用材料领料单）。退料单视为差异凭证。

由于投产量不一定等于规定产量，领料量不一定等于实际消耗量，所以差异凭证所反映的差异往往只是领料差异，不一定是用料差异，期初、期末车间可能有余料。

【做中学6-5】某限额领料单规定的产品数量为2 000件，每件产品的原材料消耗定额为4千克，则领料限额为8 000千克；本月实际领料7 600千克。假设存在以下三种情况：

（1）投产量＝规定产量＝2 000件，期初、期末均无余料；

（2）投产量＝规定产量＝2 000件，期初余料＝100千克，期末余料＝120千克；

（3）投产量＝1 800件，期初余料＝100千克，期末余料＝120千克。

要求：分别计算上述三种情况下的材料成本差异。

解析：

（1）投产量＝规定产量＝2 000件，期初、期末均无余料。

领料差异＝用料差异＝−400千克

（2）投产量＝规定产量＝2 000件，期初余料＝100千克，期末余料＝120千克。

原材料定额消耗量＝2 000×4＝8 000（千克）

原材料实际消耗量＝7 600＋100−120＝7 580（千克）

脱离定额差异＝7 580−8 000＝−420（千克）

（3）投产量 = 1 800 件，期初余料 = 100 千克，期末余料 = 120 千克。

原材料定额消耗量 = 1 800 × 4 = 7 200（千克）

原材料实际消耗量 = 7 600 + 100−120 = 7 580（千克）

脱离定额差异 = 7 580−7 200 = 380（千克）

2. 切割核算法

为了核算用料差异，更好地控制用料，对于经过切割（下料）才能使用的材料，例如板材、棒材等，还应填制材料切割核算单，通过材料切割核算单核算用料差异，控制成本。

采用切割核算法应按材料的批别设立材料切割核算单，单中填明切割材料的种类、数量、消耗定额和应切割成的毛坯数量；切割完毕后，要填写实际切割成的毛坯数量和材料的实际消耗量。根据实际切割成的毛坯数量和消耗定额，求得材料定额消耗量，将其与材料实际消耗量相比较，即可确定脱离定额差异。材料定额消耗量、脱离定额的差异以及产生差异的原因均应填入单中，由主管人员鉴定。

【做中学 6-6】某公司材料切割核算单的格式见表 6-13。其相关数据及脱离定额差异的计算过程如下：

表 6-13　　材料切割核算单

材料编号或名称：KL　　材料计量单位：千克　　材料计划单价：10 元

产品名称：甲产品　　零件编号或名称：K2016　　图纸号：609

切割工人工号和名称：1631　　机床编号：312

发交切割日期：2020 年 8 月 12 日　　完工日期：2020 年 9 月 16 日

<table>
<tr><th colspan="2">发料数量</th><th colspan="3">退回余料数量</th><th colspan="2">材料实际消耗量</th><th>废料实际回收量</th></tr>
<tr><td colspan="2">150</td><td colspan="3">10</td><td colspan="2">128</td><td>12</td></tr>
<tr><td colspan="2">单位产品消耗定额</td><td colspan="2">单位回收废料定额</td><td>应切割成毛坯数量（件）</td><td>实际切割成毛坯数量（件）</td><td>材料定额耗用量</td><td>废料定额回收量</td></tr>
<tr><td colspan="2">8</td><td colspan="2">0.5</td><td>16</td><td>15</td><td>120</td><td>7.5</td></tr>
<tr><td colspan="2">材料脱离定额差异</td><td colspan="3">废料脱离定额差异</td><td colspan="2">脱离定额差异原因</td><td>责任者</td></tr>
<tr><td>数量</td><td>金额</td><td>数量</td><td>单价</td><td>金额</td><td colspan="2" rowspan="2">技术不熟练，未按图纸施工，增加毛坯数量</td><td rowspan="2">王林</td></tr>
<tr><td>8</td><td>80</td><td>−4.5</td><td>2</td><td>−9</td></tr>
</table>

应切割成毛坯数量 = 128 ÷ 8 = 16（件）

材料定额耗用量 = 15 × 8 = 120（千克）

材料脱离定额数量 = 128 − 120 = 8（千克）

材料脱离定额差异 = 8 × 10 = 80（元）

废料定额回收量 = 15 × 0.5 = 7.5（千克）

废料脱离定额差异 =（7.5 − 12）× 2 = − 9（元）

上述计算结果表明，KL材料脱离定额差异为超支80元，废料脱离定额差异为节约9元。

在材料切割核算单中，退回余料是指切割后退回材料仓库的可以按照原来用途使用的材料。在计算材料实际消耗量时，应从发料数量中减去退回余料的数量。回收的废料是指切割过程中发生的边角余料，退回仓库的废料价值应从材料费用中扣减。如果实际回收废料超过定额，其差异可以冲减材料费用，即表现为负数；相反，实际回收废料小于定额的差异则增加材料费用，表现为正数。在材料切割核算单中，超定额回收废料可以冲减材料费用。但是由于实际切割成的毛坯数量小于应切割成的毛坯数量，致使应切割成毛坯的材料因技术不熟练而变成了废料，切割成的每件毛坯的材料费用会因此而增加，最终增加产品成本，因此，这种超定额回收废料差异是不利差异。如果实际切割成的毛坯数量等于或大于应切割毛坯数量，此时出现超额回收废料的差异则是有利差异，可以降低材料消耗，最终使产品成本降低。

3. 盘存法

盘存法是根据定期（工作班、工作日、周、旬）盘点的方法来计算材料的定额消耗量和脱离定额差异的方法。这种方法的计算过程如下：

（1）用本期完工产品数量加上期末在产品数量，减去期初在产品数量，计算出本期投产数量，其中期末在产品数量是根据盘存数量（或账面数量）计算的。

本期投产量 = 本期完工产品数量 + 期末在产品数量 − 期初在产品数量

（2）根据材料的消耗定额，计算出产品材料的定额消耗量。

原材料定额消耗量 = 本期投产量 × 材料消耗定额

（3）根据材料的定额领料凭证、差异凭证及车间的盘存资料，计算出产品的材料实际消耗量。

实际消耗量 = 限额领料单数量 + 超额领料单数量 − 退料单数量

（4）将产品的实际消耗量和定额消耗量进行比较，计算出材料脱离定额的差异。

脱离定额差异 = 实际消耗量 − 定额消耗量

【做中学6-7】生产乙产品耗用C材料，乙产品期初在产品为60件，本期完工产品为1 000件，期末在产品为160件。生产乙产品所用原材料系在生产开始时一次性投入，乙产品的原材料消耗定额为每件2千克，原材料的计划单价为每千克10元。限额领料单中载明的本期已实际领料数量为2 200千克。车间期初余料为80千克，期末余料为50千克。

要求：计算乙产品材料脱离定额差异。

解析：投产量 = 1 000 + 160−60 = 1 100（件）

原材料定额消耗量 = 1 100 × 2 = 2 200（千克）

原材料实际消耗量 = 2 200 + 80−50 = 2 230（千克）

脱离定额差异（数量）= 2 230−2 200 = 30（千克）

脱离定额差异（金额）= 30 × 10 = 300（元）

上述计算结果表明，乙产品材料脱离定额差异为超支300元。

（二）直接人工费用脱离定额差异的计算

直接人工费用的构成主体是生产工人的工资，因此，直接人工费用脱离定额差异主要以生产工人的工资为例进行说明。由于生产工人工资有计件工资和计时工资两种工资制度，因此工资脱离定额差异的计算要根据不同的工资制度采取不同的计算方法。

在计件工资制度下，生产工人工资属于直接计入费用，其脱离定额差异的计算与原材料脱离定额差异的计算类似，可采用差异凭证，将符合定额的生产工人工资反映在产量记录中，将脱离定额差异反映在差异凭证中，并注明发生差异的原因。

在计时工资制度下，生产工人工资属于间接计入费用，实际工资总额要到月终才能确定，工资脱离定额差异不能随时按照产品直接计算，其影响因素有两个：一是生产工时；二是小时工资率。其计算过程如下：

1.计算产品定额生产工资总额

某产品定额生产工资总额＝该产品定额生产工时×计划小时工资率

＝实际投产量×定额单耗工时×计划小时工资率

其中：计划小时工资率＝某车间计划产量的定额工人工资÷该车间计划产量的定额生产工时总额

2.计算产品实际生产工资总额

某产品实际生产工资总额＝该产品实际生产工时×实际小时工资率

其中：实际小时工资率＝某车间实际生产工人工资总额÷该车间实际生产工时总额

3.计算工资脱离定额差异

某产品直接人工费用脱离定额差异＝该产品的实际生产工资总额－该产品的定额生产工资总额

【做中学6-8】某公司A车间（该车间生产甲产品和其他产品）6月份计划产量的定额直接人工费用为14 800元，计划产量的定额生产工时为2 960小时；本月实际直接人工费用为16 120元，实际生产工时为3 100小时；本月甲产品定额工时为1 846小时，实际生产工时为1 827小时。

要求：计算甲产品的直接人工费用脱离定额差异。

解析：甲产品的定额人工费用＝14 800÷2 960×1 846＝9 230（元）

甲产品的实际人工费用＝16 120÷3 100×1 827＝9 500.40（元）

甲产品的直接人工费用脱离定额差异（超支）＝9 500.40－9 230＝270.40（元）

【同步训练6-3】某企业2月份计划生产甲产品100件，定额工时为5小时/件，计划工资费用为15 000元。本月实际产量为110件，实际生产工时为600小时，实际工资费用为16 800元。

要求：计算直接人工费用脱离定额差异。

参考答案

（三）制造费用脱离定额差异的计算

制造费用通常与计时工资一样，属于间接计入费用，在日常核算中不能按照产品直接计算脱离定额的差异，而只能根据每月的费用计划，按照费用发生的车间、部门和费用项目计算脱离计划的差异，据以控制和监督费用的发生。因此，制造费用差异的日常核算，通常是指脱离制造费用计划的差异核算。各种产品应负担的定额制造费用和脱离定额的差异，只有在月末时按下列计算公式确定。

1.月初根据生产计划计算计划制造费用分配率

计划制造费用分配率＝某车间本月计划制造费用总额÷按计划产量计算的本车间全部产品定额工时总数

2.按实际产量计算每一种产品的定额工时

某产品的定额工时 = 该产品的实际产量 × 该产品的单位工时定额

3.计算某种产品应负担的定额制造费用

某产品应负担的定额制造费用 = 该产品实际产量的定额工时 × 计划制造费用分配率

4.月末计算实际制造费用分配率

实际制造费用分配率 = 某车间本月实际制造费用总额 ÷ 本车间全部产品实际工时总数

5.计算某种产品应负担的实际制造费用

某产品应负担的实际制造费用 = 该产品的实际工时 × 实际制造费用分配率

6.计算制造费用脱离定额差异

某产品制造费用脱离定额差异 = 该产品应负担的实际制造费用 − 该产品应负担的定额制造费用

【做中学6-9】某公司一车间共生产A、B、C三种产品。2020年2月份的计划制造费用为48 760元；计划产量为：A产品50件、B产品40件、C产品60件；单位产品的定额工时为：A产品10小时/件、B产品5小时/件、C产品6小时/件；本月实际发生的制造费用为48 000元；实际产量为：A产品55件、B产品38件、C产品70件；实际生产工时为1 200小时，其中：A产品600小时、B产品200小时、C产品400小时。

要求：计算A产品制造费用脱离定额差异。

解析：

（1）计划制造费用分配率 = 48 760 ÷（50 × 10 + 40 × 5 + 60 × 6）= 46（元/小时）

（2）A产品实际产量的定额工时 = 55 × 10 = 550（小时）

（3）A产品应负担的定额制造费用 = 550 × 46 = 25 300（元）

（4）月末计算实际制造费用分配率 = 48 000 ÷ 1 200 = 40（元/小时）

（5）A产品应负担的实际制造费用 = 600 × 40 = 24 000（元）

（6）A产品制造费用脱离定额差异 = 24 000 − 25 300 = − 1 300（元）

【同步训练6-4】沿用【做中学6-9】的资料，分别计算B产品、C产品制造费用脱离定额差异，并填入表6-14中。

参考答案

表6-14　制造费用脱离定额差异汇总表

产品名称	产量（件）		工时（小时）		制造费用分配率（元/小时）		制造费用（元）		脱离定额差异（元）	
	计划	实际	定额	实际	定额	实际	定额	实际	小时	定额
A产品	50	55	550	600	46	40	25 300	24 000	−50	−1 300
B产品										
C产品										
合计										

四、直接材料成本差异的计算

在定额法下，直接材料一般是按计划成本进行日常核算的，其脱离定额差异只是以计划价格反映消耗量的差异（量差），没有包含价格因素。因此，在月末计算产品的直接材料实际费用时，还必须考虑直接材料应负担的成本差异。其计算公式如下：

$$\text{某种产品应负担的原材料成本差异}=\left(\text{该产品原材料定额成本}\pm\text{原材料脱离定额差异}\right)\times\text{材料成本差异率}$$

$$=\text{该原材料的实际耗用量}\times\text{材料的计划单价}\times\text{材料成本差异率}$$

各种产品应负担的材料成本差异一般由各产品的完工产品负担，月末在产品不再负担。

【做中学6-10】某公司6月份A产品所耗用的直接材料费用的定额成本为4 580元，其脱离定额差异按计划成本计算为节约280元，本月的材料成本差异率为超支2%。

要求：计算该产品本月应负担的成本差异。

解析：该产品应负担的成本差异＝（4 580−280）×2%＝86（元）

五、定额变动差异的计算

随着企业劳动生产率的提高、生产组织形式的变化、生产技术条件的改善，企业的各种消耗定额、生产耗费的计划价格等也应随之加以修订。各种消耗定额、定额成本一般在月初、季初或年初定期进行修订。定额变动差异，是指因修订消耗定额或生产耗费的计划价格而产生的新旧定额之间的差额。在定额成本变动的月份，其月初在产品的定额成本并未修订，因此，需要按新定额计算月初在产品成本，用以调整月初在产品的定额成本。

月初在产品定额变动差异，可以根据定额发生变动的在产品盘存数量或在产品账面结存数量和修订前后的消耗定额，计算月初在产品消耗定额修订前和修订后的定额消耗量，从而确定定额消耗量的差异和差异金额。为了简化计算工作，通常采用“定额系数”来计算定额变动差异。其计算公式如下：

定额变动系数＝按新定额计算的单位产品成本÷按旧定额计算的单位产品成本

月初在产品定额变动差异＝按旧定额计算的月初在产品成本×(1－定额变动系数)

【做中学6-11】某企业月初在产品数量为600件，直接材料定额成本按上月旧定额计算为每件100元，从本月起，每件直接材料定额成本降低为96元。

要求：采用定额法计算月初在产品定额变动差异。

解析：定额变动系数＝96×600÷（100×600）＝0.96

月初在产品定额变动差异＝100×600×（1−0.96）＝2 400（元）

由此可知，由于材料定额调低4元，月初在产品的定额变动差异为2 400元。

六、产品实际成本的计算

根据本月实际发生的生产费用进行定额法的日常核算，主要步骤如下：

（1）将符合定额的费用和脱离定额差异分别核算，编制相关会计分录，记入基本生产成本明细账（格式见表6-15）。其中符合定额的费用部分记入“基本生产成本——××产品”账户中“本月生产费用”栏目中的“定额成本”小栏中，脱离定额的费用计入相应的“脱离定额差异”“材料成本差异”小栏中，节约差异用负值表示。

表6-15 **基本生产成本明细账** 金额单位：元

产品名称：甲产品 产量：××件

成本项目	月初在产品		月初在产品定额变动		本月生产费用			生产费用累计			
	定额成本	脱离定额差异	定额成本调整	定额变动差异	定额成本	脱离定额差异	材料成本差异	定额成本	脱离定额差异	材料成本差异	定额变动差异
	(1)	(2)	(3)	(4)	(5)	(6)	(7)	(8) = (1) + (3) + (5)	(9) = (2) + (6)	(10) = (7)	(11) = (4)
直接材料											
直接人工											
制造费用											
合计											

成本项目	差异分配率	本月产品成本					月末在产品成本	
	脱离定额差异分配率	定额成本	脱离定额差异	材料成本差异	定额变动差异	实际成本	定额成本	脱离定额差异
	(12) = (9) ÷ (8)	(13)	(14) = (13) × (12)	(15) = (10)	(16) = (11)	(17) = (13) + (14) + (15) + (16)	(18)	(19) = (18) × (12)
直接材料								
直接人工								
制造费用								
合计								

（2）汇总月初在产品成本、月初在产品定额变动差异、本月生产费用各相同项目，计算出费用合计数。为简化核算，材料成本差异和定额变动差异可全部由完工产品负担，脱离定额差异则按完工产品与月末在产品的定额成本比例在完工产品与月末在产品之间进行分配。

脱离定额差异分配率 = 脱离定额差异合计 ÷ 定额成本合计 × 100%

（3）计算并结转完工产品成本，编制相关会计分录。

产品实际成本 = 产品定额成本 ± 脱离定额差异 ± 材料成本差异 ± 定额变动差异

【做中学6-12】某企业大量生产A产品，该公司的定额管理制度比较健全、生产比较稳定，因此该企业实行定额法计算产品成本。2020年8月，A产品成本计算的有关资料见表6-16至表6-18。

其他资料如下：

（1）月初、月末在产品完工程度均为50%；

表6-16　　产品定额成本表

产品名称：A产品　　2020年8月　　金额单位：元

<table>
<tr><td>项目</td><td>计量单位</td><td colspan="2">材料消耗定额</td><td>计划单价</td><td>材料费用定额</td></tr>
<tr><td>原材料</td><td>千克</td><td colspan="2">5.40</td><td>6</td><td>32.40</td></tr>
<tr><td rowspan="2">定额工时（小时）</td><td colspan="2">直接人工</td><td colspan="2">制造费用</td><td rowspan="2">产品定额成本合计</td></tr>
<tr><td>小时工资率</td><td>金额</td><td>小时工资率</td><td>金额</td></tr>
<tr><td>5</td><td>4</td><td>20</td><td>4.50</td><td>22.50</td><td>74.90</td></tr>
</table>

表6-17　　月初在产品脱离定额差异

产品名称：A产品　　2020年8月　　单位：元

项目	直接材料	直接人工	制造费用	合计
脱离定额差异	-20	10	12	2

表6-18　　产品投产情况

产品名称：A产品　　2020年8月　　单位：件

月初在产品	本月投产	本月完工	月末在产品
20	150	160	10

（2）材料在生产时一次性投入，材料成本差异率为-2%，材料成本差异全部由完工产品承担；

（3）由于工艺技术改进，2020年8月份对材料消耗定额进行修订，由5.40元降为5元，材料定额变动差异全部由完工产品承担；

（4）该企业8月份各项费用实际发生额为：直接材料4 550元，直接人工3 116元，制造费用3 521.50元。

要求：采用定额法计算该企业完工产品成本。

解析：完工产品成本的计算单见表6-19。

表中第（1）行月初在产品定额成本计算过程如下：

直接材料定额成本 = 20 × 5.4 × 6 = 648（元）

直接人工定额成本 = 20 × 50% × 5 × 4 = 200（元）

制造费用定额成本 = 20 × 50% × 5 × 4.50 = 225（元）

表中第（3）行月初在产品定额成本调整 = 20 × 5 × 6 − 20 × 5.4 × 6 = − 48（元）

表中第（5）行定额成本计算过程如下：

直接材料定额成本 = 150 × 5 × 6 = 4 500（元）

直接人工定额成本 = （160 + 10 × 50% − 20 × 50%） × 5 × 4 = 3 100（元）

制造费用定额成本 = （160 + 10 × 50% − 20 × 50%） × 5 × 4.50 = 3 487.50（元）

表中第（6）行脱离定额差异计算过程如下：

直接材料脱离定额差异 = 4 550 − 4 500 = 50（元）

直接人工脱离定额差异 = 3 116 − 3 100 = 16（元）

表6-19　　完工产品成本的计算单　　金额单位：元

产品名称：A产品　　2020年8月　　产量：160件

项目		行次	直接材料	直接人工	制造费用	合计
月初在产品	定额成本	(1)	648	200	225	1 073
	脱离定额差异	(2)	-20	10	12	2
月初在产品定额变动	定额成本调整	(3)	-48	—	—	-48
	定额变动差异	(4)	48	—	—	48
本月生产费用	定额成本	(5)	4 500	3 100	3 487.50	11 087.50
	脱离定额差异	(6)	50	16	34	100
	材料成本差异	(7)	-91	—	—	-91
生产成本合计	定额成本	(8) = (1) + (3) + (5)	5 100	3 300	3 712.50	12 112.50
	脱离定额差异	(9) = (2) + (6)	30	26	46	102
	材料成本差异	(10) = (7)	-91	—	—	-91
	定额变动差异	(11) = (4)	48	—	—	48
脱离定额差异率		(12) = (9) ÷ (8)	0.59%	0.79%	1.24%	—
产成品成本	定额成本	(13)	4 800	3 200	3 600	11 600
	脱离定额差异	(14) = (13) × (12)	28.32	25.28	44.64	98.24
	材料成本差异	(15) = (10)	-91	—	—	-91
	定额变动差异	(16) = (11)	48	—	—	48
	实际成本	(17) = (13) + (14) + (15) + (16)	4 785.32	3 225.28	3 644.64	11 655.24
月末在产品成本	定额成本	(18)	300	100	112.50	512.50
	脱离定额差异	(19) = (9) - (14)	1.68	0.72	1.36	3.76

制造费用脱离定额差异＝3 521.50－3 487.50＝34（元）

表中第（7）行材料成本差异＝（4 500＋50）×（-2%）＝-91（元）

表中第（13）行定额成本计算过程如下：

直接材料定额成本＝160×5×6＝4 800（元）

直接人工定额成本＝160×5×4＝3 200（元）

制造费用定额成本＝160×5×4.50＝3 600（元）

计算完毕后，根据计算结果填制基本生产成本明细账（格式参见表6-15）。

七、定额法的优缺点及应用范围

（一）定额法的优缺点

1.定额法的优点

由于采用定额成本核算方法可以计算出定额与实际费用之间的差异额，并可及时采取措施加以改进，所以，采用这种方法有利于加强成本的日常控制；由于采用定额法可计算出定额成本、定额差异、定额变动差异等指标，有利于进行产品成本的定期分析；通过对定额差异的分析，可以对定额进行修改，从而提高定额的管理水平；由于有了现成的定额成本资料，可采用定额资料将定额差异和定额变动差异在完工产品和在产品之间进行分配。

2.定额法的缺点

因定额法要分别核算定额成本、定额差异和定额变动差异，工作量较大，推行起来比较困难；不便于对各个责任部门的工作情况进行考核和分析；定额资料若不准确，会影响成本计算的准确性。

（二）定额法的应用条件

应用定额法进行成本核算，企业必须满足产品已经定型、消耗定额比较准确，并且具有比较健全的定额管理制度和较好定额基础工作等条件。

（三）定额法的适用范围

由于定额法的成本核算对象既可以是最终完工产品，也可以是半成品，所以定额法既可以在整个企业运用，又可以只运用于企业中的某些车间。

思政园地

【案例】某客车制造有限公司是生产城市客车、客车底盘及其配套的装配性生产企业，产品成本中原材料及零配件成本占销售成本的80%。他们通过对零配件实行比价采购、引入竞争机制等，对影响成本的各因素进行指导、限制、监督，将实际发生的耗费严格控制在定额的范围内，使车辆底架纵横梁价格下降7.35%，客车门板整套价格下降26%。

（资料来源：佚名．产品定额成本在成本核算中的作用［EB/OL］．［2020-12-15］．http://biyelunwen.yjbys.com/fanwen/kuaiji/136916.html）

【点评】成本精细化管理是要将“精”“细”延伸到业务活动的各个方面，实现对业务全过程管理。定额成本作为成本精细化管理的重要内容，必须建立一套合理的定额体系来规范业务。采用定额成本法明确了不同生产形式下的成本消耗量，使成本的发生有依据可循，避开了历史经验数据成本管理的弊端，有利于提升管理水平和经济效益，有利于对成本进行更有效的控制，厘清责任。由于可以层层划定成本中心，甚至已划到车间、作业区这一级，各级成本中心都能计算出成本差异。明确成本中心的责任后，使成本控制的责任下放到车间、作业区等各级成本中心，并将成本标准、成本指标层层分解到个人，进行成本控制考核，从而落实成本管理、成本控制的具体责任。

项目小结

本项目主要知识点归纳总结见表6-20。

表6-20　　主要知识点归纳总结

主要知识点		内容
分类法	概念	分类法是指以产品类别作为成本核算对象，汇集生产费用，计算各类产品的总成本，然后再按一定的分配方法计算类内各种产品的成本核算方法
	计算程序	（1）按一定“标准”进行分类 （2）归集生产费用，计算各类产品的成本 （3）选择合理的分配标准进行分配
	系数分配法	单位产品系数 = 该产品的分配标准 × 标准产品分配标准 某种产品总系数 = 该种产品的实际产量 × 该产品单位产品系数 费用分配率 = 该类别完工产品的总成本（分成本项目）÷ 各种产品总系数之和
	应用	联产品的成本计算、副产品的成本计算、等级产品的成本计算
	适用范围	适用于产品品种多、规格繁杂，并且可以按照一定的标准对产品进行分类的企业
定额法	概念	定额法是以事先制定的产品定额成本为标准，在生产费用发生时，提供实际发生的费用脱离定额耗费的差异额，把产品成本的计划、控制、核算和分析结合在一起，以便加强成本管理而采用的一种成本计算和管理的辅助方法
	公式	产品实际成本 = 产品定额成本±脱离定额差异±材料成本差异±定额变动差异
	计算程序	（1）制定产品定额成本 （2）按产品成本核算对象设置产品成本明细账 （3）调整月初在产品的定额成本 （4）核算脱离定额差异 （5）在本月完工产品和月末在产品之间分配成本差异 （6）计算本月完工产品的实际总成本和单位成本
	定额成本的制定	原材料费用定额 = 产品原材料消耗定额 × 原材料计划单价 直接人工费用定额 = 产品生产工时定额 × 计划直接人工费用率 制造费用定额 = 产品生产工时定额 × 计划制造费用率
	脱离定额差异计算	直接材料费用脱离定额差异 = ∑（材料实际耗用量-材料定额耗用量）× 该材料的计划单价 某产品直接人工费用脱离定额差异 = 该产品的实际生产工资总额-该产品的定额生产工资总额 某产品制造费用脱离定额差异 = 该产品应负担的实际制造费用-该产品应负担的定额制造费用

续表

主要知识点		内容
定额法	直接材料成本差异的计算	某种产品应负担的原材料成本差异 = (该产品原材料定额成本 ± 原材料脱离定额差异) × 材料成本差异率 = 该原材料的实际耗用量 × 材料的计划单价 × 材料成本差异率
	定额变动差异的计算	定额变动系数 = 按新定额计算的单位产品费用 ÷ 按旧定额计算的单位产品费用
	产品实际成本的计算	产品实际成本 = 产品定额成本±脱离定额差异±材料成本差异±定额变动差异
	应用条件	适用于产品已经定型、消耗定额比较准确且定额管理制度比较健全、定额管理工作基础比较好的企业

项目七

成本管理

学习目标

【知识目标】

1. 了解成本管理的应用环境及程序
2. 熟悉几个主要的成本管理工具：变动成本法、目标成本法、标准成本法、作业成本法
3. 掌握变动成本的内涵及计算方法，掌握目标成本的制定及分析方法，掌握标准成本差异的计算及账务处理、掌握作业成本的计算及分配

【技能目标】

1. 能准确计算变动成本并通过变动成本法进行成本分析
2. 能计算目标成本并通过目标成本法进行成本控制
3. 能够计算标准成本差异并结合实际情况进行标准成本差异的分析与控制
4. 能够根据作业将资源分配到成本对象并通过作业成本法进行成本分析与控制

【态度目标】

1. 具备基本的会计职业素养和职业判断能力
2. 培养学生经济责任意识和成本规划与控制意识
3. 培养为企业经营管理和决策服务的意识

工作情境与工作任务

企业通过特定的方法和程序核算各阶段的成本。成本核算的目的主要在于对成本的管理和控制。成本控制是利用成本计算提供的信息，采取经济、技术和组织等手段实现降低成本或成本改善目的的活动。成本管理的工具方法主要有变动成本法、目标成本法、标准成本法以及作业成本法。每种成本管理工具方法都有其适用的前提。在实际工作中，企业应充分考虑内外部环境，结合自身的成本管理目标和需求，在保证产品或服务的既定功能状况和质量水平的前提下，选择合适的成本管理工具，以更好地实现成本管理的目标。

任务一　成本管理指引

为促进单位（包括企业和行政事业单位）加强管理会计工作，提升内部管理水平，促进经济转型升级，根据《中华人民共和国会计法》《财政部关于全面推进管理会计体系建设的指导意见》等，财政部制定了《管理会计基本指引》。

为了促进企业加强成本管理，提高企业成本管理水平，提升竞争能力，根据《管理会计基本指引》，制定了《管理会计应用指引第300号——成本管理》。

成本管理，是指企业在营运过程中实施成本预测、成本决策、成本计划、成本控制、成本核算、成本分析和成本考核等一系列管理活动的总称。

一、成本管理的应用环境

（一）根据其内外部环境选择适合的成本管理工具方法

企业的外部环境包括对其影响长远的宏观环境（包括政治、经济、社会、文化、法律及技术等因素）、产业环境、竞争环境等。企业的内部环境包括企业本身的历史及现行战略、资源、能力、核心竞争力等。企业应根据其内外部环境选择适合的成本管理工具方法。

（二）建立健全成本管理的制度体系

成本管理的制度体系一般包括费用申报制度、定额管理制度、责任成本制度等。

（三）建立健全成本相关原始记录

企业应加强和完善成本数据的收集、记录、传递、汇总和整理工作，确保成本基础信息记录真实、完整。完整、真实的成本信息有助于提高决策的正确性。

（四）加强存货的计量验收管理

企业应建立存货的计量、验收、领退及清查制度。

（五）充分利用现代信息技术，规范成本管理流程，提高成本管理的效率

二、成本管理的应用程序

企业应用成本管理工具方法，一般按照事前管理、事中管理、事后管理等程序进行：

（一）事前成本管理阶段

该阶段主要是对未来的成本水平及发展趋势所进行的预测与规划，一般包括成本预测、成本决策和成本计划等步骤。

成本预测是以现有条件为前提，在历史成本资料的基础上，根据未来可能发生的变化，利用科学的方法，对未来的成本水平及发展趋势进行描述和判断的成本管理活动。

成本决策是在成本预测及有关成本资料的基础上，综合经济效益、质量、效率和规模等指标，运用定性和定量的方法对各个成本方案进行分析并选择最优方案的成本管理活动。

成本计划是以营运计划和有关成本数据、资料为基础，根据成本决策所确定的目标，通过一定的程序，运用一定的方法，针对计划期企业的生产耗费和成本水平进行的具有约束力的成本筹划管理活动。

（二）事中成本管理阶段

该阶段主要是对营运过程中发生的成本进行监督和控制，并根据实际情况对成本预算进行必要的修正，即成本控制步骤。

成本控制是成本管理者根据预定的目标，对成本发生和形成过程以及影响成本的各种因素条件施加主动的影响或干预，把实际成本控制在预期目标内的成本管理活动。

（三）事后成本管理阶段

该阶段主要是在成本发生之后进行的核算、分析和考核，一般包括成本核算、成本分析和成本考核等步骤。

成本核算是根据成本核算对象，按照国家统一的会计制度和企业管理要求，对营运过程中实际发生的各种耗费按照规定的成本项目进行归集、分配和结转，取得不同成本核算对象的总成本和单位成本，向有关使用者提供成本信息的成本管理活动。

成本分析是利用成本核算提供的成本信息及其他有关资料，分析成本水平与构成的变动情况，查明影响成本变动的各种因素和产生的原因，并采取有效措施控制成本的成本管理活动。

成本考核是对成本计划及有关指标实际完成情况进行定期总结和评价，并根据考核结果和责任制的落实情况，进行相应奖励和惩罚，以监督和促进企业加强成本管理责任制，提高成本管理水平的成本管理活动。

任务二　成本管理工具

一、变动成本法

（一）变动成本法的概念

变动成本法，是指企业以成本性态分析为前提条件，仅将生产过程中消耗的变动生产成本作为产品成本的构成内容，而将固定成本和非生产成本作为期间成本，直接由当期收益予以补偿的一种成本管理方法。

（二）变动成本法的应用环境

1.变动成本法的理论依据

固定制造费用是为企业提供一定的生产经营条件，以便保证生产能力，并使它处于准备状态而发生的成本。它们同产品的实际生产没有直接联系，既不会由于产量的提高而增加，也不会因产量的下降而减少。它们实质上是与会计期间相联系所发生的费用，并随着时间的消逝而逐渐丧失，故其效益不应递延到下一个会计期间，而应在发生的当期将金额列入利润表，作为本期贡献毛益的减除项目。

2.变动成本法将全部成本划分为固定成本和变动成本

（1）传统成本的构成。

成本是衡量一家企业经济效益的一项综合性指标，是企业在生产经营过程中发生的各项耗费，是对象化的费用。传统成本的构成如图7-1所示。

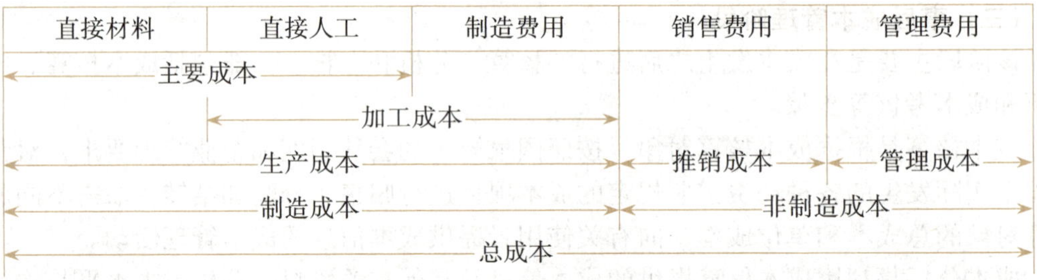

图7-1　产品成本构成

传统成本的构成及分类，在不同程度上为传统财务会计进行成本核算（完全成本法）进行事后监督起到很大作用，但对成本的事前规划和日常控制就无能为力了。

（2）成本按性态进行分类。

为满足变动成本法的需要，将企业的全部成本按照一个新的标志——“成本性态”——进行分类。成本性态也称成本习性，就是指在一定条件下成本总额对业务量总数的依存关系。成本按其性态分类，最终将分为变动成本和固定成本两大类。

（3）变动成本（b）。

凡是成本总额与业务量的总数成正比例增减变动关系的叫变动成本，但就单位产品中的变动成本而言，则是不变的。

现以汽车制造企业使用电瓶成本为例，列表显示三者之间的关系（见表7–1）。

表7–1　产品资料

汽车产量（x）	电瓶总成本（bX）	每辆汽车的电瓶成本（b）
1万辆	180万元	180元
2万辆	360万元	180元
3万辆	540万元	180元
4万辆	720万元	180元
5万辆	900万元	180元

同时，它们三者之间的关系也可用习性模型表示（如图7–2和图7–3所示）。

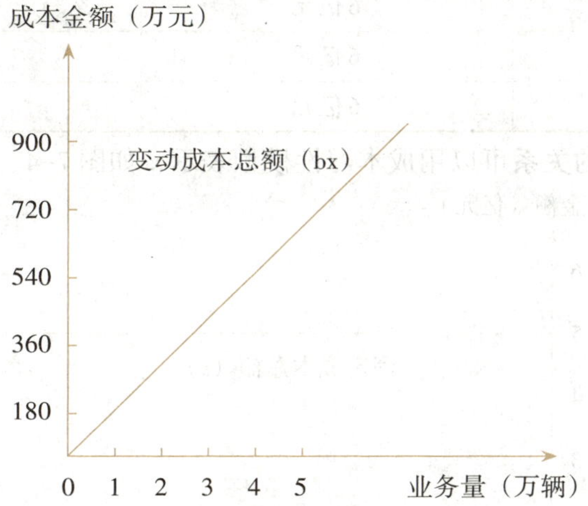

图7–2　变动成本总额习性模型

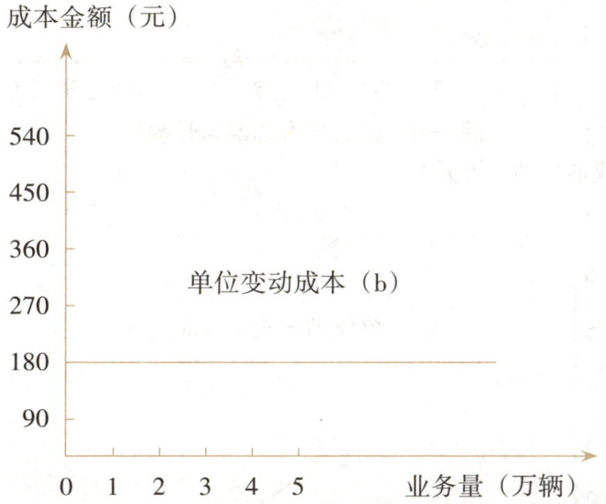

图7–3　单位变动成本习性模型

变动成本通常包括直接用于产品生产的原材料、辅助材料、燃料和动力、外协加工费、专用加工费、计件工资形式下的生产工人的工资，以及工艺过程不可避免的损失等。

需要特别强调的是，通过上述分析，变动成本是由本期制造产品所引起的成本，要想降低变动成本应从降低单位产品的消耗量着手。

（4）固定成本（a）。

凡是成本总额在一定时期和一定业务量（产量或销售量）范围内，不受业务量增减变动影响而固定不变的，叫固定成本。但就单位产品中的固定成本而言，则与业务量的增减成反比例变动。

现以汽车制造企业生产能力为例列示三者的关系（见表7-2）。

表7-2　产品成本资料

汽车产量（x）	成套生产设备成本（a）	每辆汽车分摊设备成本
1万辆	6亿元	6万元
2万辆	6亿元	3万元
3万辆	6亿元	2万元
4万辆	6亿元	1.5万元
5万辆	6亿元	1.2万元

同时，它们三者的关系可以用成本习性模型表示，如图7-4、图7-5所示：

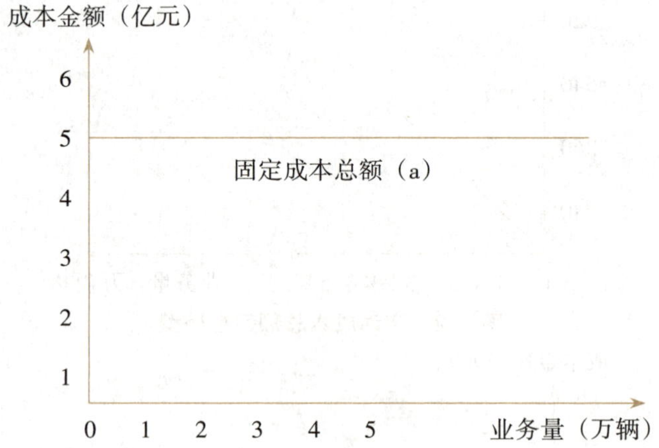

图7-4　固定成本总额习性模型

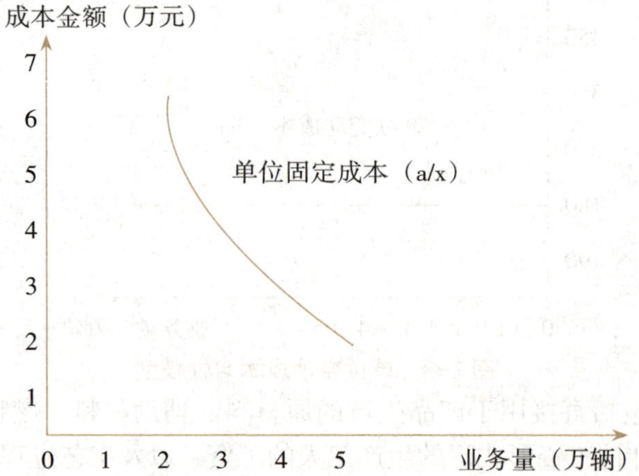

图7-5　单位固定成本习性模型

固定成本通常指形成生产能力的成套设备折旧、车间经费、办公费、差旅费、劳保费、折旧费、租赁费、管理人员工资等。

通过上述分析可知，要想降低固定成本，必须开展价值工程分析、精打细算，厉行节约，充分利用企业生产能力，从提高产品产量着手。

（5）固定成本和变动成本的相关范围。

如前所述，变动成本的变与不变，固定成本的固定与不固定，都是相对的，是有条件的，是在一定条件下的相对状态，这就是相关范围。也就是说，变动成本与产量之间完全的线性关系，固定成本是完全固定不变的，通常只会在一定范围内存在，在相关范围以外可能会发生改变（如图7-6和图7-7所示）。

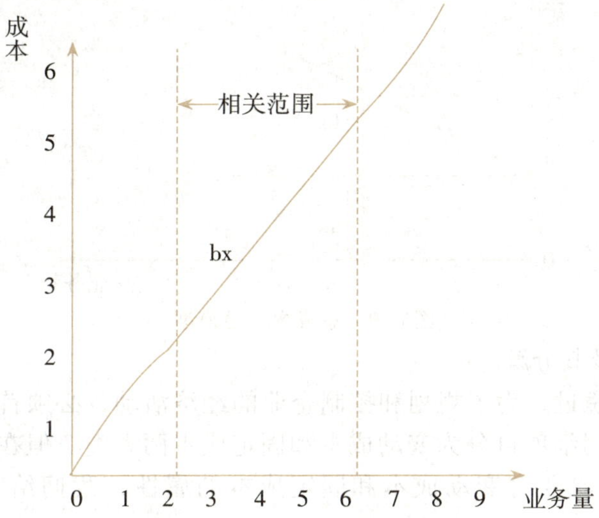

图7-6　变动成本的相关范围

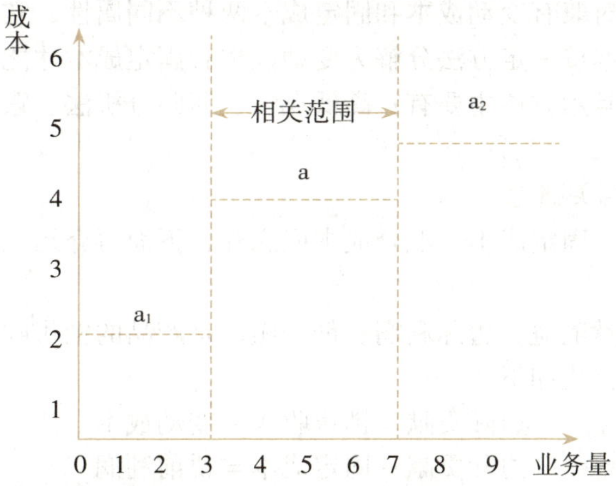

图7-7　固定成本的相关范围

在业务量2-6范围内（如图7-6所示），成本与业务量是完全线性相关关系，为bx，则业务量2-6就是变动成本的相关范围。

在业务量3-7范围内（如图7-7所示），成本是完全固定不变的，为a，则业务量3-7就是固定成本的相关范围。

（6）成本按性态分类后的总成本公式及数量模型。其计算公式如下：

总成本 = 固定成本 + 变动成本总额

= 固定成本 + 单位变动成本 × 业务量

假设总成本为y，固定成本为a，单位变动成本为b，业务量为x，其数学模型为：

$$y = a + bx$$

从数学的观点来看，这是一个直线方程式，其中x是自变量，y是因变量，a是常数，b是直线斜率，其习性模型如图7-8所示。

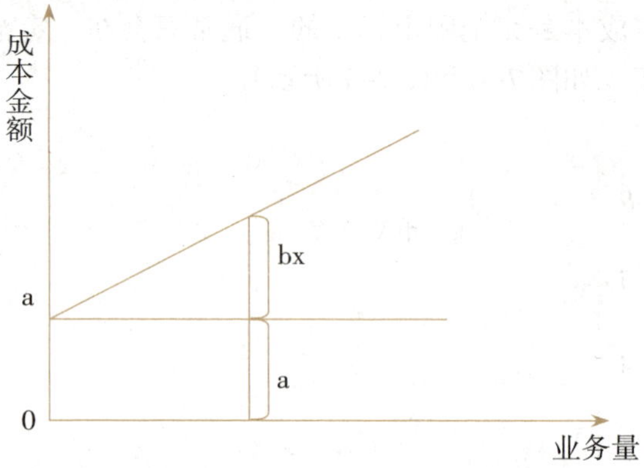

图7-8 总成本习性模型

（7）混合成本及其分解。

前面我们已经说过，为了规划和控制企业的经济活动，必须首先按照成本习性将企业的所有成本的明细项目分为变动成本和固定成本两大类。但在实际工作中，往往有许多明细项目同时兼有变动成本和固定成本的属性，我们给它起个名字叫混合成本。

由于混合成本同时兼有变动成本和固定成本两种不同属性，它的存在不符合变动成本法，必须将混合成本按一定方法分解为变动成本和固定成本才能满足要求。

分解混合成本的常用方法主要有：高低点法、回归分析法、账户分析法、技术测定法、合同确认法。

3.变动成本法的相关概念

除上述变动成本、固定成本、混合成本概念外，下面再介绍三个概念：

（1）边际贡献。

边际贡献又称贡献毛益、边际利润、创利额，是产品的销售收入减去相应变动成本以后的余额。其计算公式如下：

边际贡献 = 销售收入 − 变动成本

边际贡献 − 固定成本 = 税前利润

单位边际贡献 = 单价 − 单位变动成本

（2）边际贡献率。

边际贡献率是边际贡献在销售收入中所占的百分比。其计算公式如下：

$$边际贡献率 = \frac{边际贡献}{销售收入} \times 100\%$$

$$边际贡献率=\frac{单位边际贡献}{单价}\times100\%$$

（3）变动成本率。

变动成本率是变动成本在销售收入中所占的百分比。其计算公式如下：

$$变动成本率=\frac{变动成本}{销售收入}\times100\%$$

$$=\frac{单位变动成本}{单价}\times100\%$$

由于销售收入被分成变动成本和边际贡献两部分，变动成本是产品自身的耗费，边际贡献是为企业所作的贡献。两者的关系为：

$$变动成本率+边际贡献率=1$$

（三）变动成本法的运用

变动成本法主要运用在具有以下特征的企业中：

（1）经常进行短期经营决策的企业；

（2）经营规模大，产品、服务种类多，固定成本在各种类之间分配很困难的企业；

（3）作业保持相对稳定的企业；

（4）企业固定成本比重较大，当产品更新换代的速度较快时，分摊计入产品成本中的固定成本比重大，采用变动成本法可以正确反映产品盈利状况。

下面举例说明变动成本法下的成本计算原理。

【做中学7-1】ABC公司2018年、2019年、2020年生产销售及成本资料见表7-3至表7-5。

表7-3 三年生产销售库存量一览表 单位：万件

项目	2018年	2019年	2020年
期初存货量	0	10	50
当年生产量	70	100	80
当年销售量	60	60	60
期末存货量	10	50	70

表7-4 三年成本售价资料一览表

项目	2018年	2019年	2020年
销售单价（元）	15	15	15
单位变动生产成本（元）	6	6	6
固定生产成本（万元）	200	200	200
固定推销及管理成本（万元）	130	130	130

表7-5　　变动成本法下的各年利润表　　单位：万元

项目	2018年	2019年	2020年
销售收入	900	900	900
减：变动成本	360	360	360
期初存货成本	0	60	300
加：本期生产成本	420	600	480
减：期末存货成本	60	300	420
边际贡献	540	540	540
减：固定成本	330	330	330
固定生产成本	200	200	200
固定推销及管理成本	130	130	130
营业利润	210	210	210

从上述三年变动成本法下的利润表可以看出，在销售量相同的情况下，无论生产量在相关范围内如何变化，营业利润均是相等的。

【做中学7-2】我们还以上述ABC公司为例，假设近三年的产量相同，均为90万件，三年的销量分别为2018年60万件、2019年90万件、2020年100万件，近三年在变动成本法下利润表见表7-6。

表7-6　　变动成本法下的各年利润表　　单位：万元

项目	2018年	2019年	2020年
销售收入	900	1 350	1 500
减：变动成本	360	540	600
期初存货成本	0	180	180
加：本期生产成本	540	540	540
减：期末存货成本	180	180	120
边际贡献	540	810	900
减：固定成本	330	330	330
固定生产成本	200	200	200
固定推销及管理成本	130	130	130
营业利润	210	480	570

从上述三年变动成本法下的利润表可以看出，在生产量相同的情况下，销售量越多，营业利润就越大。

在变动成本法下，营业利润的真正来源是销售量。

（四）变动成本法的优缺点

1. 变动成本法的优点

（1）区分固定成本与变动成本，有利于明确企业产品盈利能力和划分成本责任；

（2）保持利润与销售量增减相一致，促进以销定产；

（3）揭示了销量、成本和利润之间的依存关系，使当期利润真正反映企业经营状况，有利于企业经营预测和决策。

2. 变动成本法的缺点

（1）单位成本并不是完全成本，不能反映产品生产过程中发生的全部耗费；

（2）不能适应长期决策的需要。

二、目标成本法

在全球竞争日益激烈的环境中，产品或服务质量方面的差异逐渐缩小。大部分的产品存在着买方市场，市场主导着产品的产量和价格，为了实现既定的利润，必须从成本上进行控制。

（一）目标成本法的概念

目标成本法，是指企业以市场为导向，以目标售价和目标利润为基础确定产品的目标成本，从产品设计阶段开始，通过各部门、各环节乃至与供应商的通力合作，共同实现目标成本的成本管理方法。目标成本法旨在将成本控制在合理的水平之内。目标成本法给予市场导向，结合市场竞争环境，以产品成本形成过程为成本控制对象，结合企业经营的性质和特点进行成本控制。

（二）目标成本法的应用环境

企业应用目标成本法，应遵循《管理会计应用指引第300号——成本管理》中对应用环境的一般要求。是否采用目标成本法，应根据其内外部环境进行选择。企业选用目标成本法，要求处于比较成熟的买方市场环境，且产品的设计、性能、质量、价值等呈现出较为明显的多样化特征。企业应以创造和提升客户价值为前提，以成本降低或成本优化为主要手段，谋求竞争中的成本优势，保证目标利润的实现。企业应成立由研究与开发、工程、供应、生产、营销、财务、信息等有关部门组成的跨部门团队，负责目标成本的制定、计划、分解、下达与考核，并建立相应的工作机制，有效协调有关部门之间的分工与合作。企业能及时、准确取得目标成本计算所需的产品售价、成本、利润以及性能、质量、工艺、流程、技术等方面的各类财务和非财务信息。

（三）目标成本法的应用程序

1. 目标成本法的实际应用

目标成本法是指在合理市场假设的基础上确定目标利润，从而确定目标成本，进而进行全方位的控制。企业所确定的目标成本包含目标成本总额、单位成本对象的目标成本及成本降低目标。采用目标成本管理，通常涉及产品设计阶段、产品制造阶段的成本控制。

（1）目标成本法的应用对象。

企业应根据目标成本法的应用目标及应用环境和条件，综合考虑产品的产销数量和盈利能力等因素，确定应用对象。企业一般应将拟开发的新产品作为目标成本法的应用对象，或选择那些功能与设计存在较大的弹性空间、产销数量较大且处于亏损状态或盈利水平较低、对企业经营业绩具有重大影响的老产品作为目标成本法的应用对象。

（2）目标成本管理的组织。

企业应跨部门成立目标成本管理团队，在目标成本管理团队下可建立成本规划、成本设计、成本确认、成本实施等工作小组，各小组根据管理层授权合作完成相关工作。

成本规划小组由业务及财务人员组成，负责设定目标利润，制定新产品开发或老产品改进方案，考虑目标成本等。该小组的职责主要是收集相关信息、计算市场驱动产品成本等。成本设计小组由技术及财务人员组成，负责确定产品的技术性能、规格，负责对比各种成本因素，考虑价值工程，进行成本优化预演。该小组的职责主要是对可实现目标成本的设定和分解等。成本确认小组由有关部门负责人、技术及财务人员组成，负责分析设计方案或试制品评价的结果，确认目标成本，进行生产准备、设备投资等。该小组的职责主要是对可实现目标成本设定与分解的评价和确认等。成本实施小组由有关部门负责人及财务人员组成，负责确认实现成本策划的各种措施，分析成本控制中出现的差异，并提出对策，对整个生产过程进行分析、评价等。该小组的职责主要是落实目标成本责任、考核成本管理业绩等。

（3）目标成本管理的实施。

进行目标成本控制时，首先，需要通过市场调研及对手分析，结合企业的市场定位，确定市场可接受价格，推算目标成本，并对目标售价、目标利润、目标成本进行可行性分析，判断目标利润及目标成本的可实现程度。其次，企业从多个角度选取目标控制方案，用合理的成本顾及客户需要的功能品质，分别在产品的设计阶段、生产阶段、销售和售后阶段全流程执行目标成本。最后，在各个阶段对目标的完成情况进行考核。可借助市场调查、市场分析等手段搜集信息，比较企业实际生产情况与目标要求之间的差异，寻求原因并对目标成本进行修订。

2. 目标成本的形成

企业应将容许成本与新产品设计成本或老产品当前成本进行比较，确定差异及成因，设定可实现的目标成本。企业一般采取价值工程、拆装分析、流程再造、全面质量管理、供应链全程成本管理等措施和手段，寻求消除当前成本或设计成本偏离容许成本差异的措施，使容许成本转化为可实现的目标成本。

企业应按主要功能对可实现的目标成本进行分解，确定产品所包含的每一零部件的目标成本。在分解时，首先应确定主要功能的目标成本，然后寻求实现这种功能的方法，并把主要功能和主要功能级的目标成本分配给零部件，形成零部件级目标成本。同时，企业应将零部件级目标成本转化为供应商的目标售价。

企业应将设定的可实现目标成本、功能级目标成本、零部件级目标成本和供应商目标售价进一步量化为可控制的财务和非财务指标，落实到各责任中心，形成各责任中心的责任成本和成本控制标准，并辅之以相应的权限，将达成的可实现目标成本落到实处。

企业应依据各责任中心的责任成本和成本控制标准，按照业绩考核制度和办法，定期进行成本管理业绩的考核与评价，为各责任中心和人员的激励奠定基础。企业应定期将产品实际成本与设定的可实现目标成本进行对比，确定其差异及性质，分析差异的成因，提出消除各种重要不利差异的可行途径和措施，进行可实现目标成本的重新设定、再达成，推动成本管理的持续优化。

3. 目标成本的计算

（1）计算目标成本。

目标成本的计算公式如下：

目标成本 = 产品预计售价 − 目标利润 − 销售税金
= 产品预计售价 ×(1 − 销售利润率 − 销售税率)
= 产品预计售价 ×(1 − 销售税率)÷(1 + 成本利润率)

（2）设计阶段的目标成本控制。

产品开发设计阶段的目标成本控制旨在通过产品结构、耗材、外观技术、制造方法等进行分析筹划，使产品在符合顾客需求的同时符合成本目标的要求。企业在开发设计阶段需要计算各设计方案的设计成本，从而进行比较选择。

（3）生产阶段的目标成本控制。

采用工时计算目标成本时，需要考虑企业目前的设备、产能、生产工艺及技术的现实及历史情况，同时要考虑外部工艺技术方面的环境。生产阶段实际是由各成本责任单位落实成本目标，因此计算出目标成本之后需要将目标成本在各成本责任单位进行分解，计算出各成本责任单位的责任成本，才能够在生产过程中落实总的目标成本。成本责任单位的责任成本的计算公式如下：

成本责任单位的责任成本 = 责任单位所有产品目标产量的变动 × 单位产品变动生产成本

在目标成本管理中，设计阶段和生产阶段并非两个完全独立的环节，它们之间是连续互动的动态过程。

（四）目标成本法的优缺点

1. 目标成本法的主要优点

（1）突出从原材料到产品出货全过程成本管理，有助于提高成本管理的效率和效果；

（2）强调产品寿命周期成本的全过程和全员管理，有助于提高客户价值和产品市场竞争力；

（3）谋求成本规划与利润规划活动的有机统一，有助于提升产品的综合竞争力。

2. 目标成本法的主要缺点

其应用不仅要求企业具有各类所需的人才，更需要各有关部门和人员的通力合作，对管理水平的要求较高。

三、标准成本法

（一）标准成本法的概念

1. 标准成本法

标准成本法是指企业以预先制定的标准成本为基础，通过比较标准成本与实际成本，计算和分析成本差异、揭示成本差异动因，进而实施成本控制、评价经营业绩的一种成本管理方法。标准成本法是目标成本控制常用的方法，它以标准成本为基础形成的标准成本制度，把成本的事先计划、成本日常控制和成本计算分析有机结合起来，从而将标准成本制度发展成为一种加强成本管理、评价经营业绩、提高企业经济效益的重要工具。

2.标准成本

所谓标准成本，是指在正常的生产技术水平和有效的经营管理条件下，企业经过努力应达到的产品成本水平。它是通过充分的调查、分析，运用技术测定而制定的，是用来评价实际成本、衡量工作效率的一种预计成本，通常包括成本标准和标准成本两种含义。

（1）成本标准，即单位产品标准成本。其计算公式如下：

$$单位产品标准成本=单位产品标准消耗量\times 标准单价$$

（2）标准成本，即实际产量的标准成本。其计算公式如下：

$$标准成本=实际产量\times 单位产品标准成本$$

3.标准成本差异

标准成本差异是指产品的实际成本与相应标准成本之间的差额，也可以称为标准差异。当实际成本高于标准成本时，形成超支差异，也称为不利差异；当实际成本低于标准成本时，形成节约差异，也称为有利差异。其计算公式如下：

$$标准成本差异=实际成本-标准成本$$（计算结果为“+”号时是超支差，为“-”号时是节约差）

按成本差异构成内容不同，标准成本差异包括直接材料成本差异、直接人工成本差异和制造费用成本差异（又分为变动制造费用成本差异和固定制造费用成本差异两种）。其中：直接材料成本差异、直接人工成本差异和变动制造费用成本差异属于变动成本差异；固定制造费用成本差异属于固定成本差异。标准成本的构成如图7-9所示。

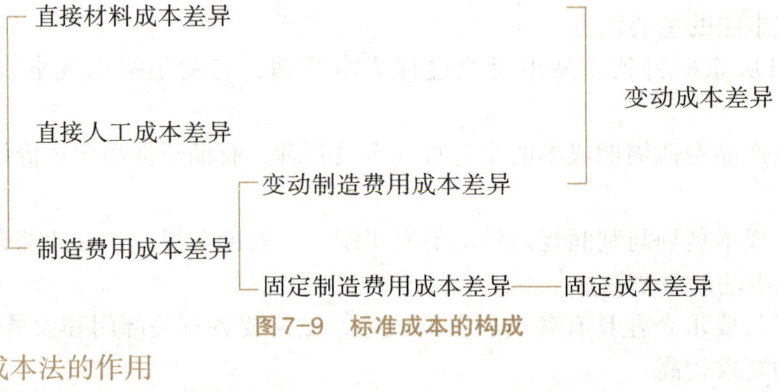

图7-9 标准成本的构成

4.标准成本法的作用

企业应用标准成本法的主要目标，是通过标准成本与实际成本的比较，揭示与分析标准成本与实际成本之间的差异，并按照例外管理的原则，对不利差异予以纠正，以提高工作效率，不断改善产品成本。

标准成本在成本控制中起着重要的作用，它通过事先制定的成本标准，规定各种资源消耗和费用支出的数量界限；在成本形成过程中，按成本标准控制支出，及时发现超支，采取相应措施予以纠正；事后还能将标准成本和实际成本对比，分析差异和原因，提出降低成本的途径。由于标准成本中已去除各种不合理因素，以它为依据，进行在产品和产成品的计价，可使存货计价建立在更加健全的基础上，可以减少成本核算工作量，简化存货的日常账务处理。标准成本通常是在正常生产条件下制造产品应有的成本额，作为评价业绩的尺度，能正确评价企业工作质量和业绩。由于标准成本代表了成本要素的合理近似值，因而有利于企业制定合理的产品价格，还可以用于估算产品未来成本。当然，标准成本还有利于增强员工的成本意识，推动员工努力完成预定成本目标。

5.标准成本法的适用性

因为标准成本法的关键在于标准成本的制定，标准成本制定的合理性、切实可行性，要求有高水平的技术人员和健全的管理制度，所以标准成本法一般适用于产品及生产条件相对稳定，或生产流程与工艺标准化程度较高的企业。标准成本法可以简化存货核算的工作，所以对于存货品种较少且变动不大的大批量生产企业尤为适用。我国工业企业的产品成本如果平时按标准成本计算，月末必须调整为实际成本。

【同步训练7-1】（多选题）标准成本差异按照构成内容不同包括（　　）。

A.直接材料成本差异　　B.直接人工成本差异

C.变动制造费用成本差异　　D.固定制造费用成本差异

参考答案

（二）标准成本法的应用环境

1.一般要求

企业应用标准成本法，应遵循《管理会计应用指引第300号——成本管理》中对应用环境的一般要求。

2.外部环境

应用标准成本法要求企业处于较稳定的外部市场经营环境，且市场对产品的需求相对平稳。

3.组织保证

企业应成立由采购、生产、技术、营销、财务、人力资源、信息等有关部门组成的跨部门团队，负责标准成本的制定、分解、下达、分析等。

4.信息保证

企业能够及时、准确地取得标准成本制定所需要的各种财务和非财务信息。

【同步训练7-2】（多选题）应用标准成本法要求（　　）。

A.企业处于较稳定的外部市场经营环境

B.市场对企业产品的需求易发生波动

C.企业要成立跨部门团队，制定标准成本

D.企业要加强存货的计量验收制度

参考答案

（三）标准成本法的应用程序

企业应用标准成本法，一般按照确定应用对象、制定标准成本、实施过程控制、成本差异计算与动因分析，以及修订与改进标准成本等程序进行。

1.标准成本应用对象的确定

为了实现成本的精细化管理，企业应根据标准成本法的应用环境，结合内部管理要求，确定应用对象。标准成本法的成本对象可以是不同种类、不同批次或不同步骤的产品。

2.标准成本的制定

（1）标准成本的制定部门。

企业制定标准成本，可由会计部门会同采购部门、劳动工资部门、行政管理部门、技术部门及具体生产经营部门等跨部门团队，在对企业生产经营的具体条件进行认真分析研究的基础上，采用“上下结合”的模式共同研究制定，经企业管理层批准后实施。在制定过程中，应尽量吸收负责执行标准的职工参与各项标准的制定。

（2）标准成本的制定程序。

在制定标准成本时，企业一般应结合经验数据、行业标杆或实地测算的结果，运用统计分析、工程试验等方法，按照以下程序进行：

①就不同的成本或费用项目，分别确定消耗量标准和价格标准；

②确定每一成本或费用项目的标准成本；

③汇总不同成本项目的标准成本，确定产品的标准成本。

（3）标准成本的制定方法。

产品标准成本通常由直接材料标准成本、直接人工标准成本和制造费用标准成本构成。制定时，每一成本项目的标准成本都需要分别确定其用量标准（包括单位产品消耗量、单位产品人工小时等）和价格标准（包括原材料单价、小时工资率、小时制造费用分配率等），两者相乘后得出标准成本。

①直接材料标准成本的制定方法。直接材料标准成本，是指直接用于产品生产的材料标准成本，包括标准用量和标准单价两方面。其制定方法见表7-7。

表7-7 直接材料标准成本的制定方法

项目	部门	程序
标准用量的制定	一般由生产部门负责，会同技术、财务、信息等部门共同制定	（1）根据产品的图纸等技术文件进行产品研究，列出所需的各种材料以及可能的替代材料，并说明这些材料的种类、质量以及库存情况 （2）在对过去用料经验记录进行分析的基础上，采用过去用料的平均值、最高与最低值的平均数、最节省数量、实际测定数据或技术分析数据等，科学地制定标准用量
标准单价的制定	一般由采购部门负责，会同财务、生产、信息等部门共同制定	综合考虑市场环境及其变化趋势、订货价格以及最佳采购批量等因素。材料按计划成本核算的企业，材料的标准单价可以采用材料计划单价
计算公式	直接材料标准成本＝单位产品的标准用量×材料的标准单价	

②直接人工标准成本的制定方法。直接人工标准成本，是指直接用于产品生产的人工标准成本，包括标准工时和标准工资率。其制定方法见表7-8。

表 7-8 直接人工标准成本的制定方法

项 目	部 门	程 序
标准工时的制定	一般由生产部门负责，会同技术、财务、信息等部门共同制定	在对产品生产所需作业、工序、流程、工时进行技术测定的基础上，考虑正常的工作间隙，并适当考虑生产条件的变化，生产工序、操作技术的改善，以及相关工作人员主观能动性的充分发挥等因素，合理制定单位产品的工时标准
标准工资率的制定	一般由人力资源部门负责	根据企业薪酬制度等制定
计算公式	直接人工标准成本 = 单位产品的标准工时 × 小时标准工资率	

③制造费用标准成本的制定方法。制造费用标准成本应区分变动制造费用项目和固定制造费用项目分别确定。

变动制造费用，是指通常随产量变化而成正比例变化的制造费用。变动制造费用项目的标准成本根据标准用量和标准价格确定。其中：变动制造费用的标准用量可以是单位产量的燃料、动力、辅助材料等标准用量，也可以是产品的直接人工标准工时，或者是单位产品的标准机器工时。变动制造费用的标准价格可以是燃料、动力、辅助材料等标准价格，也可以是小时标准工资率等。其制定方法见表 7-9。

表 7-9 变动制造费用标准成本的制定方法

项 目	部 门	程 序
标准用量的制定	主要由生产技术部门主持制定	标准用量的选择需考虑用量与成本的相关性，制定方法与直接材料的标准用量以及直接人工的标准工时类似
标准价格的制定	主要由各生产车间对小时制造费用分配率承担责任	制定方法与直接材料的价格标准以及直接人工的标准工资率类似
计算公式	变动制造费用项目标准成本 = 变动制造费用项目的标准用量 × 变动制造费用项目的标准价格	

固定制造费用，是指在一定产量范围内，其费用总额不会随产量变化而变化，始终保持固定不变的制造费用。固定制造费用一般按照费用的构成项目实行总量控制；也可以根据需要，通过计算标准分配率，将固定制造费用分配至单位产品，形成固定制造费用的标准成本。其制定方法见表 7-10。

3. 实施过程控制

企业应在制定标准成本的基础上，将产品成本及各成本或费用项目的标准用量和标准价格层层分解，落实到部门及相关责任人，形成成本控制标准。

各归口管理部门（或成本中心）应根据相关成本控制标准，控制费用开支与资源消耗，监督、控制成本的形成过程，及时分析偏离标准的差异并分析其成因，并及时采取措施加以改进。

表7-10　　固定制造费用标准成本的制定方法

项　目	部　门	程　序
固定制造费用标准成本的制定	一般由财务部门负责，会同采购、生产、技术、营销、财务、人事、信息等有关部门共同制定	（1）依据固定制造费用的不同构成项目的特性，充分考虑产品的现有生产能力、管理部门的决策以及费用预算等，测算确定各固定制造费用构成项目的标准成本 （2）通过汇总各固定制造费用项目的标准成本，得到固定制造费用的标准总成本 （3）确定固定制造费用的标准分配率，标准分配率可根据产品的单位工时与预算总工时的比率确定。其中：预算总工时，是指由预算产量和单位工时标准确定的总工时。单位工时标准可以依据相关性原则在直接人工工时或者机器工时之间作出选择
计算公式	固定制造费用标准成本由固定制造费用项目预算确定，计算顺序及公式如下： 固定制造费用总成本 = $\sum$固定制造费用项目标准成本 固定制造费用标准分配率 = 单位产品的标准工时 ÷ 预算总工时 固定制造费用标准成本 = 固定制造费用总成本 × 固定制造费用标准分配率	

在标准成本法的实施过程中，各相关部门（或成本中心）应对其所管理的项目进行跟踪分析。其中：

生产部门一般应根据标准用量、标准工时等，实时跟踪和分析各项耗用差异，从操作人员、机器设备、原料质量、标准制定等方面寻找差异原因，采取应对措施，控制现场成本，并及时反馈给人力资源、技术、采购、财务等相关部门，共同实施事中控制。

采购部门一般应根据标准价格，按照各项目的采购批次，揭示和反馈价格差异形成的原因，控制和降低总采购成本。

【同步训练7-3】（判断题）每一成本项目的标准成本都需要分别确定其用量标准和价格标准，其中单位产品消耗量和小时制造费用分配率均属于用量标准。（　　）

参考答案

【同步训练7-4】（判断题）产品的生产是在车间进行的，所以标准成本的制定主要由车间负责。（　　）

参考答案

4.成本差异计算与分析

企业应定期将实际成本与标准成本进行比较和分析，确定差异数额及性质，揭示差异形成的动因，追溯至各责任中心，寻求可行的改进途径和措施。成本差异的计算与分析一般按成本或费用项目进行。

（1）直接材料成本差异计算与分析。

直接材料成本差异，是指直接材料实际成本与标准成本之间的差额，该项差异可分解为直接材料价格差异和直接材料数量差异。其计算公式如下：

直接材料成本差异 = 直接材料的实际成本 − 直接材料的标准成本

直接材料成本差异 = 直接材料价格差异 + 直接材料数量差异

直接材料价格差异，是指在采购过程中，直接材料实际价格偏离标准价格所形成的差异；它是在采购过程中形成的，应由采购部门负责。导致材料产生价格差异的原因主要有：采购批量不同、供应商价格变动、交货方式变动、材料质量差异、运输方式不同等，要开展具体分析和调查，确定最终原因和责任归属。其计算公式如下：

直接材料价格差异 = 实际耗用量 ×（实际单价 − 标准单价）

直接材料数量差异，是指在产品生产过程中，直接材料实际消耗量偏离标准消耗量所形成的差异，它是在材料耗用过程中形成的，一般和工人技术熟练程度和责任感、材料质量、生产设备状况等有关，一般由生产部门负责，但购入材料的质量低劣、工艺变更、检验过于严格等导致多用料并非生产部门的责任，注意：采购低质量材料、设备管理不善除外。其计算公式如下：

直接材料数量差异 =（实际耗用量 − 标准耗用量）× 标准单价

式中：

实际耗用量 = 直接材料单位实际耗用量 × 实际产量

标准耗用量 = 直接材料耗用标准 × 实际产量

【做中学7–3】本月生产A产品1 000台，实际消耗甲材料51 000千克，材料的实际单价18元/千克；A产品消耗甲材料的标准用量是50千克/台，标准单价是20元/千克。

要求：计算分析A产品的直接材料成本差异。

解析：直接材料成本差异 = 51 000 × 18−50 × 1 000 × 20 = −82 000（元）（节约差异）

直接材料的价格差异 = 51 000 ×（18−20）= −102 000（元）（节约差异）

直接材料的用量差异 = 20 ×（51 000−50 × 1 000）= 20 000（元）（超支差异）

【同步训练7–5】利豪公司生产A产品需使用甲材料。本期生产A产品200件，耗用甲材料900千克，甲材料的实际价格为200元/千克。假设甲材料的标准价格为210元/千克，A产品的标准用量为4千克/件。

要求：对A产品消耗的直接材料成本进行差异分析。

参考答案

（2）直接人工成本差异计算与分析。

直接人工成本差异，是指在实际产量下直接人工实际成本与标准成本之间的差额，该差异可分解为工资率差异和人工效率差异。其计算公式如下：

直接人工成本差异 = 直接人工的实际成本 − 直接人工的标准成本
= 实际工时 × 实际工资率 − 标准工时 × 标准工资率

直接人工成本差异 = 直接人工工资率差异 + 直接人工效率差异

直接人工工资率差异，也称直接人工价格差异，是指实际工资率偏离标准工资率形成的差异，按实际工时计算确定，类似材料价格差异。工资率差异形成的原因通常包括直接生产工人升级或降级使用、工资率调整、加班、出勤率变化等，通常应由企业人事劳动部门负责。其计算公式如下：

直接人工工资率差异 = 实际工时 ×（实际工资率 − 标准工资率）

直接人工效率差异，也叫直接人工工时耗用量差异，是指按标准工资率计算确定的实际工时偏离标准工时形成的差异，类似材料数量差异。直接人工效率差异的产生可能有多种原因，如材料或零件传递方法不正确、机器运转不正常、工人经验不足、作业计划安排不当等，它主要由生产部门与技术部门负责，但也不是绝对的，如果是由于采购部门购入不合格的材料而导致的差异，则是非生产部门可控制的，应由有关部门负责。其计算公式如下：

直接人工效率差异 =（实际工时 − 标准工时）× 标准工资率

式中：

实际工时 = 单位产品实际工时 × 实际产量

标准工时 = 单位产品工时耗用标准 × 实际产量

工资率 = 直接人工总额 ÷ 工时总额

【做中学7-4】某企业本月生产A产品1 000台，实际耗用工时9 500小时，实际工资总额76 000元。A产品的工时标准是10小时/台，标准工资率是6元/小时。

要求：计算分析A产品的直接人工成本差异。

解析：标准工时 = 10 × 1 000 = 10 000（小时）

直接人工成本差异 = 76 000−6 × 10 000 = 16 000（元）（超支差异）

直接人工实际工资率 = 76 000 ÷ 9 500 = 8（元/小时）

直接人工工资率差异 = 9 500 ×（8−6）= 19 000（元）（超支差异）

直接人工效率差异 =（9 500−10 000）× 6 = −3 000（元）（节约差异）

【同步训练7-6】利豪公司本期生产A产品200件，实际耗用工时10 000小时，实际工资总额100 000元，平均每小时（实际工资率）10元。假设标准工资率9元/小时，单位产品的工时耗用标准为45小时/件。

要求：对A产品进行直接人工成本差异分析。

参考答案

（3）变动制造费用项目差异计算与分析。

变动制造费用项目的差异，是指在实际产量下变动制造费用项目的实际发生额与其标准成本之间的差额，该差异可分解为变动制造费用项目的价格差异（分配率差异）和数量差异（效率差异）。其计算公式如下：

变动制造费用成本差异 = 变动制造费用实际成本 − 变动制造费用标准成本

= 实际分配率 × 实际工时 − 标准分配率 × 标准工时

变动制造费用成本差异 = 价格差异（分配率差异）+ 数量差异（效率差异）

式中：

实际分配率 = 实际变动制造费用 ÷ 实际工时

标准工时 = 实际产量 × 单位产品标准工时

变动制造费用项目的价格差异，也叫变动制造费用分配率差异或耗费差异，是指燃料、动力、辅助材料等变动制造费用项目的实际价格偏离标准价格的差异。变动制造费用的分配率差异形成的主要原因是各单位业务量支出的变动制造费用脱离了标准，应当属于生产部门的责任。它的计算方法类似于材料价格差异和直接人工工资率差异。其计算公式如下：

变动制造费用分配率差异 = 实际工时 ×（实际分配率 − 标准分配率）

变动制造费用项目的数量差异，也叫变动制造费用效率差异，是指燃料、动力、辅助材料等变动制造费用项目的实际消耗量偏离标准用量的差异。变动制造费用效率差异形成的原因主要是实际工时脱离了标准。多用工时的结果会使费用增加。它的计算方法类似于材料数量差异和直接人工效率差异。其计算公式如下：

变动制造费用效率差异 = 变动制造费用标准分配率 ×(实际工时 - 标准工时)

【做中学7-5】某企业本月生产A产品1 000台，实际耗用9 000工时，实际发生变动制造费用36 000元，变动制造费用标准分配率为4.2元/小时，A产品的单位标准工时是8.5小时/台。

要求：计算分析A产品的变动制造费用成本差异。

解析：变动制造费用成本差异 = 36 000 - 4.2 ×（1 000 × 8.5）= 300（元）（超支差异）

变动制造费用分配率差异 = 9 000 ×（36 000 ÷ 9 000 - 4.2）= -1 800（元）（节约差异）

变动制造费用效率差异 = 4.2 ×（9 000 - 1 000 × 8.5）= 2 100（元）（超支差异）

【同步训练7-7】利豪公司本期生产A产品200件，实际耗用人工10 000小时，实际发生变动制造费用20 000元，变动制造费用实际分配率为2元/小时。假设变动制造费用标准分配率为2.4元/小时，单位标准耗用人工40小时/件。

参考答案

要求：对变动制造费用成本差异进行分析。

（4）固定制造费用项目成本差异计算与分析。

a. 固定制造费用项目成本差异的计算。固定制造费用主要是指企事业单位为了获得生产能力以及维持这种能力的正常运转而发生的费用，它具有在相关范围内总额固定不变的特性，要通过编制固定制造费用预算进行成本控制。固定制造费用项目成本差异，是指在实际产量下固定制造费用项目实际成本与标准成本之间的差额。企业应根据固定制造费用项目的性质，分析差异的形成原因，并将之追溯至相关责任中心。其计算公式如下：

固定制造费用项目成本差异 = 固定制造费用实际成本 - 固定制造费用标准成本
= 实际分配率 × 实际工时 - 标准分配率 × 标准工时

式中：

固定制造费用实际分配率 = 固定制造费用实际数 ÷ 实际工时

固定制造费用标准工时 = 实际产量 × 单位产品标准工时

b. 固定制造费用项目成本差异的分析。固定制造费用的差异分析与各项变动成本的差异分析不同，有“两因素分析法”和“三因素分析法”两种。

（a）两因素分析法。两因素分析法下，影响固定制造费用产生差异的因素有两个：

一是实际固定制造费用脱离预算而形成的预算差异，即耗费差异。其计算公式如下：

固定制造费用预算(耗费)差异 = 固定制造费用实际数 - 固定制造费用预算数
= 实际分配率 × 实际工时 - 标准分配率 × 生产能量

二是固定制造费用预算脱离标准而形成的能量差异，它反映实际产量标准工时未能达到生产能量而造成的损失。其计算公式如下：

固定制造费用能量差异 = 固定制造费用预算数 - 固定制造费用标准成本
= 标准分配率 × 生产能量 - 标准分配率 × 实际产量下标准工时

（b）三因素分析法。三因素分析法下，影响固定制造费用产生差异的因素有三个：

对固定制造费用的分析和控制是通过编制固定制造费用预算，并与实际发生数对比来进行的，应该就每个部门及明细项目分别进行。

一是实际固定制造费用脱离预算而形成的预算差异，即耗费差异，产生的原因主要是资源价格的变动、某些固定成本因管理上的新决策而有所增减，资源的数量比预算有所增减，为了完成预算而推迟某些固定成本的开支等。其计算公式如下：

固定制造费用耗费差异 = 固定制造费用实际数 − 固定制造费用预算数
= 固定制造费用实际数 − 标准分配率 × 生产能量

二是实际工时未能达到预算工时而形成的生产能量利用差异，也叫闲置能量差异，只反映计划生产能量的利用程度，可能是产销量达不到一定规模造成的，一般不能说明固定制造费用的超支或节约。其计算公式如下：

固定制造费用闲置能量差异 = 固定制造费用预算数 − 实际工时 × 标准分配率
=(生产能量 − 实际工时)× 固定制造费用标准分配率

三是实际工时脱离标准工时而形成的效率差异，要具体明细项目具体分析。其计算公式如下：

固定制造费用效率差异 =(实际工时 − 实际产量下标准工时)× 固定制造费用标准分配率

对同一家企业的固定制造费用进行成本差异分析，三因素分析法中的"闲置能量差异"与"效率差异"之和，等于二因素分析法中的"能量差异"。

【做中学7-6】某企业本期生产A产品实际产量为9 500件，实际固定制造费用为31 000元，实际工时为19 000小时。企业的正常生产能力为10 000件即20 000小时，单位产品标准工时为2小时/件，每件产品固定制造费用标准成本是3元/件。

要求：根据以上资料，对固定制造费用差异进行计算和分析（三因素分析法）。

解析：标准分配率 = 3 ÷ 2 = 1.5（元/小时）

固定制造费用成本差异 = 31 000 − 1.5 ×（9 500 × 2）= 2 500（元）（超支差异）

固定制造费用耗费差异 = 31 000 − 1.5 × 20 000 = 1 000（元）（超支差异）

固定制造费用闲置能量差异 = 1.5 × 20 000 − 1.5 × 19 500 = 750（元）（超支差异）

固定制造费用效率差异 = 1.5 ×（19 500 − 9 500 × 2）= 750（元）（超支差异）

【同步训练7-8】利豪公司本期固定制造费用预算为2 400元，预算工时为1 000小时，实际耗用工时1 200小时，实际固定制造费用为2 600元，标准工时为1 100小时。

要求：对固定制造费用成本差异进行计算分析。

参考答案

(5) 注意事项。

在成本差异的分析过程中，企业应关注各项成本差异的规模、趋势及可控性。对于反复发生的大额差异，企业应进行重点分析与处理。

企业可将生成的成本差异信息汇总，定期形成标准成本差异分析报告，并有针对性地提出成本改进措施。

5. 修订与改进标准成本

为保证标准成本的科学性、合理性与可行性，企业应定期或不定期地对标准成本进行修订与改进。

一般情况下，标准成本的修订工作由标准成本的制定机构负责。企业应至少每年对标准成本进行测试，通过编制成本差异分析表，确认是否存在因标准成本不准确而形成的成本差异。当该类差异较大时，企业应按照标准成本的制定程序，对标准成本进行调整。

除定期测试外，当外部市场、组织机构、技术水平、生产工艺、产品品种等内外部环境发生较大变化时，企业也应及时对标准成本进行调整。

（四）标准成本法的优缺点

1. 标准成本法的主要优点

（1）能及时反馈各成本项目不同性质的差异，有利于考核相关部门及人员的业绩；

（2）标准成本的制定及差异和动因的信息可以使企业预算的编制更为科学和可行，有助于企业的经营决策；

（3）标准成本和成本差异分别列示，可以大大简化日常的账务处理和各期报表的编制工作。

2. 标准成本法的主要缺点

（1）要求企业产品的成本标准比较准确、稳定，在使用条件上存在一定的局限性；

（2）对标准管理水平较高，系统维护成本较高；

（3）标准成本需要根据市场价格波动频繁更新，导致成本差异可能缺乏可靠性，降低成本控制效果。

【同步训练 7-9】（单选题）标准成本法与实际成本法相比，最大的优点在于（　　）。

A. 成本核算更准确　　B. 加强成本控制

C. 运用更简单　　D. 适合于各类企业

参考答案

四、作业成本法

“机器取代人”的自动化制造时代来临，其特征就是直接人工成本比重大大下降，制造费用（主要是折旧费用等固定成本）比重大大增加，因此制造费用的分配科学与否将在很大程度上决定产品成本计算的准确性和成本控制的有效性。

（一）作业成本法的概念及特点

1. 作业成本法的概念

作业成本法，也称ABC法，是分配间接成本的一种方法。作业成本法以“作业”为间接成本的分配中介、以“成本动因”为间接成本的分配基础。

2. 作业成本法的特点

（1）成本计算分为两个阶段。第一个阶段为将资源分配到作业阶段，第二个阶段为将作业分配到产品阶段。

（2）成本分配强调因果关系。将成本分配到成本对象有成本追溯、动因分配和分摊三种形式。成本追溯是将成本直接分配给各成本对象。这种方式得到的成本是最准确的。动因分配作业成本法强调以追溯或动因分配的方式将间接成本计入产品成本。应尽量避免采用分摊方式。

（3）成本分配使用众多不同层面的成本动因，从而保证成本分配及计算的合理性和准确性。

3.作业成本法的核心概念

（1）作业。作业是指企业中特定组织（成本中心、部门或产品线）为了达到一定的目的而重复执行的、耗费资源的任务或活动。例如，在生产准备阶段，存在着“材料采购”“材料检验”“材料发放”等作业，在产品的生产过程中存在着“材料切割”“车床加工”“产品组装”等作业。不同企业的生产工艺有一定的差异，因此其涉及的作业也不尽相同。

企业在运用作业成本法之前，需要进行作业认定，识别成本对象所需要的作业，并建立作业成本库反映同类型作业。

（2）资源。

资源是企业为了生产产品、提供服务而发生的各类成本、费用项目。其概念与产品的生产成本、服务的提供成本类似。资源通常包括直接人工、直接材料、生产维持成本、间接制造费用、生产过程以外的成本。企业通常按照资源属性建立资源库，反映消耗的各项资源成本。

（3）成本动因。

成本动因即成本的驱动因素。根据所驱动的作业成本或产品成本，成本动因分为资源成本动因和作业成本动因。

资源成本动因是引起作业成本变动的驱动因素，反映一项作业所消耗的资源。将资源分配给作业时涉及。例如，运费这一资源的资源成本动因通常为运输里程，电费这一资源的资源成本动因通常为用电度数。

作业成本动因是引起产品成本变动的驱动因素，反映一个成本对象所消耗的作业。将作业分配给成本对象时涉及。例如“机器调试”作业的成本动因通常为调试次数，“签订订单”作业的成本动因通常为订单份数，“产品组装”作业的成本动因通常为组装的次数或者工时等。

（二）作业成本法的应用环境

企业应用作业成本法所处的外部环境，一般应具备以下特点：一是客户个性化需求较高，市场竞争激烈；二是产品的需求弹性较大，价格敏感度高。

企业应用作业成本法应基于作业观，即企业作为一个为最终满足客户需要而设计的一系列作业的集合体，进行业务组织和管理，应成立由生产、技术、销售、财务、信息等部门的相关人员构成的设计和实施小组，负责作业成本系统的开发设计与组织实施工作，同时应能够清晰地识别作业、作业链、资源动因和成本动因，为资源费用以及作业成本的追溯或分配提供合理的依据。

（三）作业成本法的应用程序

1.作业成本法的基本原理

作业成本法建立在“作业消耗资源，产品消耗作业”的理论基础上。在作业成本法下，直接成本（例如直接材料、直接人工和变动制造费用）可以直接计入有关产品，这一点与传统成本法相同。对于不能直接计入产品的成本或资源，按照资源成本动因分配到各项作业，计算出各项作业所消耗的资源（每个作业所消耗的资源及类型不完全相同)；然后按照作业成本动因，将作业分配到成本对象，计算出不同成本对象所消耗的作业（每个成本对象消耗的作业种类及数量不完全相同），进而计算每个成本对象所消耗的资源（即间接成本）。最终根据直接成本和作业成本法分配的间接成本计算归集成本对象的成本。作业成本法的基本原理如图7-10所示。

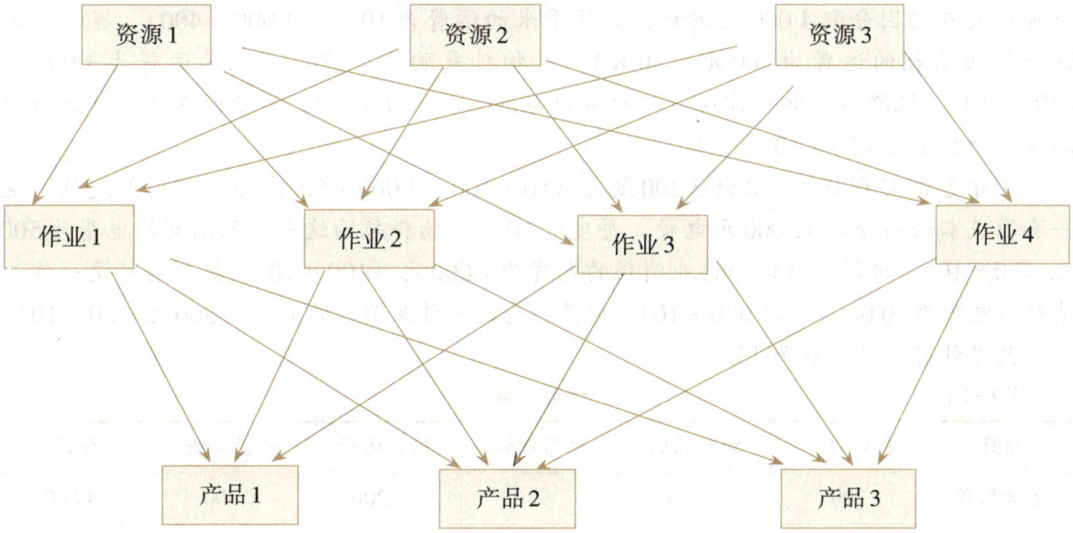

图7-10　作业成本法的基本原理

2.作业成本法的计算过程

（1）将资源成本分配到作业。

以资源成本动因作为分配的依据，将资源成本分配给作业，反映一个作业耗费的资源。

【做中学7-7】某企业的间接制造费用包含运费、电费、水费及折旧费等，共计58 000元。资源消耗情况见表7-11。

表7-11　资源消耗情况表　单位：元

资源库名称	运费	电费	水费	设备折旧费
资源成本金额	4 000	32 000	10 000	12 000
资源动因	运输里程	用电度数	用水吨数	设备原值

与产品相关的作业消耗的资源情况见表7-12。

表7-12　作业消耗的资源情况

	签订订单	物料采购	机器调试	机器运行	质量检查
运输里程	30	300		20	50
用电度数		50	100	3 000	50
用水吨数			100	4 000	900
设备原值		3 000		30 000	7 000

要求：计算各作业消耗的资源。

解析：企业共有签订订单、物料采购、机器调试、机器运行、质量检查等五项作业。

实际运费4 000元，共计运输400千米（30＋300＋20＋50）。按照“运输里程”这一资源成本动因分配4 000元运费，单位千米的运费为10元（4 000÷400）。签订订单这一作业消耗的运费为300元（30×10），物料采购这一作业消耗的运费为3 000元（300×10），机器运行这一作业消耗的运费为200元（20×10），质量检查这一作业消耗的运费为500元（50×10）。

实际电费32 000元，共计3 200度电（50＋100＋3 000＋50）。按照“用电度数”这一资源成本动因分配32 000元电费，每度电10元。物料采购这一作业消耗的电费为500元（50×10），机器调试这一作业消耗的电费为1 000元（100×10），机器运行这一作业消耗的电费为30 000元（3 000×10），质量检查这一作业消耗的电费为500元（50×10）。

最终计算结果见表7–13。

表7–13 计算结果 单位：元

项目	签订订单	物料采购	机器调试	机器运行	质量检查	合计
运输里程	300	3 000	0	200	500	4 000
用电度数	0	500	1 000	30 000	500	32 000
用水吨数	0	0	200	8 000	1 800	10 000
设备原值	0	900	0	9 000	2 100	12 000
合计	300	4 400	1 200	47 200	4 900	58 000

签订订单、物料采购、机器调试、机器运行、质量检查等作业消耗的资源分别为300元、4 400元、1 200元、47 200元、4 900元。

（2）将作业成本分配到成本对象。

【做中学7–8】沿用【做中学7–8】的资料。企业生产A、B两种产品，产品成本消耗作业情况见表7–14。

表7–14 产品成本消耗作业情况

作业	签订订单	物料采购	机器调试	机器运行	质量检查
作业消耗的资源（元）	300	4 400	1 200	47 200	4 900
作业成本动因	签订次数	采购次数	调试次数	运行小时	检验工时
A产品	2	5	2	1 460	70
B产品	1	6	2	900	30

要求：计算各产品的间接成本。

解析：两个成本对象共消耗3次“签订订单”作业，以3次作为分配“签订订单”作业300元的基础。每个签订订单作业消耗的成本为100元（300÷3），A产品消耗2次“签订订单”作业，对应的签订订单成本为200元（100×2），B产品对应的签订订单成本为100元（100 × 1）。

两个成本对象共消耗11次“物料采购”作业，以11次作为分配“物料采购”作业4 400元的基础。每个物料采购作业消耗的成本为400元（4 400 ÷ 11），A产品消耗5次“物料采购”作业，对应的物料采购成本为2 000元（400 × 5），B产品对应的物料采购成本为2 400元（400 × 6）。

最终计算结果见表7-15。

表7-15　计算结果　单位：元

项目	签订订单	物料采购	机器调试	机器运行	质量检查	合计
单位作业成本	100	400	300	20	49	
A产品	200	2 000	600	29 200	3 430	35 430
B产品	100	2 400	600	18 000	1 470	22 570

通过作业成本法，A产品分摊的间接制造费用为35 430元，B产品分摊的间接制造费用为22 570元。

【同步训练7-10】某企业生产甲、乙两种产品，相关资料见表7-16和表7-17。

表7-16　产品及直接成本资料表

项目	甲产品	乙产品
产量（件）	20 000	50 000
定购次数（次）	4	8
机器制造工时（小时）	40 000	150 000
直接材料成本（元）	2 200 000	2 500 000
直接人工成本（元）	300 000	750 000

表7-17　制造费用明细表

项目	费用金额（元）	成本动因
材料验收成本	36 000	定购次数
产品验收成本	42 000	定购次数
燃料与水电成本	43 700	机器制造工时
开工成本	21 000	定购次数
职工福利成本	25 200	直接人工成本
设备折旧费	32 300	机器制造工时
厂房折旧费	20 300	产量
材料存储成本	14 100	直接材料成本
车间管理人员工资	9 800	产量

要求：

（1）采用作业成本法计算两种产品分配的制造费用；

（2）计算两种产品的单位成本。

参考答案

（四）作业成本法的优缺点

1.作业成本法的主要优点

（1）能够提供更加准确的各维度成本信息，有助于企业提高产品定价、改进作业与流程、提高客户服务等决策的准确性。

（2）改善和强化成本控制，促进绩效管理的改进和完善。

（3）推进作业基础预算，提高作业、流程、作业链（或价值链）管理的能力。

2.作业成本法的主要缺点

部分作业的识别、划分、合并与认定，成本动因的选择以及成本动因计量方法的选择等均存在较大的主观性，操作较为复杂，开发和维护费用较高。

思政园地

【案例】杨步红，女，汉族，1975年8月生，银川市金凤区湖畔佳苑体育彩票销售站负责人。面对数百万元的彩票奖金，杨步红不贪不占，全数奉还得主。凭借诚信经营，她赢得顾客的信任，用实际行动诠释了“诚实守信”的内涵。

2012年12月23日，一名经常来店里购买彩票的彩民给杨步红打电话，请她帮忙代买“排列5”和“排列3”共600多元的彩票，可直到晚上关门，这位彩民也没来。正是这600多元的彩票，中了当期的大奖，奖金共计265万元，面对高额的奖金，杨步红第一时间想到的是赶紧打电话给彩民，彩民听到自己中奖的消息非常震惊，这才想起连购买彩票的钱都没有支付。

2016年7月15日和7月21日，宁夏体育彩票“排列3”和“排列5”的大奖两次降临在她的彩票店，又有机会手握百万大奖的杨步红，在婆婆住院做手术急需用钱的关键时刻，仍然联系了中奖彩民。其中一位彩民趁她不注意，悄悄放下1 200元感谢费走了。随后，杨步红又把钱捐了出去，资助失学儿童。

工作中，杨步红还经常在店里拾到彩民遗落的钥匙、身份证、银行卡、手机及钱包等财物，每一次她都会想尽办法归还失主。

“我们都爱来小杨这，因为她诚实守信，还做了好多好事。”杨步红的事迹传到了大家的耳朵里，她的生意越来越好。

每天，杨步红都会在彩票站里忙碌，除了卖彩票，她还提供代缴水费、电费、天然气费，代收快递邮件等服务，彩票店成了“便民服务站”。

“只要来过这里的人都会成为回头客，就冲着‘诚信’这块招牌。”邻居们说。

杨步红说：“彩票本身就是慈善事业，做善事应当光明磊落。彩票是属于彩民的，这钱我拿了也不会心安理得。踏踏实实经营我的彩票站，服务好每一个彩民是我的本分。”

（资料来源：肖梦琪. 最美《君子之道》——杨步红［N］. 银川晚报，2020-01-15）

【点评】在我国传统道德中，诚实守信被看作“立身之本”“进德修业之本”。孔子说“言必信，行必果”，《增广贤文·上集》中也有“一言既出，驷马难追”，这些流传了千百年的古话，都形象地表达了中华民族诚实守信的品质。

就个人而言，诚实守信是高尚的人格力量；就单位而言，诚实守信是宝贵的无形资产；就社会而言，诚实守信是正常秩序的基本保证；就国家而言，诚实守信是良好的国际形象，同时，诚信还是发展社会主义市场经济，构建社会主义和谐社会的要求。

早在2001年，朱镕基总理给北京国家会计学院题词时写下的“诚信为本，操守为重，坚持原则，不做假账”，把诚信为本放在首位，可见其重要性。当代大学生作为社会主义现代化建设的主力军、接班人，不仅要通过学习专业理论和技能，提高综合业务能力和素质，更要以践行社会主义核心价值观为己任，加强思想道德学习，让自己具备抵抗利益诱惑的能力，避免成为生活、工作上的失信人，给家庭、单位、社会、国家带来不可估量的损失。

做一个诚实守信的人，无论做任何事，都做到真诚正直，言行一致，不自欺也不欺人，即使面对高额利益诱惑，也始终信守自己的信念和承诺，用行动践行中华传统美德。“不是自己的，拿了也不心安”，这也是身为会计人必须要牢牢记住的！

项目小结

本项目主要知识点归纳总结见表7-18。

表7-18 主要知识点归纳总结

<table>
<tr><th>主要知识点</th><th colspan="3">内容</th></tr>
<tr><td rowspan="5">变动成本法</td><td rowspan="2">成本按性态分类</td><td>变动成本</td><td>直接用于产品生产的原材料、辅助材料、燃料和动力、外协加工费、专用加工费、计件工资形式下的生产工人的工资，以及工艺过程不可避免的损失</td></tr>
<tr><td>固定成本</td><td>形成生产能力的成套设备折旧、车间经费、办公费、差旅费、劳保费、折旧费、租赁费、管理人员工资</td></tr>
<tr><td colspan="2" rowspan="3">总成本 = 固定成本 + 变动成本总额
= 固定成本 + 单位变动成本 × 业务量</td><td>边际贡献 = 销售收入 − 变动成本
单位边际贡献 = 单价 − 单位变动成本</td></tr>
<tr><td>边际贡献率 = 边际贡献 ÷ 销售收入
= 单位边际贡献 ÷ 单价</td></tr>
<tr><td>变动成本率 + 边际贡献率 = 1</td></tr>
</table>

续表

<table>
<tr><th>主要知识点</th><th colspan="3">内　容</th></tr>
<tr><td rowspan="3">目标成本法</td><td colspan="3">目标成本管理的核心思想：在合理市场假设的基础上确定目标利润，从而确定目标成本，进而进行全方位的控制</td></tr>
<tr><td colspan="2" rowspan="2">目标成本
= 产品预计售价 − 目标利润 − 销售税金
= 产品预计售价 ×（1 − 销售利润率 − 销售税率）
= 产品预计售价 ×（1 − 销售税率）÷（1 + 成本利润率）</td><td>设计阶段的目标成本</td></tr>
<tr><td>生产阶段的目标成本</td></tr>
<tr><td rowspan="7">标准成本法</td><td colspan="3">标准成本法的实施步骤：
（1）制定单位产品的标准成本
（2）按照成本项目计算实际产量的标准成本（实际产量 × 单位标准成本）
（3）汇总计算实际成本
（4）计算标准成本差异
（5）分析成本差异原因
（6）向成本负责人提供成本控制报告</td></tr>
<tr><td>标准成本的制定</td><td>产品的标准成本由产品的直接材料标准成本、直接人工标准成本和制造费用标准成本组成</td><td>（1）直接材料标准成本 = 标准用量 × 标准价格
（2）直接人工标准成本 = 标准工时 × 标准工资率
（3）变动制造费用标准成本 = 标准工时 × 变动制造费用标准分配率 = 标准工时 ×（变动制造费用预算总数 ÷ 直接人工标准总工时）
（4）固定制造费用标准成本 = 标准工时 × 固定制造费用标准分配率 = 标准工时 ×（固定制造费用预算总数 ÷ 预算工时）</td></tr>
<tr><td rowspan="5">标准成本差异 = 实际成本 − 标准成本</td><td colspan="2">材料价格差异 = 实际用量 ×（实际价格 − 标准价格）
= 实际产量 × 材料单位实际耗用量 ×（实际价格 − 标准价格）
材料用量差异 = 标准价格 ×（实际用量 − 标准用量）</td></tr>
<tr><td colspan="2">直接人工工资率差异 = 实际工时 ×（实际工资率 − 标准工资率）
直接人工效率差异 = 标准工资率 ×（实际工时 − 标准工时）</td></tr>
<tr><td colspan="2">变动制造费用分配率差异 = 实际工时 ×（实际分配率 − 标准分配率）
变动制造费用效率差异 = 变动制造费用标准分配率 ×（实际工时 − 标准工时）</td></tr>
<tr><td>两因素分析法</td><td>固定制造费用预算（耗费）差异 = 实际分配率 × 实际工时 − 标准分配率 × 生产能量
固定制造费用能量差异 = 标准分配率 × 生产能量 − 标准分配率 × 实际产量标准工时</td></tr>
<tr><td>三因素分析法</td><td>固定制造费用耗费差异 = 固定制造费用实际数 − 标准分配率 × 生产能量
固定制造费用闲置能量差异 =（生产能量 − 实际工时）× 固定制造费用标准分配率
固定制造费用效率差异 =（实际工时 − 实际产量下的标准工时）× 固定制造费用标准分配率</td></tr>
<tr><td>作业成本法</td><td colspan="3">作业消耗资源，产品消耗作业</td></tr>
</table>

项目八

成本报表的编制与分析

学习目标

【知识目标】

1. 理解成本报表的概念、作用、种类。
2. 重点掌握产品生产成本报表、主要产品单位成本报表和各种费用报表的结构及编制方法。
3. 了解成本分析的意义。
4. 重点掌握成本分析的方法和主要内容。

【技能目标】

1. 能够编制和分析产品生产成本报表。
2. 能够编制和分析主要产品单位成本报表。
3. 能够编制和分析制造费用明细表。
4. 能够运用正确的方法进行成本报表分析。

【态度目标】

1. 引导学生观察思考，培养其分析归纳能力、思维能力与计算能力。
2. 培养学生文字表达能力，能将成本资料在分类、汇总及综合分析的基础上，以书面报告的形式向企业的管理部门提供成本信息。

工作情境与工作任务

企业通过品种法、分批法、分步法、分类法和定额法进行成本核算所得到的成本、费用信息，只能在会计凭证和会计账簿中反映，企业管理者要想得到成本、费用支出的相关信息，不能逐一去查找会计凭证和会计账簿，因此，企业的成本、费用支出信息必须借助成本报表这一载体反映出来。编制成本报表是成本核算工作的继续和深入。企业只有通过所编制的成本报表，才能综合、总括地反映企业成本计划的执行情况，才能为成本分析奠定基础。那么，企业如何在成本核算的基础上编制相应的成本报表？如何对成本进行分析？

任务一　成本报表的编制

一、成本报表的概念

成本报表是用以反映企业生产费用与产品成本的构成及升降变动情况，以考核各项费用与生产成本计划执行结果的会计报表，是会计报表体系的重要组成部分。企业编制成本报表是为了反映企业生产经营活动的综合性指标。企业资源消耗、劳动效率、技术水平、管理水平等各方面的工作质量及企业环境的影响，都会直接或间接地在成本中反映出来。

作为企业内部报表的主要报表，成本报表一般不受外界因素的影响，其种类、格式、编报时间、报送范围等都是企业根据需要自行设计制定的，其所反映和控制的内容是由企业的生产特点和管理要求决定的，并随着生产特点和管理要求的变化，可以随时修正和补充，具有灵活性、多样性、及时性、实用性的特点。

【动脑筋】为什么说成本报表是企业的内部报表？与四大会计报表相比，它具有什么特点？

二、成本报表的作用

（1）企业利用成本报表，可以分析和考核企业成本、费用计划的执行情况，促使企业降低成本、节约费用，从而提高企业的经济效益。

（2）通过对成本报表的分析，可以揭示企业在生产、技术和经营管理方面取得的成绩和存在的问题，明确经济责任，有针对性地采取措施，进一步提高企业生产技术和经营管理水平。

（3）成本报表提供的成本费用资料可以为企业确定产品价格，进行成本、费用和利润的预测，制定有关的生产经营决策等提供重要的数据。

三、成本报表的种类

成本报表的种类、格式、编报时间、报送范围和编制方法，可以由企业根据自身生产经营的特点和管理的具体要求来确定，也可以由主管企业的上级机构会同企业共同规定。成本报表的分类一般有以下几种：

（一）按其编制的时间不同分类

按其编制的时间不同，成本报表可分为定期报表和不定期报表。

1.定期报表

定期报表，是为了满足企业日常成本管理的需求，及时反馈企业成本信息而定期编制的报表。根据企业的管理要求，成本报表一般可以按周、旬、月、季、年定期编制。

2.不定期报表

不定期报表，是为了满足企业临时的、特殊的成本管理工作需要而编制的，具有灵活性和及时性等特点。

（二）按其所反映内容的不同分类

按其所反映内容的不同，成本报表可分为反映产品成本情况、费用情况和其他成本的报表。

1.反映成本情况的报表

这类报表主要包括产品生产成本表和主要产品单位成本表，主要反映企业为生产一定种类的产品所耗费的成本是否和预期目标一致，以便在分析后找出差距，采取相应的措施，最终达到降低成本的目的。这类报表一般按月编报。

2.反映费用情况的报表

这类报表主要包括制造费用明细表、期间费用明细表，主要反映企业在一定时期内费用的支出及构成情况，然后找出费用支出的变动趋势，从而使企业控制费用支出，防止随意扩大费用开支范围。这类报表一般按年编报。

3.反映其他成本的报表

这类报表是除了上述各种成本报表外，为了更详细、全面地提供有关成本费用信息而编制的成本报表，如产品生产成本及销售成本表、成本率变动情况表、废料销售情况表、成本及产量情况表、主要材料成本考核表等。这类成本报表一般是企业根据自身的生产特点和管理要求，自行设计编制的成本报表，由企业根据实际需要决定编制时间和范围。这些报表体现了灵活性、多样性、及时性和实用性等特点。

四、成本报表的编制要求

随着市场竞争的日趋激烈，成本费用的高低对企业的发展产生了重要的影响。为了充分发挥成本报表在企业管理中的作用，提供真实、准确的成本信息资料，企业应按照以下要求，正确编制各种成本报表：

（一）数字真实

成本报表的指标、数字必须真实可靠，不能任意估计，更不允许弄虚作假、篡改数字，所编制的成本报表应该客观、公正地反映企业的成本、费用水平。

（二）计算准确

成本报表的各项指标、数字应准确无误，企业应保持各成本报表计算口径的一致性，计算方法如有变动，应在附注中说明。

（三）内容完整

编制的各种成本报表的种类必须齐全，报表内的指标、项目、报表附注资料必须填列完整，不得少编漏编，任意取舍。对于定期报送的主要成本报表，还应附上分析说明产品成本和费用升降情况、原因及采取措施的文字材料。

（四）编报及时

为了保证成本报表编报的及时性，企业财会部门不仅要做好日常成本核算工作，同时还要在日常工作中收集、整理有关的历史成本资料及成本计划资料、费用预算资料等，做好编制成本报表前的准备工作，企业内部各部门应密切协调、配合，按照规定及时报送成本报表。

五、编制成本报表

由于企业的成本报表种类繁多，对此，我们只讲述几种主要的成本报表，如产品生产成本表、主要产品单位成本表、制造费用明细表和期间费用明细表等。

（一）编制产品生产成本表

产品生产成本表是反映企业在报告期内所生产的全部产品的总成本和各种主要产品的单位成本及总成本的会计报表，是成本报表中最主要的报表。利用产品生产成本表，可以揭示企业为生产一定数量的产品所付出的成本是否达到了预期的要求，可以考核和分析企业全部产品成本计划及可比产品成本降低计划的执行情况，分析成本升降的原因，寻求降低产品成本的途径。企业一定会计期间全部产品的生产成本总额，可以按照成本项目反映，也可以按照产品类别反映。

1.按成本项目反映的产品生产成本表

（1）按成本项目反映的产品生产成本表的结构

按成本项目反映的产品生产成本表，是按成本项目汇总反映企业在报告期内发生的全部生产费用以及生产成本合计数的报表，一般分为“生产费用”“在产品、自制半成品成本”等部分，其格式见表8-1。

（2）按成本项目反映的产品生产成本表的编制

产品生产成本表一般按月编制。在按成本项目反映的产品生产成本表中，“上年实际”栏应当根据上年12月份编制的产品生产成本表中“本年累计实际”栏内的金额填列；“本月实际”栏和“本年累计实际”栏的填列方法分别介绍如下：

①生产费用。在生产费用总额及各成本项目的金额中，“本月实际”栏根据本月生产成本二级账（或明细账）的资料计算分析填列；“本年累计实际”根据本月本表中“本月实际”栏的金额，加上上月本表中“本年累计实际”栏的金额填列，也可以根据生产成本二级账（或明细账）的资料计算分析填列。本表各成本项目的金额之和应等于生产费用合计。

②在产品、自制半成品期初余额。在在产品及自制半成品期初余额中，“本月实际”

表8-1 产品生产成本表（按成本项目反映）

编制单位：某公司 2020年3月 单位：元

项目	上年实际	本年计划	本月实际	本年累计实际
生产费用：				
直接材料	525 050	534 500	54 500	574 500
直接人工	429 500	449 500	46 000	494 500
制造费用	419 050	424 500	41 500	464 825
生产费用合计	1 373 600	1 408 500	142 000	1 533 825
加：在产品、自制半成品期初余额	82 000	79 500	79 500	79 500
减：在产品、自制半成品期末余额	79 500	78 050	78 250	78 250
产品生产成本合计	1 376 100	1 409 950	143 250	1 535 075

栏根据“生产成本”和“自制半成品”两个账户的本月月初余额之和填列；“本年累计实际”指年初余额，应根据上年12月份本表中在产品及自制半成品期末余额数（本月实际数和本年累计实际数一致）填列，这一数字应与本年本表中“上年实际”栏在产品及自制半成品期末余额的数字一致。

③在产品、自制半成品期末余额。在在产品及自制半成品期末余额中，“本月实际”和“本年累计实际”两栏的数字是一致的，都应根据“生产成本”和“自制半成品”两个账户的本月月末余额之和填列。

④产品生产成本合计。产品生产成本的“本月实际”和“本年累计实际”数额，都可以由本月本表中生产费用合计，加上在产品及自制半成品期初余额，减去在产品及自制半成品期末余额计算求得。本表中本月实际和本年累计实际产品生产成本合计，应与本月产品生产成本及销售成本表以及按产品品种和类别编制的产品生产成本表中全部产品本月实际和本年累计实际产品生产成本合计分别对应。

2.按照产品品种反映的产品生产成本表

（1）按照产品品种反映的产品生产成本表的结构。

按产品品种反映的产品生产成本表是按产品品种和类别汇总反映企业在报告期内生产的全部产品的总成本和单位成本的会计报表。该表分为正表和补充资料两部分，正表横行首先区分可比产品与不可比产品两部分。可比产品是指以前年度正式生产过、有较完备成本资料的产品；不可比产品是指以前年度未正常生产过、没有完备成本资料的产品。正表竖行一般分为实际产量、单位成本、本月总成本、本年累计总成本等部分。其结构见表8-2。

（2）按照产品品种反映的产品生产成本表的编制。

①产品名称。该栏应根据“可比产品”与“不可比产品”的名称分别填列。

②实际产量。该栏分为“本月”和“本年累计”两栏，本月实际产量应根据产品成本明细账或成本计算单的记录填列。本年累计实际产量，应根据本月实际产量，加上上月本表的本年累计实际产量计算填列。

表8-2 产品生产成本表（按产品品种反映）

编制单位：某公司 2020年3月 金额单位：元

产品名称	实际产量		单位成本				本月总成本			本年累计总成本		
	本月	本年累计	上年实际平均	本年计划	本月实际	本年累计实际平均	按上年实际平均单位成本计算	按本年计划单位成本计算	本月实际	按上年实际平均单位成本计算	按本年计划单位成本计算	本年累计实际
	1	2	3	4	5	6	7 = 1 × 3	8 = 1 × 4	9 = 1 × 5	10 = 2 × 3	11 = 2 × 4	12 = 2 × 6
可比产品：												
不可比产品：												
全部产品成本合计												

补充资料（本年累计实际数）：

（1）可比产品成本降低额为__元（本年计划降低额为__元）。

（2）可比产品成本降低率为__%（本年计划降低率为__%）。

（3）按现行价格计算的商品产值为__元。

（4）产值成本率为__元/百元（本年计划产值成本率为__元/百元）。

③单位成本。该栏分为“上年实际平均”“本年计划”“本月实际”“本年累计实际平均”栏。其中：上年实际平均单位成本应根据上年度本表所列各种产品的全年实际平均单位成本填列；本年计划单位成本应根据本年度成本计划填列；本月实际单位成本应根据表中本月实际总成本除以本月实际产量所得商数填列；本年累计实际平均单位成本应根据本年累计实际总成本除以本年累计实际产量所得商数填列。

④本月总成本。该栏分为“按上年实际平均单位成本计算”“按本年计划单位成本计算”“本月实际”栏。用上年实际平均单位成本、本年计划单位成本分别乘以本月实际产量，计算得出按上年实际平均单位成本计算的本月总成本和按本年计划单位成本计算的本月总成本。本月实际总成本应根据成本计算单或产品成本明细账的有关数据填列。

⑤本年累计总成本。该栏分为“按上年实际平均单位成本计算”“按本年计划单位成本计算”“本年累计实际”栏。用上年实际平均单位成本、本年计划单位成本分别乘以本年累计实际产量，计算得出按上年实际平均单位成本计算的本年累计总成本和按本年计划单位成本计算的本年累计总成本。本年累计实际总成本应根据本年的产品成本明细账或产品成本汇总表计算填列。

企业如有不合格产品，应单列一行，并注明“不合格产品”字样，不应与合格产品合并填列。

（二）编制主要产品单位成本表

主要产品是指企业经常生产、在企业全部产品中所占比重较大、能概括反映企业生产经营面貌的那些产品。主要产品单位成本表是指反映企业在报告期内生产的各种主要产品单位成本的构成情况和各项主要技术经济指标执行情况的报表。为了对企业常年生产或者产品成本变动较大的单位产品构成情况作出反映，就需要按照各种主要产品编制主要产品单位成本表。利用该表，可以分析各项单位成本变动的原因，了解产品单位成本与上年相比的升降情况及与历史先进水平存在的差距，分析产品单位成本变动趋势，可以查明主要产品单位成本升降的具体原因。

1. 主要产品单位成本表的结构

主要产品单位成本表分为上、下两部分。上半部分按成本项目分别列示历史先进水平、上年实际平均、本年计划、本月实际和本年累计实际平均单位成本；下半部分则按主要技术经济指标的历史先进水平、上年实际平均、本年计划、本月实际和本年累计实际平均单位用量，反映单位产品所消耗的主要原材料、燃料、工时等的数量。其格式和内容见表8-3。

表8-3　主要产品单位成本表

编制单位：某公司　　2020年3月　　金额单位：元

产品名称	A产品		本月实际产量		20件
规格			本年累计实际产量		300件
计量单位	件		销售单价		860元
成本项目	历史先进水平 20××年	上年实际平均	本年计划	本月实际	本年累计实际平均
直接材料	470	480	480	475	482
直接人工	81	86	82	75	78
制造费用	140	142	140	145	150
生产成本合计	691	708	702	695	710
主要技术经济指标	用量	用量	用量	用量	用量
甲材料	19	21	20	18	18
乙材料	32	33	32	30	34

2. 主要产品单位成本表的编制

主要产品单位成本表的编制依据主要是有关产品的生产成本明细账、成本计划、历年有关成本资料、上年度主要产品单位成本表有关资料及产品产量、材料和工时的耗用量等资料。表内各项目的填列方法如下：

（1）产品产量和销售单价的填列。本月实际产量应根据产品生产成本明细账或产品生产成本计算汇总表填列。本年累计实际产量应根据上月本表的本年累计实际产量，加上本月实际产量计算填列。产品销售单价应根据企业的定价表填列。

（2）“成本项目”和“主要技术经济指标”项目的填列。“历史先进水平”栏各项目，应根据本企业历史上该种产品成本最低年度的实际平均单位成本和实际单位用量填列。“上年实际平均”栏各项目，应根据上年度本表的“本年累计实际平均”和单位用量的资料填列。“本年计划”栏各项目，应根据本年计划单位成本和单位用量填列。“本月实际”栏各项目，应根据本月实际单位成本和单位用量填列。“本年累计实际平均”栏各项目，应根据该种产品年初至本月末止已完工产品成本明细账等有关资料，采用加权平均计算后填列，表中的不可比产品不填列上年实际平均单位成本和历史先进单位成本。有关计算公式如下：

$$某产品实际平均单位成本=\frac{该产品累计总成本}{该产品累计产量}$$

$$某产品实际平均单位用量=\frac{该产品累计耗用总量}{该产量累计产量}$$

（三）编制制造费用明细表

制造费用明细表是反映企业在一定时间内发生的为组织和管理生产所发生的间接费用总额和各明细项目数额的报表。利用该表，可以按费用项目分析制造费用本月实际数与上年同期实际数相比的增减变化情况；可以分析本月计划的执行结果；可以预测年度制造费用能否节约，分析制造费用节约或超支的原因，以便考核制造费用年度计划的执行结果；可以分析制造费用构成的变动情况和原因。制造费用明细表只反映基本生产车间制造费用，不包括辅助生产车间制造费用。

1.制造费用明细表的结构

制造费用明细表应分别反映制造费用的本年计划数、上年同期实际数、本月实际数和本年累计实际数。其格式见表8-4。

表8-4　　制造费用明细表

编制单位：某公司　　2020年3月　　单位：元

项目	本年计划数	上年同期实际数	本月实际数	本年累计实际数
1.职工薪酬	74 000	76 000	7 200	75 000
2.折旧费	30 000	29 000	3 000	31 000
3.修理费	9 500	9 400	840	9 700
4.办公费	10 360	10 640	1 008	10 500
5.水电费	15 000	21 500	1 300	15 500
6.机物料消耗	13 500	13 500	1 400	15 100
7.劳动保护费	11 100	12 300	2 100	13 260
8.运输费	5 500	5 500	500	5 700
9.保险费	2 300	2 100	200	2 500
10.其他	1 000	800	50	200
合　计	172 260	180 740	17 598	178 460

2.制造费用明细表的编制

（1）“本年计划数”栏应根据本年制造费用年度计划数填列。

（2）“上年同期实际数”栏应根据上年同期本表所列本月实际数填列。

（3）“本月实际数”栏应根据制造费用明细账的本月合计数填列。

（4）“本年累计实际数”栏应根据本年制造费用明细账中各费用项目累计数填列。

（四）编制期间费用明细表

期间费用明细表是反映企业在报告期内发生的各种期间费用情况的报表，包括销售费用明细表、管理费用明细表和财务费用明细表。期间费用明细表的作用在于反映各项期间费用计划的执行情况。期间费用明细表一般按照费用项目分别反映费用的本年计划数、上年同期实际数、本月实际数和本年累计实际数。除费用项目外，其格式和编制方法与制造费用明细表相同。

任务二　成本分析

一、成本分析的含义和作用

（一）成本分析的含义

成本分析是为了满足企业各管理层次了解成本状况及进行经营决策的需要，以成本核算资料为基础，结合其他有关的核算、计划和统计资料，采用一定的方法，分析成本水平与构成的变动情况，研究影响成本升降的各种因素及变动原因，剖析经营管理存在的问题及业绩的管理活动。

（二）成本分析的作用

企业进行成本分析就是为了确定目标成本、编制成本计划、对成本进行预测；为了随时检查各项定额和成本计划的执行情况，控制各种消耗、费用支出，保证目标成本的实现；为了对影响成本升降的各种因素进行分析，查明成本变动的原因，制定降低成本的措施，提高经济效益。

二、成本分析的方法

成本分析的方法是完成成本分析目标的重要手段，通常采用的技术方法有比较分析法、比率分析法、连环替代法和差额计算法等。

（一）比较分析法

比较分析法是对指标的实际数进行各种各样的比较，从数量上确定差异的一种分析方法。通过比较分析，可以了解企业成本计划、定额、预算的执行情况，了解企业在同行业所处的位置，揭露存在的问题，改善企业的经营管理。

在进行具体指标的比较分析、选择对比的数据时，可以采用以下几种形式：

1. 实际数与计划数对比

通过这种比较可以了解企业实际成本与计划成本执行情况的差异，考核成本计划、定额、预算的完成情况，从而深入地进行成本分析。

2. 报告期实际数与前期实际数对比

这主要是为了了解企业成本费用变动的趋势，找出差距，总结经验。

3. 企业与同类先进企业的相同指标实际数对比

通过这种比较，可以找出企业与其他先进企业存在的差距，了解企业在同行业所处的位置。

企业进行比较分析时，应考虑指标的内容、计价标准、时间长度和计算方法的可比性。在同类型企业之间进行成本分析时，还要考虑客观条件基本接近，在技术上、经济上具有可比性等问题。

【动脑筋】比较分析法的适用范围是什么？

（二）比率分析法

比率分析法是通过计算和对比经济指标的比率，进行数量分析的一种方法。一般有以下三种形式：

1. 相关指标比率分析法

相关指标比率分析法是指将两个性质不同而又相关的指标进行数量分析的方法。如将利润与成本相比计算的成本利润率，可以反映每耗费一元成本所获得的盈利额。常用的相关成本比率分析指标有：成本利润率、产值成本率、主营业务成本率等。其计算公式如下：

$$成本利润率=\frac{利润总额}{主营业务成本}\times 100\%$$

$$产值成本率=\frac{产品生产总成本}{产品总产值}\times 100\%$$

$$主营业务成本率=\frac{主营业务成本}{主营业务收入}\times 100\%$$

2. 构成比率分析法

构成比率分析法也称结构比率分析法，它通过计算某项指标的各个组成部分在总体中所占的比重，然后与不同时期同类产品的成本构成进行比较，从而明确产品成本构成的变化，以达到降低成本的目的。

3. 动态比率分析法

动态比率分析法也称趋势分析法，它将不同时期同类指标的数值进行对比以求出比率，进行动态比较，据以分析该项指标增减速度和发展趋势，从而发现企业在生产经营方面的成绩或不足。由于对比的标准不同，它又分为基期指数和环比指数两种，其计算公式如下：

$$基期指数=\frac{报告期发展水平}{某一固定基期发展水平}\times 100\%$$

$$环比指数=\frac{报告期发展水平}{前一期发展水平}\times 100\%$$

【动脑筋】比率分析法的特点和适用范围是什么？

【做中学8-1】某公司A产品四个季度的实际单位成本分别为80元、82元、85元和83元。

要求：分别采用定基比率和环比比率计算A产品单位成本的变动趋势。

解析：(1) 基期指数计算。

以第一季度为基期，计算其他各季度A产品单位成本的基期指数如下：

$$第二季度基期指数=\frac{82}{80}\times100\%=102.50\%$$

$$第三季度基期指数=\frac{85}{80}\times100\%=106.25\%$$

$$第四季度基期指数=\frac{83}{80}\times100\%=103.75\%$$

通过以上计算可以看出，A产品单位成本第二、三季度与第一季度相比有上升的趋势，但第四季度又有所下降。

（2）环比指数计算。

分别以上季度为基期，计算各季度A产品单位成本环比指数如下：

$$第二季度环比指数=\frac{82}{80}\times100\%=102.50\%$$

$$第三季度环比指数=\frac{85}{82}\times100\%=103.66\%$$

$$第四季度环比指数=\frac{83}{85}\times100\%=97.65\%$$

通过以上计算可以看出，A产品单位成本变动趋势呈倒马鞍形，第二、三季度上升，第四季度又有所下降。

（三）连环替代法

连环替代法是顺序用各项因素的实际数替换基数，借以计算各项因素影响程度的一种分析方法。在几个相互联系的因素共同影响着某一指标的情况下，可通过连环替代法测算各因素对经济指标变动的影响程度。

这种分析方法的程序是：

（1）根据指标的计算公式确定影响指标变动的各项因素；

（2）排列各项因素的顺序，用实际指标体系中各项因素的实际数逐步顺序地替换其基数，从而得出新结果；

（3）将每次替换所得出的结果，与这一因素被替换前的结果进行比较，从而得出这一因素变化对经济指标的影响程度；

（4）将各因素的影响数值相加，相加值应与指标变动的差异总额核对相符。

连环替代法的计算原理见表8-5。

表8-5　连环替代法的计算原理

替换次数	因　素			乘积编号	每次替换的差异（影响程度）	产生差异的因素
	第1项	第2项	第3项			
基数	基数	基数	基数	①		
第1次	实际数	基数	基数	②	②-①	第1项因素
第2次	实际数	实际数	基数	③	③-②	第2项因素
第3次	实际数	实际数	实际数	④	④-③	第3项因素

【动脑筋】使用连环替代法有一定的局限性，在使用该方法的过程中要注意什么问题？

【做中学8-2】假设某公司有关产品产量、材料单耗、材料单价及材料总成本的资料见表8-6，材料费用的实际数和计划数存在差异。

表8-6 有关产品产量、材料单耗、材料单价及材料总成本的资料

编制单位：某公司 2020年10月

项目	单位	计划数	实际数	差异
产品产量	件	120	135	15
材料单耗	千克	5	4	-1
材料单价	元	3	5	2
材料总成本	元	1 800	2 700	900

要求：运用连环替代法分析各因素变化对材料总成本差异的影响程度。

解析：计算产品产量、材料单耗和材料单价三项因素对材料总成本超支900元的影响程度，其分析计算过程见表8-7。

表8-7 产品直接材料费用差异分析计算表

编制单位：某公司 2020年10月 金额单位：元

替换次数	因素			乘积编号	每次替换的差异（影响程度）	产生差异的结果	产生差异的因素
	产品产量（件）	材料单耗（千克）	材料单价				
基数	120	5	3	①			
第1次	135	5	3	②	②-①	225	产品产量
第2次	135	4	3	③	③-②	-405	材料单耗
第3次	135	4	5	④	④-③	1 080	材料单价
各因素影响程度合计						900	各因素

【同步训练8-1】某公司影响材料费用总额的各项指标的计划数和实际数资料见表8-8。

表8-8 有关产品产量、材料单耗、材料单价及材料费用总额的资料

编制单位：某公司 2020年10月

指标	单位	计划数	实际数	差异
产品产量	件	20	21	1
材料单耗	千克	18	17	-1
材料单价	元	10	12	2
材料费用总额	元	3 600	4 284	684

要求：运用连环替代法分析各因素变化对材料费用总额差异的影响程度。

参考答案

（四）差额计算法

差额计算法是连环替代法的一种简化形式，是利用各项因素的实际数与基数之间的差额，直接计算各项因素变化对经济指标差异的影响程度的一种分析方法。应用该方法与应用连环替代法的要求相同，只是计算程序简化一些。其计算程序如下：

（1）确定各因素的实际数与基数的差额；

（2）将各因素的差额与计算中该因素前面的各因素的实际数，以及列在该因素后面的其余因素的基数相乘，得出各因素的影响值；

（3）将各个因素的影响值相加，其合计数应同该项经济指标的实际数与基数的差相符。

三、全部产品生产成本计划完成情况的分析

全部产品生产成本计划的完成情况，可以按成本项目或产品类别进行分析。

（一）按成本项目分析产品生产成本计划的完成情况

按产品成本项目分析产品生产成本计划的完成情况，是将全部产品生产总成本按成本项目逐一汇总，并与按实际产量调整后的计划总成本对比，确定每个成本项目的降低额和降低率，分析总成本变动的原因。

【做中学8-3】某公司按成本项目编制的产品生产成本表见表8-9。

表8-9　产品生产成本表（按成本项目编制）

编制单位：某公司　　2020年10月　　金额单位：元

成本项目	本年实际产量总成本		实际与计划的差异		各项差异对总成本影响的百分比（%）
	计划总成本	实际总成本	升降额	升降率（%）	
	①	②	③=②-①	④=③÷①	⑤=③÷∑①
直接材料	20 000	21 000	1 000	5	2.33
直接人工	15 000	14 800	-200	-1.33	-0.47
制造费用	8 000	7 800	-200	-2.5	-0.47
产品总成本	43 000	43 600	600	1.40	1.40

该公司全部产品的实际生产成本超支1.40%，主要是由于直接材料超支1 000元，比计划增加5%，而直接人工和制造费用与计划成本相比有所降低，形成了有利差异。对直接材料的变动，企业应做进一步的分析，确定成本变动是由主观因素还是客观因素所致，并采取相应措施。

（二）按产品类别分析产品生产成本计划的完成情况

企业的全部产品包括可比产品和不可比产品，所以按照产品类别进行产品成本分析，就是用本年实际总成本与计划总成本相比较，从而确定全部产品成本的降低额和降

低率。

【动脑筋】如何利用全部产品生产成本表对企业全部产品成本计划的完成情况进行总括评价？

【做中学8-4】某公司2020年度生产A、B、C三种产品，其中A、B是可比产品，C是不可比产品，相关资料见表8-10。

表8-10 产品生产成本表（按产品类别编制）

编制单位：某公司 2020年12月 金额单位：元

产品名称	计量单位	本年实际产量	单位成本			本年累计总成本		
			上年实际平均	本年计划	本年累计实际平均	按上年实际平均单位成本计算	按本年计划单位成本计算	本年实际
可比产品						1 260 000	1 150 000	1 140 000
A	件	1 000	260	250	220	260 000	250 000	220 000
B	件	2 000	500	450	460	1 000 000	900 000	920 000
不可比产品							40 000	35 000
C	件	100		400	350		40 000	35 000
合计							1 190 000	1 175 000

该公司全部产品生产成本完成情况分析如下：

全部产品实际生产成本比计划成本的降低额＝1 175 000－1 190 000＝－15 000（元）

$$全部产品实际生产成本的降低率=\frac{-15\ 000}{1\ 190\ 000}\times 100\%=-1.26\%$$

从上述分析结果可以看出，该公司全部产品实际生产成本比计划降低了15 000元，降低率为1.26%。但这并不能说明该公司已经完成了成本计划，因为某种产品的生产成本计划可能还未完成。

【同步训练8-2】某公司所生产的A、B产品都是主要产品，而且都是可比产品。表8-11为该公司的产品生产成本表。

表8-11 产品生产成本表（按产品类别编制）

编制单位：某公司 2020年10月 金额单位：元

产品名称	计量单位	实际产量		单位成本				本月总成本			本年累计总成本		
		本月	本年累计	上年实际平均	本年计划	本月实际	本年累计实际平均	按上年实际平均单位成本计算	按本年计划单位成本计算	本月实际	按上年实际平均单位成本计算	按本年计划单位成本计算	本年实际
A	个	50	500	90	84	80	78	4 500	4 200	4 000	45 000	42 000	39 000
B	台	100	1 000	60	62	70	60	6 000	6 200	7 000	60 000	62 000	60 000
合计								10 500	10 400	11 000	105 000	104 000	99 000

要求：计算该公司可比产品的成本降低额和降低率。

参考答案

四、可比产品成本计划完成情况的分析

可比产品是企业以前年度生产过的、有历史成本资料且在全部产品中占有重要地位的产品。企业在编制成本计划时，应该制定可比产品成本的计划降低额和计划降低率，在对可比产品成本进行分析时，不仅要将其实际总成本与计划总成本进行比较，还要同实际产量按上年实际单位成本计算的总成本进行比较，从而确定可比产品实际总成本的降低额和降低率，并与企业成本计划中所制定的计划降低额和计划降低率进行比较，以考核、分析可比产品成本降低任务的完成情况。

（一）可比产品成本降低任务及其完成情况的分析

可比产品成本降低任务是在编制成本计划时制定的成本降低水平，而可比产品成本降低任务完成情况的计算，是将可比产品的实际成本与按照实际产量和上年实际单位成本计算的上年实际成本进行比较，确定可比产品实际成本的降低额和降低率，并同计划确定的成本降低任务相比较，以评价企业可比产品成本降低任务的完成情况。

【做中学8-5】某公司可比产品成本计划降低任务表和实际完成情况表分别见表8-12和表8-13。

表8-12　可比产品成本计划降低任务表

编制单位：某公司　　2020年10月　　金额单位：元

可比产品	计划产量（件）	单位成本		总成本		计划降低任务	
		上年实际	本年计划	上年实际	本年计划	降低额	降低率（%）
A产品	114	240	235	27 360	26 790	570	2.08
B产品	144	480	460	69 120	66 240	2 880	4.17
合计				96 480	93 030	3 450	3.58

表8-13　可比产品成本实际完成情况表

编制单位：某公司　　2020年10月　　金额单位：元

可比产品	实际产量（件）	实际单位成本	总成本			降低任务	
			上年实际	本年计划	本年实际	降低额	降低率（%）
A产品	120	216	28 800	28 200	25 920	2 880	10
B产品	150	468	72 000	69 000	70 200	1 800	2.50
合计			100 800	97 200	96 120	4 680	4.64

要求：分析该公司可比产品成本降低任务完成情况。

解析：该公司可比产品成本降低任务完成情况为：

计划降低额为3 450元，计划降低率为3.58%。

实际降低额为4 680元，实际降低率为4.64%。

实际与计划的差异为：

降低额 = 4 680−3 450 = 1 230（元）

降低率 = 4.64%−3.58% = 1.06%

可比产品成本降低额完成了计划，比计划多降低了1 230元，成本降低率比计划多降低1.06%。

（二）可比产品成本降低任务完成情况的因素分析

影响可比产品成本降低任务完成情况的因素主要有三个，即产品产量、品种结构和单位成本。三个因素的变动对可比产品成本降低计划执行结果的影响程度分析如下：

1. 产品产量变动的影响

可比产品成本计划降低任务是根据各种产品计划产量制定的，而实际成本降低额和降低率是根据各种产品的实际产量计算的。因此，在产品品种结构和单位成本不变时，产品产量的增减，只会引起成本降低额发生同比例的增减变化，而不会影响成本降低率的变化。产品产量因素的变动对成本降低额的影响可根据下列公式计算：

$$\text{产品产量变动对成本降低额的影响}=\left[\sum\left(\text{本期实际产量}\times\text{上年实际平均单位成本}\right)\times\text{计划降低率}\right]-\text{计划降低额}$$

2. 产品品种结构变动的影响

由于各种产品成本降低率不同，当产品产量不是同比例增长时，就会使降低额和降低率同时发生变动。如果提高成本降低率大的产品在全部可比产品中的比重，就会使成本降低额的绝对值增大，并使成本降低率的相对值增大；相反，则会减少成本降低额的绝对值和降低率的相对值。产品品种结构变动对成本降低额和降低率的影响可根据下列公式计算：

$$\text{产品品种结构变动对成本降低额的影响}=\left(\text{本期实际产量}\times\text{上年实际平均单位成本}-\text{本期实际产量}\times\text{本年计划单位成本}\right)-\text{本期实际产量}\times\text{上年实际平均单位成本}\times\text{计划降低率}$$

$$\text{产品品种结构变动对成本降低率的影响}=\left[\text{成本降低额的影响}\div\sum\left(\text{本期实际产量}\times\text{上年实际平均单位成本}\right)\right]\times100\%$$

3. 产品单位成本变动的影响

可比产品成本降低计划和实际完成情况，都是以上年单位成本为基础计算的。这样，各种产品单位成本实际比计划降低或升高，必然引起成本降低额和降低率实际比计划相应地升高或降低。产品单位成本的变动与成本降低额和降低率呈反方向变动。产品单位成本变动对成本降低额和降低率的影响可根据下列公式计算：

$$\text{产品单位成本变动对成本降低额的影响}=\sum\left(\text{本期实际产量}\times\text{本年计划单位成本}\right)-\sum\left(\text{本期实际产量}\times\text{本年实际单位成本}\right)$$

$$\text{产品单位成本变动对成本降低率的影响}=\left[\text{产品单位成本变动对成本降低额的影响}\div\sum\left(\text{本期实际产量}\times\text{上年实际平均单位成本}\right)\right]\times100\%$$

【做中学8-6】沿用【做中学8-5】的资料，试对影响该公司可比产品成本降低任务完成情况的因素进行分析。

解析：（1）产品产量变动的影响。

该公司在计划品种结构和计划单位成本下的成本降低额 = 100 800×3.58% = 3 608.64（元）

产量变动对成本降低任务完成情况的影响程度为：

降低额 = 3 608.64−3 450 = 158.64（元）

降低率 = 3.58%−3.58% = 0

（2）产品品种结构变动的影响。

该公司在实际产量、计划单位成本下，以本年计划单位成本和上年实际单位成本计算的总成本降低情况为：

降低额 = 100 800 − 97 200 = 3 600（元）

$$降低率 = \frac{3\,600}{100\,800} \times 100\% = 3.57\%$$

产品品种结构变动对成本降低任务完成情况的影响程度为：

降低额 = 3 600 − 3 608.64 = −8.64（元）

降低率 = 3.57% − 3.58% = −0.01%

（3）产品单位成本变动的影响。

该公司在实际产量、实际品种结构下，以本年实际总成本与上年实际单位成本计算的总成本降低情况为：

降低额 = 4 680 − 3 600 = 1 080（元）

降低率 = 4.64% − 3.57% = 1.07%

可比产品成本因素变动分析见表 8-14。

表 8-14 可比产品成本因素变动分析表 金额单位：元

影响产品成本变动的因素	变动额	变动率（%）
产品产量	158.64	0
产品品种结构	−8.64	−0.01
产品单位成本	1 080	1.07
实际比计划降低	1 230	1.06

【同步训练 8-3】某公司本年可比产品成本计划降低任务表及可比产品成本降低计划完成情况分析表分别见表 8-15 和表 8-16。

表 8-15 可比产品成本计划降低任务表

编制单位：某公司 2020 年 12 月 金额单位：元

可比产品	计划产量（件）	单位成本		总成本		计划降低指标	
		上年实际	本年计划	上年实际	本年计划	降低额	降低率（%）
A 产品	1 000	200	190	200 000	190 000	10 000	5
B 产品	1 200	300	270	360 000	324 000	36 000	10
合计				560 000	514 000	46 000	8.21

表 8-16 可比产品成本降低计划完成情况分析表

编制单位：某公司 2020年12月 金额单位：元

可比产品	实际产量（件）	实际单位成本	总成本			降低任务	
			上年实际	本年计划	本年实际	降低额	降低率（%）
A产品	1 100	150	220 000	209 000	165 000	55 000	25
B产品	1 500	250	450 000	405 000	375 000	75 000	16.67
合计			670 000	614 000	540 000	130 000	19.40

要求：

（1）分析可比产品成本降低计划的完成情况。

（2）分析产量、品种结构和单位成本对可比产品成本降低任务完成情况的影响。

参考答案

五、主要产品单位成本分析

为了把产品生产成本分析工作从总括的分析引向具体深入的分析，不仅要对全部产品成本计划完成情况进行分析，还要对产品单位成本进行具体的分析。对产品单位成本进行分析能够揭示产品单位成本及各个成本项目的变动情况，进而找出单位成本升降的具体原因。

产品单位成本分析包括两个方面的内容：一是产品单位成本计划完成情况的分析；二是产品单位成本项目变动原因的分析。

（一）主要产品单位成本计划完成情况的分析

主要产品单位成本计划完成情况的分析是指对产品单位成本及各成本项目的本期实际数与计划数、上期数和历史先进水平相比的升降情况进行分析，以查明产品单位成本升降的原因。企业可依据主要产品单位成本表等核算资料进行分析。

【做中学8-7】某公司生产的主要产品A产品单位成本分析资料见表8-17。

表 8-17 A产品单位成本分析表

编制单位：某公司 2020年度 金额单位：元

成本项目	计划数		实际数		降低额（-）或超支额（+）		占计划的百分比（%）
直接材料	320		352		+32		+10
直接人工	220		235		+15		+6.82
制造费用	160		153		-7		-4.38
小计	700		740		+40		+5.71
主要技术经济指标	数量（千克）	金额	数量（千克）	金额	数量（千克）	金额	
1. 主要材料	130	260	125	250	-5	-10	-3.85
2. 其他材料	略		略				

从表8-17可以看出，A产品的实际单位成本比计划超支40元，超支率为5.71%，成本超支主要是由于直接材料和直接人工的上升，这就需要进一步分析其上升的具体原因。

（二）主要产品单位成本项目变动原因的分析

1.直接材料项目分析

直接材料项目分析应根据耗用的各种原材料进行分析，分析单位产品各种材料的消耗量和相应的材料单价两个因素。其计算公式如下：

$$\text{原材料消耗数量变动的影响}=\left(\text{实际单位耗用量}-\text{计划单位耗用量}\right)\times\text{原材料计划单价}$$

$$\text{原材料价格变动的影响}=\left(\text{原材料实际单价}-\text{原材料计划单价}\right)\times\text{单位产品原材料实际耗用量}$$

【做中学8-8】某公司生产的B产品2020年10月的直接材料计划与实际费用分析资料见表8-18。

表8-18 B产品直接材料费用分析表

编制单位：某公司 2020年10月 金额单位：元

项目	材料消耗量（千克）	单价	直接材料费用
本年计划	100	30	3 000
本年实际	80	35	2 800
直接材料费用差异	−20	5	−200

从表中数据可以看出，该种产品单位成本中的直接材料费用本月实际比本年计划节约200元。接下来就要具体分析这种节约是材料消耗量引起的还是材料价格引起的，或者是两者共同引起的。

材料消耗量变动的影响 =（80−100）×30 = −600（元）

材料价格变动的影响 =（35−30）×80 = 400（元）

两项因素产生的共同影响 = −600 + 400 = −200（元）

通过以上计算可以看出，该种产品单位成本中的直接材料费用实际比计划节约200元的原因是：材料消耗量的降低，使得直接材料费用节约了600元；但由于材料价格上涨，直接材料费用超支了400元。两者相抵，单位产品成本中直接材料费用节约了200元。

【同步训练8-4】假定B产品2020年10月的成本计划和实际发生的材料消耗量及材料单价见表8-19。

表8-19 B产品直接材料费用分析表

编制单位：某公司 2020年10月 金额单位：元

项　目	材料消耗量（千克）	材料单价	直接材料费用
本年计划	180	17	3 060
本月实际	160	20	3 200
直接材料费用差异	−20	3	+ 140

要求：分析材料消耗量及材料单价变动对成本变动的影响。

参考答案

2.直接人工项目分析

单位产品直接人工费用的变动，主要受劳动生产率和工资水平两项因素的影响。其计算公式如下：

$$\frac{\text{工时消耗量}}{\text{变动的影响}}=\left(\frac{\text{实际单位}}{\text{工时消耗量}}-\frac{\text{计划单位}}{\text{工时消耗量}}\right)\times\frac{\text{计划小时}}{\text{费用分配率}}$$

$$\frac{\text{小时费用分配率}}{\text{变动的影响}}=\left(\frac{\text{实际小时}}{\text{费用分配率}}-\frac{\text{计划小时}}{\text{费用分配率}}\right)\times\frac{\text{实际单位}}{\text{工时消耗量}}$$

【做中学8-9】某公司生产的A产品每件所耗工时数和每小时工资成本的计划数及实际数见表8-20。

表8-20　　A产品直接人工费用分析表

编制单位：某公司　　2020年10月　　金额单位：元

项目	单位产品所耗工时（小时）	每小时工资成本	直接人工费用
本年计划	15	40	600
本月实际	10	50	500
直接人工费用差异	-5	+10	-100

将实际与计划对比，A产品单位产品中直接人工费用实际比计划节约100元。对各因素的影响程度分析如下：

工时消耗量变动的影响＝-5×40＝-200（元）

小时费用分配率变动的影响＝+10×10＝100（元）

两项因素的影响程度合计＝-200+100＝-100（元）

从以上分析可以看出，A产品单位成本中的直接人工费用节约了100元是节约工时的结果，但同时每小时工资成本是超支的。这可能是因为工人提高了劳动技能水平从而影响了劳动生产率。

【同步训练8-5】某公司实行计时工资制度，C产品每台所耗工时数和每小时工资成本的计划数及实际数见表8-21。

表8-21　　C产品直接人工费用分析表

编制单位：某公司　　2020年10月　　金额单位：元

项　目	单位产品所耗工时（小时）	每小时工资成本	直接人工费用
本年计划	20	180	3 600
本月实际	16	200	3 200
直接人工费用差异	-4	+20	-400

要求：分析单位产品所耗工时及每小时工资成本对成本变动的影响。

参考答案

3.制造费用项目分析

单位产品制造费用的变动主要受单位产品工时消耗量和每小时制造费用分配率的影响。其计算公式如下：

$$\text{工时消耗量变动的影响}=(\text{实际单位工时消耗量}-\text{计划单位工时消耗量})\times\text{计划小时制造费用分配率}$$

$$\text{小时制造费用分配率变动的影响}=(\text{实际小时制造费用分配率}-\text{计划小时制造费用分配率})\times\text{实际单位工时消耗量}$$

【做中学8-10】假定C产品每件所耗工时数和每小时制造费用的计划数和实际数见表8-22。

表8-22　　C产品制造费用分析表

编制单位：某公司　　2020年10月　　金额单位：元

项目	单位产品所耗工时（小时）	每小时制造费用	单位产品制造费用
本年计划	15	40	600
本月实际	10	65	650
制造费用差异	−5	+25	+50

从表中数据可以看出，C产品单位产品中制造费用实际比计划超支50元。对各因素的影响程度分析如下：

单位产品所耗工时变动的影响 $=-5\times40=-200$（元）

小时制造费用分配率变动的影响 $=+25\times10=+250$（元）

两项因素产生的共同影响 $=-200+250=+50$（元）

【同步训练8-6】某公司C产品制造费用分析表见表8-23。

表8-23　　C产品制造费用分析表

编制单位：某公司　　2020年10月　　金额单位：元

项　目	单位产品所耗工时（小时）	每小时制造费用	单位产品制造费用
本年计划	4	60	240
本月实际	3	90	270
制造费用差异	−1	+30	+30

要求：分析单位产品所耗工时及每小时制造费用对成本变动的影响。

参考答案

六、制造费用明细表及期间费用明细表的分析

（一）制造费用明细表的分析

产品制造费用明细表的分析主要是将实际与计划进行对比，从而分析各种费用计划的执行情况。在生产多种产品的企业里，分析单位成本中制造费用变动的原因是困难的。制造费用的分析主要应从整个车间范围内，按照制造费用包括的各个费用项目进行。

对制造费用明细表进行分析所采用的方法主要是对比分析法和构成比率分析法。

在采用对比分析法进行分析时，通常先将本月实际数与上年同期实际数进行对比，揭示本月实际与上年同期实际之间的增减变化。在表中列有本月计划数的情况下，则先应进行这两者的对比，以便分析和考核制造费用月份计划的执行结果。在将本年累计实

际数与本年计划数进行对比时，如果该表不是12月份的报表，这两者的差异只是反映年度内计划的执行情况，可以据以发出信号，提醒人们应该注意的问题。如果该表是12月份的报表，则本年累计实际数与本年计划数的差异，就是全年费用计划的执行结果。

为了具体分析制造费用的增减变动和计划执行的好坏及原因，上述对比分析应该按照费用项目进行。由于制造费用的项目很多，分析时应该选择超支或节约数额较大或者费用比重较大的项目有重点地进行，同时还要对费用项目的构成比例进行分析。

（二）期间费用明细表的分析

广义的成本包括产品成本和期间费用，因此，还需对期间费用计划的执行情况进行分析。

企业的销售费用、管理费用、财务费用等期间费用计划执行情况的分析，与制造费用计划执行情况的分析基本相同。企业在分析各费用项目的差异时，不能孤立地看费用超支了还是节约了，应注意区别不同费用项目支出的特点，不能简单地把任何超支费用都看作是不合理的；同样，对某些费用项目支出的减少也要做具体分析，有的可能是企业工作中的成绩，有的则可能是企业工作中存在的问题。例如，管理费用中的研究开发费用、修理费等费用的减少，并不一定是由于工作的改进，相反，不按计划进行上述活动或采取必要的措施，有可能造成劳动生产率下降和产品质量下降，甚至影响安全生产。而在超额完成产量计划的情况下，相应地增加设备维护费、修理费也是合理的。总之，企业应综合各项费用支出的经济效益对费用计划的执行情况进行评价。

思政园地

【案例】2004年，曾是中国股市耀眼夺目的绩优股——四川长虹（600839）——报出了上市10年来的首次亏损，而且不亏则已，一亏就创下了中国股市创市以来的亏损之最——当年亏损36.8亿元。那么“长虹神话”是如何破灭的？四川长虹2004年的巨亏是“突发事件”抑或早有先兆？

作为一家典型的制造企业，特别是采取大规模生产、低成本竞争的制造企业，对存货和应收账款的有效管理无疑是其重要的成功要素。翻开四川长虹的财务报表，我们可以发现应收账款、存货构成了其资产的大部分，见表8-24。

表8-24 应收账款及存货占比

项目	1999年	2000年	2001年	2002年	2003年	2004年	2005年
应收账款占比	16.03%	10.97%	16.34%	22.62%	23.79%	30.58%	35.60%
存货占比	41.40%	40.40%	35.23%	40.01%	34.27%	46.91%	31.97%
合计	57.43%	51.37%	51.57%	62.63%	58.06%	77.49%	67.57%

由表8-24可知，四川长虹的应收账款与存货占比极高，应收账款异常增长。正常

情况下，应收账款占比应当与主营业务收入的增长比率相匹配。为了证实我们的怀疑，我们必须了解四川长虹近年来主营业务收入的增长情况，见表8-25。

表8-25 四川长虹主营业务收入构成及增长情况 金额单位：亿元

项目	2001年	2002年	2003年	2004年	2005年
主营业务收入	95.1	125.9	141.3	115.4	150.6
外销	7.8	55.4	50.4	28.7	22.5
内销	87.3	70.5	90.9	86.7	128.1
外销比率	8.2%	44.0%	35.7%	24.9%	14.9%

由表8-25我们可以发现，2002年外销比率显著高于其他年份，四川长虹外销收入的巨额增长主要依赖于与APEX公司的巨额交易，甚至可以说是APEX公司帮助四川长虹走出业绩低谷的。

APEX公司成立于1997年，由美籍华人季龙粉创办。四川长虹与APEX公司的正式大规模合作始于2002年，但在此前APEX公司早已因为“空手套白狼”劣迹而声名狼藉。APEX公司董事长季龙粉最终由于涉嫌诈骗于2004年10月被四川省公安厅刑事拘留。为何身为后来者的四川长虹仍然冒天下之大不韪与一家在信用上有如此污点的企业进行大规模的合作？原因是：四川长虹缺乏国际分销渠道，只能回到过去“傍大款”的营销策略上。然而它这次“看走了眼”，APEX公司所拖欠的巨额应收账款给四川长虹带来了毁灭性的打击。

【点评】请时刻牢记“诚信为本、操守为重、坚持准则、不做假账”。

项目小结

本项目主要知识点归纳总结见表8-26。

表8-26 主要知识点归纳总结

主要知识点	内容	
成本报表的编制	成本报表的概念	成本报表是反映企业生产费用与产品成本的构成及升降变动情况，以考核各项费用与生产成本计划执行结果的会计报表，是会计报表体系的重要组成部分
	成本报表的作用	（1）促使企业降低成本、节约费用，从而提高企业的经济效益 （2）促使企业采取措施进一步提高企业生产、技术和经营管理水平 （3）可以为企业确定产品价格，进行成本、费用和利润的预测，制定有关的生产经营决策等提供重要的数据

续表

主要知识点		内　容
成本报表的编制	成本报表的种类	（1）按其编制的时间不同可分为定期报表和不定期报表 （2）按其所反映内容的不同可分为反映产品成本情况、费用情况和其他成本的报表
	成本报表的编制要求	（1）数字真实；（2）计算准确；（3）内容完整；（4）编报及时
	主要成本报表	（1）产品生产成本表 （2）主要产品单位成本表 （3）制造费用明细表 （4）期间费用明细表
成本分析	成本分析的含义	成本分析是为了满足企业各管理层次了解成本状况及进行经营决策的需要，以成本核算资料为基础，结合其他有关的核算、计划和统计资料，采用一定的方法，分析成本水平与构成的变动情况，研究影响成本升降的各种因素及变动原因，剖析经营管理存在的问题及业绩的管理活动
	成本分析的作用	为了对成本进行预测；为了控制各种消耗、费用支出，保证目标成本的实现；为了查明成本变动的原因，制定降低成本的措施，提高经济效益
	成本分析的方法	（1）比较分析法；（2）比率分析法；（3）连环替代法；（4）差额计算法
	全部产品生产成本计划完成情况的分析	（1）按成本项目分析产品生产成本计划的完成情况 （2）按产品类别分析产品生产成本计划的完成情况
	可比产品成本计划完成情况分析	（1）可比产品成本降低任务及其完成情况的分析 （2）可比产品成本降低任务完成情况的因素分析
	主要产品单位成本分析	（1）主要产品单位成本计划完成情况的分析 （2）主要产品单位成本项目变动原因的分析

参考文献

［1］中华人民共和国财政部．企业会计准则2006［M］．北京：经济科学出版社，2006.

［2］中华人民共和国财政部．企业会计准则——应用指南［M］．北京：中国财政经济出版社，2006.

［3］财政部会计司．企业会计准则讲解［M］．北京：人民出版社，2008.

［4］财政部会计资格评价中心．初级会计实务［M］．北京：经济科学出版社，2020.

［5］财政部会计资格评价中心．中级会计实务［M］．北京：经济科学出版社，2020.

［6］财政部会计司．《企业产品成本核算制度（试行）》讲解［M］．北京：中国财政经济出版社，2014.

［7］国艳萍，陈计专，吕均刚．成本会计实务［M］．武汉：武汉大学出版社，2011.

［8］于富生，黎来芳，张敏．成本会计学［M］．8版．北京：中国人民大学出版社，2018.

［9］柯于珍．成本核算实务［M］．北京：高等教育出版社，2015.